다시 가슴이 뛴다

약속을 향한 믿음의 모험,
아브라함 이야기

다시 가슴이 뛴다

한홍 지음

규장

프롤로그

" 나는 목사다! "

내 모습을 보는 충격

"음, 대단한데… 저 사람이 우리가 알던 K가 맞아? 마이크 잡은 손이 떨리고 있지 않아?"

"다른 사람들도 최선을 다하고 있지만, 그는 정말 혼신의 힘을 다해 부르고 있는 것 같아요."

아내와 나는 텔레비전 화면에서 시선을 떼지 못했다. 평소 예능 프로그램을 거의 보지 않던 나였지만 그날만은 달랐다. 특별히 그 가수의 노래하는 모습은 자신의 모든 것을 겸허한 긴장감으로 쏟아내는 감동 그 자체였다. 그리고 희한하게도 나는 그의 모습에서 내 자신의 모습을 발견하고 눈시울이 뜨거워졌다.

올해 상반기에 장안의 화제가 되었던 한 방송사의 예능 프로그램이 있었다. 제목부터 특이했다. "서바이벌, 나는 가수다." 얼핏 제목만 들어보면 영국 BBC의 〈브리티시 갓 탤런트(Britain's Got Talent)〉라는 프로그램에서 시작되어, 미국과 한국의 방송사들이 너도나도 따라하고 있는 일반인을 스타로 만드는 공개 오디션 프로그램 같다. 신데렐라를 꿈꾸는 수십만에 달하는 지원자들을 지역 예선부터 시작해서 치열한 오디션을 통해 압축되어 가는 과정을 배경음악과 자막 효과 등으로 편집해 보여주며 시청자들을 사로잡는다. 중학교 중퇴 학력의 환풍기 수리공 출신 같은 전혀 의외의 챔피언 탄생은 가히 뉴스거리가 될만했다.

그런데 〈나는 가수다〉는 설정 포인트가 조금 달랐다. 이미 데뷔 경력이 10년에서 20년에 달하며, 실력과 지명도에 있어서 자타가 공인하는 실력파 가수 7인이 벌이는 경쟁이었다. 그것도 자신의 노래가 아닌 곡을 배정받은 뒤, 2주 동안 편곡하고 연습해서 한자리에서 모여서 단 한 번 노래를 부르는 것으로 평가받는다. 이를 위해서 방송사가 10대에서 50대까지 모든 세대를 아우르는 500명의 청중평가단을 준비시켰다. 그날 청중평가단의 투표 심사 결과로 한 명을 탈락시키고, 그 다음 주부터는 새로운 가수가 그 자리를 메우고 다시 경쟁을 시작한다는 것이 규칙이었다.

이미 스타급 반열에 오른 지 한참인 기존의 실력파 가수들이 자존심을 꺾고 이런 프로그램에 출연했다는 사실만으로도 충분히 화젯거리가 될만했다. 첫 번째 대결에서 모두가 혼신의 힘을 다해 노래했고 청중들도 큰 감동을 받았다. 그런데 청중평가단의 투표 결과 선정된 첫 탈락자가 모두가 깜짝 놀랄 정도의 의외의 인물이었던 것이 문제의 시작이었다. 바로 1990년대 국민가수란 평가까지 받던, 참가 가수 중 최고참인 K였다. 참가 가수들과 제작진의 분위기가 묘하게 흐르더니 급기야 탈락자인 그에게 재도전의 기회를 주자는 쪽으로 결론이 나버렸다.

첫 방송이 나가면서 많은 시청자들이 흥분하며 들고 일어났다.

"지명도 없는 신인가수였더라도 그런 기회를 주었겠느냐?"

"게임의 룰은 모두에게 공평하게 적용되어야 하는데, 국민가수라고 해서 특혜를 준 것 아니냐?"

여러 메이저급 신문 사설들도 연이어 이 뉴스를 심도 있게 다루면서 방송사와 참가 가수들이 다 곤혹스런 상황에 빠졌다. 그리고 다음 에피소드가 방영됐다.

워낙 세간의 관심이 집중된 상황이라 먼저 방송사의 사과문이 나왔고, 2차 콘테스트 무대에 선 가수들의 눈빛도 달랐다. 말할 것도 없이 모두 혼신의 힘을 다해 열창을 했다. 특히 K의 모습은 감동적이었다. 전성기에는 수만 명의 팬들 앞에서도 전혀 주눅 들지 않고 펄펄 뛰면서 공연했던 그가 단 500명 앞에서 노래하면서 마이크 잡은 손이 덜덜 떨릴 정도로 자신의 모든 것을 쏟아놓으며 노래를 불렀다. 공연장을 나오는 청중들은 모두 눈시울이 뜨거울 정도로 감동받은 표정으로 말했다.

"이렇게 마음을 움직이는 훌륭한 공연은 처음 봐요."

공연이 끝난 뒤에 K는 인터뷰에서 말했다.

"첫 번째 콘테스트에서 탈락자 발표가 났을 때 충격이 컸죠. 가수하면서 꼴찌해본 게 처음이었어요. 하지만 이번 경험이 제 인생의 터닝 포인트가 될 것 같습니다."

그는 말을 아꼈지만 나는 무슨 말인지 충분히 이해할 수 있었다. 이 사건을 지켜보면서 나는 두 가지 큰 교훈을 얻었다.

첫째는 정확한 정체성 확립이다. 〈나는 가수다〉라는 타이틀과 프로 그램 취지가 던진 암묵적인 메시지는 '가수는 노래하는 사람이어야 한다'는 것 아닐까. 가수는 성형수술 하고, 초콜릿 복근 만들고, 광고나 드라마에 출연하는 일이 아닌 노래하는 일에 총력을 집중해야 하는 사람이다. 그런데 이 시대의 상업주의가 너무나 많은 거품을 만들었다. 그러니 거품 빼고 노래만으로 진검 승부하는 가수 본연의 모습으로 돌아가보자는 것이다. 가수는 노래할 때가 가장 아름다운 법이니까. 정체성 확립이란 '타이틀에 걸맞는 진정한 실력을 유지하는 것'이다.

둘째는 겸손이다. 전성기에는 수백만 장의 앨범 판매량으로 기네스 북까지 올랐던 국민가수가 첫 번째 콘테스트에서 탈락한 중요한 이유는 본인도 인정한 것처럼, 노래 끝부분에 자기 나름대로 청중을 즐겁게 해주려고 시도한 깜짝 이벤트(부른 노래 가사처럼 실제로 립스틱을 꺼내서 바름으로써 사람들의 폭소를 터트림) 때문이었다.

다른 상황이라면 모르겠는데 다른 가수들이 혼신의 힘을 다해서 노래하고 있는 전후상황 속에서는 약간 건방져 보이는 인상을 주었다. 청중과 무대를 무시한다는 느낌을 줄 수 있는 어색한 이벤트였다. 진정한 실력자란 아무리 유명해지고 경력이 쌓여도 처음 무대에 서던 그 떨리는 마음과 정성으로 최선을 다해야 하는 것이다. 그런데 그게 말처럼 쉽지 않아 자신도 모르게 어느 순간 흐트러질 수 있다. 천하의 국민가수도 이런 사건이 아니었으면 적은 청중 앞에서 마이크 잡은 손이 떨릴 정도의 겸손이 가능했겠는가. 아마 그는 앞으로 많이 달라질 것이다.

강렬한 성령님의 임재

가수들도 매너리즘에 빠져가는 자신의 틀을 깨고, 진정한 실력과 겸손을 회복하기 위해 충격적인 몸부림을 치는데 우리 목회자들은 어떤가. 다른 사람 이야기할 것 없이 내 자신의 모습을 돌아보게 됐다.

나는 30대부터 40대 초반까지 10년 동안 온누리교회라는 유명한 대형교회 수석급 목회자로 사역했다. 다양한 프로그램들을 진행하면서 정말 많이 배웠고 성장했다. 담임목사님이 건강이 안 좋으셨던 관계로 부목사였지만 주일 대예배 설교도 많이 할 수 있었다. 리더십 분야로 강의도 하고, 베스트셀러도 여러 권을 내면서 지명도도 많이 쌓았다.

그러다 보니 나 자신도 모르게 거품이 많이 생기면서 남들이 알지 못하는 영혼의 목마름이 조금씩 왔다. 대형교회에 있다 보니 어쩔 수 없이 기획해야 하는 이벤트와 주재하거나 참석해야 하는 회의, 집행해야 하는 예산과 만나야 하는 사람들이 많아서 그것들에 나의 시간과 에너지를 아주 많이 빼앗겼다. 물론 그 과정에서 배운 것도 많았지만 초대교회 사도들이 말했던 기도하는 일과 말씀 사역에만 힘쓰기란 불가능했다(행 6:4 참조).

그러나 있는 자리가 매우 편하고 안정적이어서 나는 목마름을 느끼면서도 그 상황을 타개하기 위해 별다른 노력을 하지는 않았다.

그러다가 내 인생에 작은 사건이 터졌다. 2007년 9월의 어느 날이었다. 아침에 일어나 식사를 하려고 앉은 나를 보고 아내가 말했다.

"당신… 얼굴이 좀 이상해요."

급히 화장실로 가서 거울을 보니 정말 이상했다. 한쪽 눈이 풀려 있고 나도 모르게 찡그리고 있었다. 양치질을 하려고 하니 입에서 물이 흘러내렸다. 말할 때 발음이 새고 눈이 잘 감기질 않았다. 과로와 스트레스로 인한 안면마비였다. 결국 꼼짝없이 석 달을 아무것도 하지 못하고 쉬어야만 했다. 일주일에 두 번씩 전신에 침을 맞고 약을 먹으며, 외부 출입을 못하는 답답한 시간이 흘렀다.

그러나 그 시간을 지내고 교회로 다시 돌아오면서 내 인생은 달라졌다. 교인들은 그 어느 때보다 내게 따뜻한 사랑과 존경을 표현했고, 전에는 나를 어려워하던 사람들도 스스럼없이 와서 나를 도와주려 했다. 그때 나는 깨달았다. 리더십이란 사랑을 주는 것만이 아니라 받는 것이라는 사실을. 내가 약해지고 겸손해지면 오히려 사람들이 더 내게 마음을 열어준다는 것을. 교인들은 내가 눈물이 많아지고 눈빛이 따뜻해졌다고들 했다. 이전에는 '들리는 설교'를 했는데 이제는 '꽂히는 설교'를 한다고 했다. 그러나 진짜 변화는 따로 있었다.

안면마비 회복 후 교회로 돌아와 2008년 신년 40일 특별새벽기도회를 할 때였다. 새벽마다 성도들이 인산인해를 이루며 뜨겁게 기도했는데 그 모습이 마치 신(新)사도행전적 부흥회 같았다. 그리고 새벽집회 둘째 날인 1월 3일에 나는 성령의 불 같은 세례를 받았다. 강단에서 기도 인도를 하는데 속에서부터 울컥 터져 나오는 뜨거움을 느꼈다. 동시에 엄청난 기도의 언어들이 폭포수처럼 쏟아져 나왔다.

"내가 상상하지도, 생각하지도 못했던 이성을 뛰어넘는 거룩한 하나님의 영(靈)을 체험하기를 원합니다. 불처럼 바람처럼 성령이여 임하시옵소서. 불과 능력으로 임하소서. 내 상식과 경험의 한계를 초월하여 임하옵소서. 지금 이 자리에 성령께서 임하실 것입니다. 거룩한 능력이 자신에게 임하기를 기도하십시오. 예수의 영이 지금 이 자리에 계십니다!"

그날 나와 평소 친분이 있던 한 장로님이 집회가 끝난 후 바로 문자를 보내셨다.

"하늘 문이 열리고 천둥 벼락이 치는 것 같은 엄청난 기도였어요."

그런데 그게 끝이 아니었다. 그 다음 주일 대예배 설교를 마치고 성만찬을 인도하는데 나는 다시 한 번 불 같은 성령의 임재가 온몸을 휘감은 것을 느꼈다. 수천 명의 성도들로 가득 찬 예배당에서, 인터넷과 텔레비전으로 생중계되는 예배에서 그것도 성만찬을 하는 도중에 성령체험이라니…. 그러나 성령님의 임재를 막을 도리가 없었다. 공간을 빽빽이 채우고 계신 성령님의 임재에 숨이 막혔다. 떡과 포도주를 손에 들고 나는 성도들에게 간신히 말했다.

"지금 이 자리에 성령님이 충만하셔서 제가 더 이상 말을 못 하겠습니다. 일 분만 침묵하고 성령님의 은혜를 묵상합시다."

평소 같으면 웅성거릴 법도 한데 아무도 움직이지 않았다. 성령님의 임재가 워낙 뜨겁고 충만했기 때문이다. 순간 나는 하늘문이 열리며 하얀 옷을 입으신 어떤 크고 아름다운 분이 충만히 임재하신 것을 보았다. 두 손을 들고 기도하는데 양손이 화덕처럼 뜨거워졌다. 사방에서 사람들이 울기 시작했고, 형언할 수 없는 하늘의 평화와 감격이 예배당을 가득 메웠다. 내 입에서는 강력한 선포의 기도가 흘러나오고 있었다.

"주님, 오늘 내 안에 옛 사람이 죽고 예수의 영이 살아 역사하기를 원합니다. 내 인생을 다스리는 자가 더 이상 내가 되지 않을 것입니다. 주님, 나를 통해 말씀하시고, 나를 통해 생각하시고, 나를 통해 일하시옵소서. 내 안에 영원한 주님이 되소서. 나를 다스리고 이 민족을 다스려주옵소서. 예수 그리스도 보혈의 능력으로 모든 어둠과 악한 영은 떠나갈 것입니다. 나의 삶을 통해 주님의 역사를 이루어주옵소서. 내 삶에 기적이 일어날 것입니다!"

그날 예배가 끝나고 한 장로님은 내 손을 잡고 떨리는 목소리로 말씀하셨다.

"목사님, 예배가… 엄청났어요. 굉장해요! 숨도 쉴 수 없었어요. 목사님, 성령님이….."

그날부터 모든 것이 달라졌다. 무엇보다도 아픈 사람들을 위해서 손을 얹고 기도하면 내 손이 불같이 뜨거워지고, 그들의 믿음에 따라서 병이 낫는 것이었다. 사실 나는 평소 신유의 은사니, 성령체험이니 하는 것을 몹시 경계하는 스타일의 목사였다. 내가 벤치마킹하고 싶은 목회자는 릭 워렌이나 빌 하이벨스, 고든 맥도날드 같은 세련되고 깔끔하면서도 깊이있는 타입이었다. 그런데 내가 평소 '무식한 스타일'

이라고 생각했던 성령님의 임재를 너무나 뜨겁게 경험해버린 것이다. 누구보다 나 자신이 이 사건에 가장 많이 놀라서 적응이 잘 안 되었다. 그러나 부인할 수 없는 체험으로 내게 오신 성령님의 역사에 나는 그저 순종할 수밖에 없었다.

설교도 달라졌다. 전에는 주석과 관련 자료들을 분석하고 연구하는 데 굉장히 많은 시간을 보냈는데, 이후로는 본문을 붙잡고 기도하면 홀린 듯이 메시지의 핵심이 쏟아져 나왔다. 더 단순하게 설교하는 것 같은데도 훨씬 뜨겁고 강렬한 메시지가 나왔다. 설교 후의 기도는 부흥회 스타일의 불 같은 기도였다.

하나님께서 독특한 체험과 능력을 주실 때는 반드시 새로운 사명을 주시는 법인데 나는 아직 그것이 무엇인지 잘 모르고 있었다. 하지만 하나님께서는 그때부터 내 마음속에 어렴풋이 "약속의 땅"이라는 메시지를 심어주기 시작하셨다. 그리고 어느 날 주일예배 시간에 부르고 있던 찬양 가사가 강렬하게 내 마음을 때렸다.

"이 산지를 내게 주소서. 그날에 주께서 말씀하신, 이제 내가 주님의 이름으로 그 땅을 취하리니."

그때였다. 하나님께서 '홍아, 너는 준비해라. 이제 내가 너를 곧 새로운 땅, 약속의 땅으로 인도할 것이다'라고 하시는 것이 아닌가!

순간 나는 내 귀를 의심했다.

'약속의 땅이라고요? 그게 어딘데요?'

그러나 하나님은 더 이상은 말씀해주시지 않았다. 그후로도 계속해서 하나님께서는 '약속의 땅을 준비하라'는 말씀을 주셨지만, 나는 정확히 그것이 무엇을 의미하는지 알 수가 없었다. 그리고 2년이란 시간이 흘렀다.

약속의 땅의 실체

2009년 6월에야 하나님이 말씀해주신 약속의 땅이 무엇인지 그 실체가 드러났다. 일련의 폭풍 같은 상황으로 인해 갑자기 교회를 개척하게 된 것이다. 일본 도쿄에서 가진 하용조 목사님과의 대화에서 나는 그토록 사랑했던 교회를 떠나야 할 때가 왔음을 직감했다. 그때까지 교회를 떠난다는 생각을 한 번도 한 적이 없었고, 개척 계획이나 준비가 전혀 없던 내게는 큰 충격이었다.

훨씬 나중 이야기지만, 개척 초창기에 새로운교회가 빨리 부흥하니까 어떤 이들은 내가 오래 전부터 치밀하게 개척 준비를 하면서, 좋은 장소도 물색하고, 힘있는 개척멤버들을 모은 것이 아니냐고 했다. 기업인들에게 리더십 강의를 하고 그 방면으로 책도 많이 쓰고 해서 그런지 사람들이 나를 'CEO 목사' 혹은 '부르주아 목사'로 보는 경우가 많다는 얘기도 들었다. 친분이 있는 재력가들이 교회를 할 수 있는 큰 건물을 강남의 노른자위 땅에 이전부터 마련해주었다는 소문도 돌았다.

이런 사실무근의 소문들을 들을 때마다 나는 기가 막혀서 말도 나오지 않았다. 아니 땐 굴뚝에도 연기가 날 수 있다는 것을 그때 뼈저리게 느꼈다. 억울하고 외로웠지만 나는 어떤 인간적인 변명도 하지 않고 하나님만 바라보며 침묵하기로 했다.

목사이면서도 교회 개척을 전혀 생각하지 않은 내 어린 시절의 아픈 경험 때문이었다. 중학교 때부터 이민교회 목회자의 아들로 자라면서 개척교회 사역이 얼마나 서럽고 힘든지를 알게 되었다. 당시 부모님은 몇 안 되는 교인들을 머슴처럼 섬기시며 열심히 목회하셨지만, 두 번이나 교회 문을 닫는 고통을 겪으셔야 했다. 아버님이 교인들에게 삿대질 당하는 것도 보았고, 그토록 정성을 기울인 성도가 매정하게 교회를 떠날 때 눈물로 가지 말라고 하소연하던 어머님의 모습도 보았다.

말도 안 통하는 이역만리에서 당장 하루하루 생계가 걱정이었기 때문에 부모님과 우리 삼 남매는 그야말로 미국에서 할 수 있는 일들(주유소 직원, 햄버거 가게 점원, 장난감 회사 청소, 수영장 청소, 가정교사 등)을 닥치는 대로 하면서 생활비를 벌어야 했다. 형과 나는 '가족들 이렇게 고생시키는 목사는 되지 말자'고 맹세도 했다. 그런데 하나님의 희한한 섭리로 대학교 졸업반 때 부르심을 받고 나는 목사가 되었다.

하지만 목사가 된 뒤에도 교회 개척은 꿈도 꾸지 않았다. 그것만은 내 은사도 아니요, 하나님의 뜻도 아니라고 생각했다. 아니, 개척만은 내 인생을 향한 하나님의 뜻이 아니어야 한다고 믿었다. 이후 그 생각은 10년 동안에도 변하지 않았다.

내가 교회에서 수백 명이 넘는 핵심멤버들을 데리고 나가서 교회를 시작했다는 소문도 있었다. 그러나 그것은 인간 심리를 전혀 모르고 하는 이야기다. 한 교회 내에서 오랫동안 뿌리내린 교인들이 교회를 옮기는 일은 정말 쉽지 않다. 인간관계들이 거미줄처럼 얽혀 있기 때문에 이민 가는 것과도 같은 아픔을 감내해야 한다. 거기다가 모든 것이 불편하고 헌신은 많이 해야 하는 개척교회로 가려는 사람은 거의 없다고 봐도 된다.

지금도 그렇지만 개척 초창기 온누리교회에서 중진이라고 할 수 있는 사람은 아무도 오지 않았다. 나도 의도적으로 그들을 찾아다니면서 와달라고 하지 않았다. 설혹 오겠다고 했어도 거절했을 것이다. 그것은 내가 10년이 넘도록 정성을 다해 섬겼던 교회를 흔드는 일이 될 것이기 때문이다. 지금 돌이켜 생각해보니 얼마나 잘한 일인지 모른다.

그러나 당시는 정말 힘들었다. 막상 개척을 하겠다고 하니까 이것저것 조언을 해주고 걱정해주는 사람은 많아도 실제로 개척멤버가 되어 헌신해주는 사람은 거의 없었다. 당장 함께 시작할 수 있는 사람들은 지난 4년 동안 주중에 비즈니스맨 성경공부를 같이 했던 20명 안팎이었고(그것도 믿은 지 몇 년 되지 않은 여성 직장인들이 대부분이었다), 사무실이나 예배 장소도 어떻게 해야 할지 막막할 따름이었다.

안정된 직장에서 갑자기 길바닥으로 내몰린 가장의 심정이었다. 대형교회에서 10년을 지내면서 그토록 친하게 지냈던 분들도 다 슬슬 낯을 피하며 뒤로 물러나는 것을 보면서, 인생무상(人生無常)이란 말이 실감이 되었다. 게다가 주변에서 걱정한답시고 하는 말들은 대부분 부정적인 것들뿐이었다.

"요즘 같은 세상에도 개척교회가 됩니까?"

"강남 사람들이 무엇 때문에 개척교회에 오겠어요?"

"요새 개업하는 식당과 개척하는 교회의 공통점이 있는데, 3퍼센트만 성공하고 나머진 다 실패한대요."

나는 절박한 심정으로 엎드려 기도하며 하나님께 백퍼센트 매달릴 수밖에 없었다. 마이크 잡은 손이 떨리는 정도가 아니라 온몸을 부들부들 떨면서 하나님 앞에 눈물로 매달렸다. 국민가수 K가 서바이벌에서 탈락한 것 같은 충격이었고, 그로 인해 형성된 필살의 겸손이었다.

새롭게 태어난 인생

이전의 나를 알던 분들은 개척하고 나서 내 설교가 달라졌다고들 한다. 어떻게 달라졌느냐고 물으니, '목사님의 믿음이 좋아지신 것 같다'고 했다. 그 말을 듣고 나는 겉으로는 웃었지만 속으로는 웃지 않았다. 사실이었기 때문이다. 대형교회에 있으면서 몰려드는 수천 명의 교인들 앞에서 설교하고 목회할 때는 어느 순간 쇼맨십이 들어가던 때도 있었고, 많은 사람이 모이는 것을 당연시하고, 심지어 조금 귀찮아하고 힘겨워했던 순간들도 있었다.

그러나 개척을 하면서 그 거품이 싹 사라졌다. 한 고마운 장로님의 주선으로 서초동 예술의전당 앞의 작은 클래식 극장을 빌려서 예배를 드리던 초창기에 나는 매주일 설교에 그야말로 혼신의 힘을 쏟았다. 모든 것이 불편한 개척교회에 성도들을 다시 오게 하는 길은 말씀의 은혜에 달렸다고 믿었기 때문이다. 새벽기도도 그랬다. 개척교회 목사는 새벽기도 때 들어오는 성도들의 발소리만 듣고도 그가 누군지 안다더니 정말 그랬다. 한 영혼, 한 영혼의 얼굴을 그리며 필사적으로 기도할 수밖에 없었다. 내가 그렇게 열심히 새벽기도 하는 모습을 뒤에서 보다가 감동받고 등록을 결심한 한 대학교수도 있었다.

사람을 대하는 것도 달라졌다. 똑똑한 성도보다 묵묵히 예배에 오는 성도가 예뻐 보이기 시작했다. 사람을 가르치고 바꾸려 하기보다 있는 그대로 받아주고, 그들의 약점과 상처마저 끌어안고 눈물로 녹여내는 것이 목자의 길임을 알게 됐다. 목사란 오직 말씀과 기도로 성도를 목양하는 데 모든 것을 걸어야 하는 사람임을 비로소 깨닫게 되었다. 신학교 입문한 지 23년, 목사 안수 받은 지 19년째지만 목회란 항상 처음 주님의 부르심을 받던 그때의 떨림과 겸손으로 가야 하는 것임을 하나님께서는 개척교회 목회를 통해 내게 알려주셨다.

그렇게 시작했던 교회는 1년 만에 출석 인원이 천 명을 훌쩍 넘었고, 지금도 계속 빠른 속도로 성장하고 있다. 백퍼센트 하나님의 기적 같은 은혜라고 밖에는 볼 수 없다. 아직까지도 부족한 것투성이고, 가야 할 길이 멀지만 나는 새롭게 태어난 인생을 살고 있다.

수적 성장보다 더 감사한 것은 교회를 통해 변화된 성도들의 모습이다. 특별히 새로운교회의 부흥의 핵심에는 30대에서 50대 초반의 남자들이 있다. 생전 처음으로 새벽기도를 나오기 시작한 사람, 술과 담배에 절어 살던 과거를 깨끗이 정리하고 은혜에 젖은 인생으로 180도 탈바꿈한 사람, 증오와 불안감으로 잔뜩 굳어 있던 얼굴에 하늘의 평화가 깃들게 된 사람 등 이루 헤아릴 수 없는 남자들의 변화 스토리들이 쏟아지고 있다. 많은 사람들이 어떻게 새로운교회에는 남자들이 그렇게 많이 모이고, 변화되어 역동적으로 움직이느냐고 묻는다. 그 질문에 대답하려고 생각해보니 내 메시지나 사역 스타일이 극히 남성적인 까닭 외에 뭔가가 있는 것 같았다.

그것이 바로 '아브라함 이야기'다.

창립 예배를 드린 다음 주부터 나는 구약의 아브라함이라는 인물에 대한 시리즈 설교를 시작했다. 왜냐하면 바로 그것이 개척이라는 새로운 땅으로 뛰어드는 내 자신의 스토리와 똑같다고 여겨졌기 때문이다. 말씀과 내 현실이 딱 맞아떨어질 때 큰 감동을 받기 마련인데 아브라함의 이야기가 그랬다.

하나님은 아브라함이 75세 되던 해, 갈대아 우르에서 그를 불러내셨다. 지금으로부터 3500년 전의 이야기다. 그가 살았던 갈대아 우르는 그 옛날 하나님을 거역하는 사람들이 바벨탑을 쌓았던 바벨론이다. 그의 아버지 데라는 거기서 우상 신전에 관련된 상품들을 팔아 부자가 된 사람이다. 아브라함도 그런 환경에서 태어나 준재벌급 아버지의 아들로 75년을 살았다. 가만히 놔뒀으면 별 걱정 없이 그렇게 편안히 살 수 있었을 것이다. 그러나 하나님은 그에게 고향과 아비와 친척을 떠나라고 하셨다.

당시는 평균 수명이 요즘보다 훨씬 길었기 때문에 75세라 해도 요즘의 40대 초반, 중년의 나이에 해당했을 것이다. 지금 한국에서 40대 초반이 어떤 나이인가? 대기업 같으면 부장 진급하면서 몇 년 안에 대부분 회사를 떠나야 하는 나이다. 얼마 안 되는 퇴직금을 받아들고 갑자기 차가운 세상으로 내몰리게 되는 것이다. 편안히 지내던 갈대아 우르 땅을 떠나는 아브라함의 처지와도 같다. 고위 공직자의 자리에 있었거나 큰 회사의 조직원으로 있을 때는 맡은 일만 열심히 하면 조직이 산성(山城)같이 모든 세상의 비바람으로부터 자신을 지켜줬었다. 그러나 불혹의 나이를 넘어 안정된 자리를 떠나 불안한 심정으로 자그마한 자기 사업을 시작하게 되면 완전히 상황이 달라진다.

졸지에 갑의 입장에서 을의 입장으로 바뀌면서 냉엄한 현실에 적응이 되질 않는다. 부하 직원들이 수족처럼 해주던 수많은 잡일을 자신이 직접 다 챙겨야 하고, 전에는 큰돈도 척척 결제했었는데 이젠 사무실 관리비 몇 만원 아끼기 위해 벌벌 떨게 된다. 큰 기업에 있을 때는 워낙 조직의 브랜드 파워가 좋아서 명함만 내밀면 되던 일들이 이제는 수없이 거절당하고 막혀버리는 현실에 처하게 되는 것이다. 중년이 되면서 건강도 예전 같지 않은데다 스트레스와 불안감으로 몸이 더 나빠져간다.

자녀들은 중고등학생이 되어 한참 돈 나갈 일이 많아지고 일찌감치 은퇴하신 부모님들의 생계 부양까지 떠안아야 한다. 호쾌하고 당당하던 예전과는 달리 길거리에서 아는 사람을 만나는 것도 마음이 편치 않다. 집에 와서 수척한 아내의 얼굴을 보면서도 미안한 마음뿐이다. 운전하면서 라디오에서 학창시절 즐겨 듣던 팝송이라도 흘러나오면 차창 밖을 보면서 눈에 눈물이 가득 고이기도 한다.

동병상련(同病相憐). 대형교회에서 10년간 평안히 목회를 하다가 갑자기 교회를 개척하게 되면서 나는 대한민국의 40대 초반의 남자, 그 중년의 위기와 고뇌를 백퍼센트 체득하게 되었다. 그래서 하나님께서 교회 초기 설교를 아브라함의 이야기로 잡게 하셨는지도 모른다.

'예전에는 미처 몰랐는데 아브라함 스토리는 중년의 위기, 늦깎이 창업자의 마음, 개척교회 목회자의 심정을 담은 이야기구나.'

나는 매주 설교 준비를 하면서 스스로 그렇게 되뇌었다.

"너희의 조상 아브라함과 너희를 낳은 사라를 생각하여보라 아브라함이 혼자 있을 때에 내가 그를 부르고 그에게 복을 주어 창성하게 하였느니라"(사 51:2).

개척 목회를 하면서 외롭고 힘들 때마다 계속 붙잡은 말씀이었다. 그리고 깨달았다. 철저히 혼자가 되어봐야 하나님만이 나의 진정한 친구임을 알게 된다는 것을. 그것을 알게 되는 순간부터 교만과 아집이 깨어지며, 하나님이 보내주시는 사람들과 축복들이 내게로 밀려오게 된다는 것을. 바로 그것이 진정한 성공인 것이다.

폭풍 같은 위기를 통해 우리는 전에 알 수 없던 새로운 차원의 세계로 도약하게 된다. 위기가 오히려 인생에 더할 나위 없이 큰 기회로 뒤바뀌는 뜻밖의 축복에 어안이 벙벙하여 감사하게 된다. 의도해서 쏜 것은 아니었는데 나중에 보니 생각보다 더 멋진 과녁을 명중시킨 것이다.

아브라함의 설교를 해가면서 나는 새로운교회를 개척하게 하신 하나님의 섭리를 확신할 수 있었다. 이 설교를 하는 내가 변했고, 설교를 듣는 새로운교회 초기 멤버들인 위기의 중년들의 인생이 변했다. 마치 성형수술 하는 사람들의 비포(before)와 애프터(after)처럼, 하루하루 그들의 변화는 역동적이었고 놀라웠다. 아브라함의 이야기와 자신의 삶과 새로운교회의 개척이 구슬 엮이듯이 하나로 꿰이면서 하나님의 은혜가 우리 모두를 만지셨다.

도전하는 자는 아름답다.

하나님을 믿고 모험의 발걸음을 떼는 자는 위대하다.

어떤 도전과 시련이 안개 같은 미래 속에서

우리를 기다릴지 아무도 모른다.

그러나 가야 한다.

사명을 포기하는 인생은

살아도 사는 것이 아니기 때문이다.

후회 없는 인생 후반전을 향하여,

우리 모두 아브라함이 되어 출발해보자.

상륙의 아침, 가슴 벅찬 모험이 시작된다!

내 인생 최고의 날은 **하나님**이 내게 **찾아오시는** 날이
다. 하나님이 내게 오시는 그 순간부터 내 인생은 절
망에서 소망으로, 죽음에서 생명으로 바뀌게 된다. 내
게 **찾아오시는** 하나님은 내게 **말씀**하신다. 그리고 하
나님의 말씀이 내게 **임하는** 순간부터 **믿음의 역사**는
시작된다.

part 1

부르심에
뛰는 가슴

01

위대한 시작

일본 최고의 석학 중 하나로 꼽히는 세계적 미래학자 오마에 겐이치(大前硏一)는 일본 경제가 쇠락한 핵심 원인으로 도전 의식의 결여를 지적했다. 한 예로 대기업 엘리트 직원들의 80~90퍼센트가 해외 근무를 원하지 않는데, 30년 전만 해도 세계 어디라도 발령이 나면 거침없이 나가던 분위기와는 정반대라는 것이다. 심지어 해외에서 공부하려는 학생들도 줄었다고 한다.

요즘 일본인들은 한 명의 자식만 키우고, 자식은 부모 곁을 떠나는 것을 싫어한다. 결혼 적령기 자녀들의 34퍼센트가 부모 옆에 붙어 사는 캥거루족들이다. 젊은이들은 직업을 선택할 때 제일 중요한 기준이 안정성이어서 알아주는 기업에 들어가기를 원하지, 벤처기업을 하라면 고개를 설레설레 흔든다고 한다. 거기다가 답답할 정도로 규범대로 하는 경직된 사고체계와 집단에서 떨어지는 것을 두려워하는 일본 특유의 문화까지 어우러지면서 미지의 세계로 도전하는 정신이 점점 없어진다는 것이다. 모든 것이 잿더미로 변한 제2차세계대전 후에는 살아남기 위해 허리띠를 동여매는 헝그리 정신이라도 있었지만, 오랜 경제적 안정으로 인해 그것도 사라져버렸다. 그러면서 인류 역사에서 그 어떤 제국도 도전 정신을 잃고도 계속 그 명망을 유지한 나라는 없다고 지적했다.

이는 일본만의 문제는 아니다. 한국 사회에도 그런 조짐들이 보인다. 각종 국가고시나 임용고시, 의대 입시의 경쟁률이 실로 엄청나다. 적성과 비전은 온데간데없고 오직 안정적인 직장이라는 이유에서다. 취업난이 심하다고들 하지만 중소기업을 운영하는 분들의 이야기를 들어보면 오히려 제대로 된 사람 구하기가 어렵다고들 한다. 그나마 어렵게 구한 사람도 일하다가 조금만 힘들면 너무 쉽게 그만둬버린다는 것이다. 한때 그토록 뜨거웠던 벤처 열기도 많이 수그러들었다.

교회들도 그렇다. 최근 한국에서 가장 대표적인 신학교에 강의를 갔다 온 내 친구 목사님의 말에 의하면, 요즘 신학생들 사이에선 교회 개척하겠다는 건 자살하는 것과 같다는 인식이 팽배하다는 것이다. 그래서 너 나 할 것 없이 안정적인 중대형교회 부목사로 사역하다 역시 안정적인 교회에 청빙받아 가는 코스가 이상적인 삶으로 꼽힌다는 것이다. 젊은 목회자들의 인식마저 그렇다면 우리의 미래는 참으로 서글프다.

그런 의미에서 누가 보기에도 안정적이고 상당히 괜찮은 기반을 인생 전반전에 다져놓고도 하나님의 말씀 한마디에 미지의 땅으로 떠난 아브라함의 도전 정신은 정말 경탄스럽다. 나는 교회를 개척하면서 맨 처음 아브라함 시리즈 설교를 해야겠다는 강한 확신이 들었다. 나는 아브라함에게서 40대 중반에 새로 건너간 약속의 땅, '새로운교회'를 발견한 것이다.

믿음으로 새로 시작하라

여호와께서 아브람에게 이르시되 너는 너의 고향과 친척과 아버지의 집을 떠나 내가 네게 보여줄 땅으로 가라 창 12:1

아브람이 하나님과 대화를 시작한 것이 아니고, 하나님께서 아브람 에게 먼저 말씀하셨다. 아브람은 죄인이었지만 순전히 하나님의 선택 을 받아 하나님과 교제를 시작했다. 구원은 백퍼센트 하나님의 은혜와 그분의 선택으로 시작된다. 내가 무슨 자격이 있어서 받는 게 아니다. 인생에서 중요한 것은 무엇을 이루느냐가 아니고 누구를 만나느냐이 다. 그런 의미에서 내 인생 최고의 날은 하나님이 내게 찾아오시는 날 이다. 하나님이 내게 오시는 그 순간부터 내 인생은 절망에서 소망으 로, 죽음에서 생명으로 바뀌게 된다.

내게 찾아오시는 하나님은 내게 말씀하신다. 그리고 하나님의 말씀 이 내게 임하는 순간부터 믿음의 역사는 시작된다.

"믿음은 들음에서 나며 들음은 그리스도의 말씀으로 말미암았느니라"(롬 10:17).

말씀을 통하여 하나님은 나를 죄에서 불러내어 구원하신다. 그리고 말씀을 통하여 내 인생의 목적과 사명과 능력을 주신다.

새로운 약속의 땅으로 가려면 반드시 죄악된 옛 보금자리를 떠나야 한다. 죄악된 과거를 떠나야 축복의 미래로 갈 수 있는 것이다. 하나님께서는 "너의 고향과 친척과 아버지의 집을 떠나"라고 하셨다. 고향을 버리라는 말이 아니고 불효하라는 말이 아니다. 하나님의 새로운 길을 가는 것을 막는 나의 옛 사람의 사슬을 과감히 끊어버리라는 것이다. 진정한 믿음은 우리를 둘러싸고 있는 죄의 환경으로부터 분리되는 것이다. 의리 때문에, 정(情) 때문에, 익숙하기 때문에 우리는 좀처럼 죄악의 자리를 떠나지 못한다. 그러나 죄악의 자리에 거하는 사람을 하나님이 쓰실 수 없다. 하나님의 축복을 받고, 그분께 쓰임받으려면 하나님이 원하시는 자리로 옮겨가야 한다.

남자들이 유학 가서 하나님을 믿게 되는 경우가 많다. 낯선 땅에 처음 가면 외롭고 말도 안 통하니 괴롭고 답답하다. 한국처럼 밤에 신나게 놀 수 있는 밤 문화도 없다. 그래서 할 수 없이 한국 사람이 그립고, 한국 음식이 그리워 교회에 왔다가 하나님을 믿게 된 분들이 많다. 그들에겐 유학 간 그 땅이 약속의 땅이 된 것이다. 그들이 환경을 바꾸지 않았으면 절대 하나님을 체험하지 못했을 것이다.

아브람도 그랬다. 그의 아버지 데라는 우상을 만들고 그걸 팔아 먹고살았다. 아브람이 우상숭배와 음란과 폭력이 가득한 갈대아 우르에 계속 있어서는 결코 하나님의 축복을 받고, 그 축복을 열방으로 흘러보내는 믿음의 조상이 될 수 없었다. 그래서 하나님이 터를 옮겨버리신 것이다. 인간적 안전지대를 떠나야 할 때는 단호히 끊고 떠나야 한다. 떠나지 않으려고 어기적거리면 하나님이 강권적으로 떠날 수밖에 없는 상황을 만드실 것이다.

"내가 네게 보여줄 땅으로 가라"라는 명령은 참으로 황당한 것이었다. '보여준 땅'도 아니고 '보여줄 땅'이다. 요즘처럼 내비게이션도 없고 최첨단 지도도 없다. 그야말로 아브람은 "갈 바를 알지 못하고 나갔던 것"(히 11:8)이다. 모든 것을 버리고 떠나라면서 목적지가 어딘지, 가는 길이 얼마나 험하고 긴지 전혀 설명이 없다.

하나님은 친절하고 장황하게 이유를 설명하거나 지침을 하달하지 않으셨다. 그저 "나를 믿고 가라, 그러면 복을 받을 것이다"라는 약속을 주셨을 뿐이다. 그런데도 아브람은 순종했다. 언제, 어디로, 왜, 어떻게 가야 하는지 아무것도 모르는 상태에서 아브람은 하나님의 명령에 순종했다. 믿음은 모든 것이 불투명한 상태에서도 하나님 말씀만 의지하여 가는 것이다.

"믿음은 바라는 것들의 실상이요 보이지 않는 것들의 증거니"(히 11:1).

일일이 다 안다고 꼭 좋은 것은 아니다. 미국 가는 비행기를 탈 때 비행기 내부 다 뜯어보고, 수백만 개의 부속들이 각자 어떤 역할을 하여 11시간 동안 이 육중한 비행기를 날게 하는지를 과학적으로 다 이해하고 타는 게 아니다. 설명해줘도 모른다. 믿고 타는 것이다. 하나님도 그러시다. 우리를 무시해서가 아니라 사랑하기 때문에 설명이 아닌 약속을 주신다. 우리가 가야 할 약속의 땅이 어떤 곳인지는 정확히 모르지만 축복의 땅임을 믿으라. 나의 기대를 훨씬 능가하는 최고의 미래가 우리를 기다릴 것이다.

세 가지 축복

아브람에게 주어졌던 약속의 땅 가나안은 크리스천 한 사람, 한 사람이 믿음으로 차지해야 할 사명의 자리다. 부르심에는 두 가지가 있다. 하나는 구원에의 부르심이요, 또 하나는 사명으로의 부르심이다. 하나님이 아브람을 갈대아 우르로부터 불러내신 것은 그를 죄에서 구원해내시기 위해서다. 그러나 그것만이 다가 아니다. 구원받은 아브람을 통해서 하나님은 하실 일이 있으셨다.

하나님은 아브람을 쓰시기 위해 먼저 복(福)을 주신다. 복은 능력이다. 하나님의 선한 일을 하려고 해도 능력이 없으면 안 되기 때문에 복을 주시는 것이다. 그럼 하나님은 어떤 복을 아브람을 위해 예비해놓으셨을까? 먼저 기억할 사실은 복을 주시는 주체가 하나님이시라는 것이다.

> 내가 너로 큰 민족을 이루고 (내가) 네게 복을 주어 (내가) 네 이름을 창대하게 하리니 창 12:2

히브리 원어성경에는 "내가"라는 말이 계속 반복된다. 창세기 11장에서 바벨탑을 쌓을 때 사람들은 "우리가 하늘에 닿는 탑을 쌓자!"라고 했다. 그러나 축복은 인간이 스스로의 힘으로 쌓아올리는 것이 아니다. 자기 힘으로 이루는 성공은 허무하게 무너지게 된다. 성공은 하나님께서 은혜로 주신다. 하나님의 축복은 믿음으로 순종하는 자에게 임한다.

하나님이 주시는 첫 번째 복은 '사람의 축복'이다. "내가 너로 큰 민족(great nation)을 이루고"에서 "큰 민족"은 단순히 숫자가 많다는 것만을 의미하지 않고 질적인 탁월함도 포함한다. 아브람의 자손들이 뛰어난 민족이 될 것이란 뜻이다. 경제적, 정신적, 영적, 문화적 분야에서 뛰어남을 발휘할 것이다. 이는 또한 뛰어난 사람들이 주위로 많이 모여들게 된다는 뜻이기도 하다.

하나님이 주시는 두 번째 복은 '이름을 창대하게 해주시는 것(make your name great)'이다. 이름이 창대하게 된다는 것은 위대한 일을 이루고 위대한 인생을 살므로써 유명해지는 것이다. 그래서 사람들이 그 이름을 들으면 다 고개를 끄덕이며, 칭송하고 존경하게 된다는 것이다. 사업에 성공을 하고, 학자나 예술가로서 명성을 얻고, 연예와 스포츠와 교육 등 여러 분야에서 두각을 나타나는 것은 다 복을 받아 이름이 창대하게 되는 일이다.

무엇보다도 모든 사람 앞에서 대대로 존귀함을 받을 수 있는 영적인 영향력을 가질 것이라는 축복이다. 이름을 창대하게 해주시리라는 약속대로 훗날 아브람은 믿음의 조상이 되었고, 그의 후손에서 다윗 왕과 예수 그리스도가 탄생하게 된다. 자신이 누릴 수 있는 모든 기득권을 포기하고 안전지대를 떠나 하나님이 지시하신 약속의 땅으로 향한 아브람 같은 자에게 그런 큰 축복이 온다.

하나님이 주시는 세 번째 복은 '보호하심'이다.

> 너를 축복하는 자에게는 내가 복을 내리고 너를 저주하는 자에게는 내가 저주하리니 창 12:3

이 말은 하나님과 아브람이 한몸같이 절친한 사이가 되었다는 뜻이다. 그러니까 누구든지 아브람을 축복하면 하나님을 축복하는 것이 되니 복을 받을 것이고, 아브람을 저주하면 하나님을 저주하는 것이 되니 하나님의 저주를 받을 것이다. 즉 하나님은 아브람과 공동 운명적 관계 결속을 밝히신 것이다. 하나님의 자녀된 우리도 하나님과 공동 운명체임을 믿어야 한다. 하나님이 우리를 걸음마다 지켜주신다. 사망의 음침한 골짜기를 다닐지라도 낮의 해와 밤의 달이 우릴 상치 못할 것이다.

하나님이 이토록 큰 복을 아브람에게 주시는 데는 하늘의 목적, 거룩한 사명이 있다. 그것은 열방을 향한 축복의 통로가 되기 위함이다.

> 땅의 모든 족속이 너로 말미암아 복을 얻을 것이라 하신지라 창 12:3

축복은 아브람만을 위한 것이 아니다. 다른 사람들을 위한 것이다. 아브람을 비롯해 당신과 나도 축복의 종착역이 아니라 축복의 통로가 될 것이다. 그래서 나는 늘 이렇게 기도한다.

"오늘 나를 만나는 사람은 다 하나님의 축복을 받기를!"

반쪽짜리 순종에서 전적인 순종으로

이에 아브람이 여호와의 말씀을 따라갔고 롯도 그와 함께 갔으며 아브람이 하란을 떠날 때에 칠십오 세였더라 아브람이 그의 아내 사래와 조카 롯과 하란에서 모은 모든 소유와 얻은 사람들을 이끌고 가나안 땅으로 가려고 떠나서 마침내 가나안 땅에 들어갔더라 창 12:4,5

아브람은 하나님의 말씀이 떨어지자 즉시 순종하고 길을 떠났다. 믿음은 말씀대로 행동하는 것이다. 아브람의 위대성은 즉각적인 순종이다. 하나님의 말씀이 임할 때 순종하면 축복이 임한다.

아브람은 하나님의 말씀을 들으면서 반쪽짜리 순종을 한 자신의 죄를 회개했을 것이다. 왜 반쪽짜리 순종인가? 창세기 12장 1절에 나오는 하나님의 부르심은 사실 두 번째 부르심이다. 12장 1절부터 6절까지의 부르심을 받을 때 아브람은 하란에 거하고 있었는데, 사실 수년전에 하나님께서 갈대아 우르에서 그를 처음으로 부르셨고, 그에 응하여 갈대아 우르를 떠나서 이동하다가 하란에 정착하여 한동안 살게 된것이다.

"스데반이 이르되 여러분 부형들이여 들으소서 우리 조상 아브라함이 하란에 있기 전 메소보다미아에 있을 때에 영광의 하나님이 그에게 보여 이르시되 네 고향과 친척을 떠나 내가 네게 보일 땅으로 가라 하시니"(행 7:2,3).

사실 아브람처럼 재력도 있고 기반도 단단한 유지가 모든 것을 정리하고 가족들과 함께 대이민을 결심하기란 쉽지 않았을 것이다. 그것은 아브람이 영광의 하나님을 만났기에 가능한 일이었다. 영광의 하나님의 모습이 아브람을 압도했다. 그는 이때껏 그의 조상들이 섬겨오던 갈대아 우르의 우상들이 얼마나 허무한 존재들인지를 비로소 깨닫게 된다. 살아계신 하나님을 만난 사람이 어찌 죽은 우상들에게 집착하겠는가. 하나님을 제대로 체험하면 엄청난 헌신도 갈등 없이 한다. 아브람은 지체 없이 하나님 명령대로 자신의 고향 갈대아 우르를 떠나 약속의 땅으로 힘찬 발걸음을 옮겼다. 적어도 처음에는 그랬다.

그러나 아브람이 아버지 데라와 조카 롯까지 데리고 갈대아 우르를 떠나 약속의 땅으로 이동하기 시작하여 1천 킬로미터가 넘는 험난한 길을 여행하다가 하란에 도착하면서부터 문제가 생겼다. 성경은 아브람이 아버지 데라가 죽을 때까지 몇 년이나 거기에 머물렀다고 한다. 아브람의 믿음의 발걸음을 붙잡은 것은 우상숭배에 젖어 있던 아버지 데라와 욕심 많은 조카 롯이었을 것이다. 하나님이 주시는 새로운 비전에 헌신하려고 하면 가장 가까운 사람들인 가족이나 친지, 친구들이 발목을 잡는 경우가 많다.

"하나님을 믿어도 적당히 믿어라."

나쁜 사람들은 아니지만 영적인 사람들이 아니기 때문에 우리가 하나님께 모든 것을 드리는 헌신을 하길 원치 않는다. 그래서 약속의 땅 가나안까지 가지 못하고 절반쯤 간 하란에 멈추어 오래 머무르게 한 것이다.

가족들이 왜 아브람에게 하란에 계속 머물러 있자고 했을까? 하란 은 물이 있고 가축에게 꼴을 먹이기 적당한 초원 지대였다. 지리학자 들은 이 하란이 아브람이 떠나온 고향 갈대아 우르와 여러모로 흡사한 땅이라고 한다. 그래서 더더욱 아브람의 아버지와 가족 친지들은 고향 과 흡사한 하란에 머물러 있자고 아브람에게 압력을 넣었을 것이다.

비전의 여정에서 우리를 중단시키는 것은 우리가 익숙하던 옛 사람 의 기억이다. 그래서 헌신은 하되 적당한 선에서 타협하게 한다.

"갈대아 우르를 떠나 1천 킬로미터나 왔으면 됐지 뭐, 여기 하란이 약속의 땅이라고 생각하면 되지 않냐? 이만하면 좋잖아."

하나님의 사람은 이 유혹에 속으면 안 된다.

중간 지점인 하란에 주저앉아 있는 아브람을 하나님은 야단치지 않 으시고 다시 찾아오신다. 그리고 처음 갈대아 우르에서 주셨던 말씀을 다시금 들려주시며 떠나라 하신다. 우리가 하나님이 주신 비전을 망각 하고 중간에서 시간 낭비를 하고 있으면 하나님께서 반드시 다시 찾아 오신다. 그리고 말씀하신다. 말씀을 듣고 아브람은 정신을 번쩍 차렸 다. 약속의 땅으로 가는 사명을 완주해야 함을 깨달은 것이다.

당시 아브람의 나이는 75세로 중년이라고 할 수 있다. 인생의 하프 타임(half time)에서 그는 거룩한 모험을 시도한 것이다. 세상적으로 상 당히 성공하고 안정적인 삶을 살고 있는 바로 이 시점에 가장 고귀하고 가치있는 일(하나님을 순종하는 삶)에 헌신한 것이다. 하란에서 약속의 땅 가나안까지는 500킬로미터가 넘는 거리다. 그러나 아브람은 다시 일어나 그 여행을 완주한다.

교회를 개척하고 이름을 '새로운교회'라고 지으면서, 나는 이 교회가 아브람처럼 약속의 땅을 향하여 새롭게 나가는 교회가 되기를 기도했다. '새로운교회는 무엇이 새로운가?'라는 질문을 나 자신에게 수없이 던지며 도달한 결론은 '새로운 마음의 교회'라는 것이었다. 에스겔서에 보면 하나님께서 새 영을 우리에게 두고 새로운 마음을 주시겠다고 하셨다(겔 36:26). 새로운 마음은 비전의 마음, 도전의 마음이다.

비전의 길은 결코 쉽지 않을 것이다. 물 위를 걷는 것처럼 새롭고 힘든 도전들이 밀려올 것이다. 그러나 진짜 서글픈 삶은 실패가 두려워서 불안한 현실에 안주하며 아무것도 시도하지 않는 삶일 것이다. 두려움에 사로잡혀 현실의 벽을 박차고 나오지 못한다면, 그것은 살아도 사는 것이 아니다. 하나님을 믿고 모든 것을 걸고 약속의 땅으로 떠났던 아브람의 용기와 결단이 인생의 후반전을 향해 뛰어드는 모두에게 있기를!

장막을 치며 제단을 쌓아

약속의 땅에 도착한 아브람의 삶을 두 가지로 표현한다면 '장막을 치는 것'과 '제단을 쌓는 것'이다.

여호와께서 아브람에게 나타나 이르시되 내가 이 땅을 네 자손에게 주리라 하신지라 자기에게 나타나신 여호와께 그가 그곳에서 제단을 쌓고 거기서 벧엘 동쪽 산으로 옮겨 장막을 치니 서쪽은 벧엘이요 동쪽은 아이라 그가 그곳에서 여호와께 제단을 쌓고 여호와의 이름을 부르더니 창 12:7,8

　장막은 영어로 텐트(tent)다. 영구한 집이 아니다. 며칠 밤 자고 또 걷어야 하는 모바일 홈(mobile home)이다. 아브람이 어디로 가든지 장막을 쳤다는 것은 이 땅에서는 '나그네' 같은 인생임을 뜻한다. 우리가 새로 이사 가서 집에 들어갈 때 장막을 치는 것이고, 전학 가는 것도 장막을 치는 것이며, 새로 비즈니스를 여는 것도 장막을 치는 것이다. 우리는 이 땅에 살면서 수없이 많은 장막을 치고 걷는다. 그때마다 믿음으로 기도하며 담대함을 가져라. 거기에 하나님의 축복이 있을 것이다.
　아브람은 장막을 치면서 동시에 제단(altar)도 쌓았다. 이것은 하나님을 예배함을 말한다. "제단을 쌓고 여호와의 이름을 부르더니"라는 것은 하나님을 찬양했다는 것이고, 기도했다는 것이며, 하나님의 말씀을 들었다는 것이다. 이방인들이 사는 세상 한가운데서 아브람은 당당히 하나님을 예배했다. 이것은 성경에서 처음으로 나오는 예배의 모습이다.
　아브람 일행이 움직였던 지역은 이스라엘 남부로 몹시 건조하고 황량한 사막지대인데다 토박이 원주민들의 텃세가 심한 곳이었다. 그래서 장막을 여러 번 옮겨야 했다. 이런 악조건 속에서도 아브람은 제단을 쌓고 예배를 드렸다. 낯선 타향에서 온갖 고통을 겪으면서도 아브람은 불평하지 않고 예배드리며 하나님께 감사했다. 세상이 아무리 우리를 힘들게 해도 우리는 늘 하나님의 이름을 부르며 찬양하고 기도하고 예배해야 한다. 자동차 안이나 사무실, 집 등 모든 곳이 하나님을 예배하는 공간이 될 수 있다. 도심 속의 수도원처럼 항상 장막을 치면서 제단을 쌓는, 세상 속에서 일하면서도 하나님을 영으로 예배하는 삶을 살길 바란다.

아브람에게 말씀하셨던 하나님이 이제 우리에게 말씀하고 계신다.

"너의 고향, 친척, 아비 집을 떠나 내가 지시한 땅으로 가거라!"

하나님은 우리를 축복할 것이라고 하신다. 우리를 통해 열방을 축복할 것이라고 하신다. 두려워하지 말자. 하나님께서 우리와 함께하실 것이다. 약속의 땅이 우리를 기다린다. 축복이 우리를 기다리고 있다.

02

첫 번째 시련

하나님은 우리를 축복하길 원하시며, 비전을 주시고 새로운 약속의 땅을 주신다. 하나님이 주시는 비전의 인생은 우리를 흥분하게 하고, 기쁘게 하고, 풍성하게 하며, 깊은 만족을 준다. 하지만 동시에 우리를 흔들고, 아프게 하며, 어떨 때는 답답하고 힘든 어둠의 골짜기를 거쳐 가게 하기도 한다. 너무 힘들어서 그만 포기하고 싶게도 만든다.

그러나 이때 절망하고 포기해선 안 된다. 초기의 모진 비바람은 나무의 뿌리를 더 깊고 단단하게 만들어서 장차 아름드리 나무가 될 준비를 하게 하니까.

시련을 통해 검증받는 믿음

그 땅에 기근이 들었으므로 아브람이 애굽에 거류하려고 그리로 내려 갔으니 이는 그 땅에 기근이 심하였음이라 창 12:10

"그 땅"이 어디인가? 하나님이 아브람에게 주신 약속의 땅이다. 아 브람도 고향 갈대아 우르나 중간 정착지인 하란에서는 괜찮게 살았다. 그런데 막상 하나님이 주신 약속의 땅에 도착했는데 기근이 덮쳤다. 그것도 아주 심한 기근이었다. 농경과 목축을 주로 하던 당시에 기근 은 요즘으로 치면 최악의 불경기와도 같은 것이었다.

참으로 어렵게 결심해서 하나님 말씀만 믿고 먼 약속의 땅으로 왔는 데 기근이 덮쳤으니 얼마나 힘들었겠는가. 한 가정의 아버지, 한 조직 의 지도자로서 아브람은 죽고 싶을 만큼 괴로웠을 것이다. 하나님의 말씀 하나만 믿고 수많은 사람들을 이끌고 약속의 땅이라고 해서 천리 만리 타향에 왔으면, 풍년은 아니더라도 기본적으로 먹고살 수는 있어 야 될 거 아닌가. 그래야 "거 봐라. 하나님의 말씀에 순종하니까 이렇 게 잘되지 않냐? 너희들도 나처럼 하나님을 잘 믿으면 복을 받게 돼" 라고 사람들 앞에서 말할 수 있을 것이다. 그런데 하나님 말씀에 순종 해서 왔더니 오히려 전보다 더 힘든 상황에 봉착했으니, 아브람은 따 르는 가족과 부하들을 볼 낯이 없었을 것이다.

당신은 그런 경우가 없었는가? 마음을 잡고 교회 봉사를 열심히 하 기 시작했는데 갑자기 사업이 더 힘들어지고, 부부싸움은 더 심해지고, 몸이 아프기 시작한다. 하나님 말씀에 순종해서 약속의 땅으로 가는데 오히려 더 큰 고통이 온다. 이때 도대체 어떻게 해야 하는가?

기근은 우연히 온 게 아니다. 천지를 주관하신 하나님이 허락하신 고통이다. 하나님은 왜 약속의 땅에 막 도착한 아브람에게 이런 고통을 허락하셨을까?

그것은 아브람의 믿음을 강하게 다지기 위해서였다. 하나님은 반드시 우리 장래에 소망을 주시고 축복을 주신다. 그러나 먼저 축복을 담을만한 그릇으로 우리를 준비시키신다. 우리 믿음을 깊고 단단하게 만들기 원하신다. 그러기 위해서 어려운 상황을 주시는 것이다. 단련되지 않은 믿음은 강해지지 않는다. 조금만 비바람이 몰아치면 무너져버린다. 하나님께서는 우리에게 축복을 주시기 위한 준비 과정으로 일련의 고난을 허락하셔서, 믿음을 단단하게 하시고 순결하게 하신다. 믿음의 조상이 되기 위해서 아브람은 믿음의 시련을 견뎌내야 했다.

"그러나 내가 가는 길을 그가 아시나니 그가 나를 단련하신 후에는 내가 순금같이 되어 나오리라"(욥 23:10).

그런데 우리는 조금만 상황이 어려워지면 '어? 이건 하나님 뜻이 아닌가보다'라고 단정 지으며 다른 길로 피하려 한다. 그래서 아브람도 애굽으로 피했다. 애굽은 나일강 유역에 형성된 비옥한 곡창지대를 중심으로 건설된 국가여서 당시 주변 지역의 유목민들은 기근이 일어나면 발 빠르게 그곳으로 피난을 가곤 했다. 아브람도 여러 루트를 통해 이런 정보를 입수했을 것이다. 세상에서 살려면 영악해서 세상 돌아가는 흐름을 빨리 감지하고 민첩하게 대처해야 한다고들 한다. 아브람도 성공적인 사업가 집안 후손답게 정보 수집이 빠르고, 세상 돌아가는 흐름을 감지하는 데 능숙했다.

그러나 하나님의 사람은 더 깊은 뭔가가 있어야 한다. 적어도 하나님의 음성을 듣고 약속의 땅으로 온 아브람은 다른 사람들과 달리 허겁지겁 애굽으로 도망가기 전에 기도하며 하나님의 뜻을 물어보았어야 했다. 위기의 순간에 하나님의 사람은 눈치가 아니라 영성으로 자신을 차별화해야 한다. 우리는 하나님의 사람이다. 우리가 하나님의 뜻 안에 있는 것이 확실하다면 기근이 와도 그 자리에서 인내하며 버텨내야 한다. 처음부터 하나님의 음성을 듣고 움직인 것이라면 그 자리를 떠나는 것도 하나님의 음성을 듣고서 떠남이 마땅하다.

믿음의 시련이 올 때 우리의 반응은 '당장 이 상황을 어떻게 벗어나지?'가 아니라 '하나님이 이 상황을 통해서 내게 무엇을 가르쳐주고 계신가?'를 물어야 한다. 그래서 우리의 생각을 접어두고 기도해야 한다. 기도하면 하나님이 인간은 알지 못하는 놀라운 돌파구를 알려주실 것이다.

"너는 내게 부르짖으라 내가 네게 응답하겠고 네가 알지 못하는 크고 은밀한 일을 네게 보이리라"(렘 33:3).

기도해서 하나님이 움직이라 하실 때까지는 아무리 상황이 어려워도 약속의 땅을 쉽게 버리면 안 된다. 믿음의 사람들이 인생의 중요한 결정에서 실수할 때 보면 공통적으로 기도가 없었음을 볼 수 있다. 상황에 대처하기에 급급해서 기도가 맨 나중으로 밀린다. 기도하지 않고 상황만 분석하면 충동적이고 세상적으로 반응하게 된다. 자신의 인생에서 잘못된 결정을 내린 것들을 잠잠히 돌이켜보라. 십중팔구 그 결정을 내리던 시점의 앞뒤로 기도가 없었을 것이다.

정보 수집도 하고, 사람들 의견도 들어보고, 회의도 해보고, 여러 가지 다 했겠지만 정말 하나님 앞에 엎드려 진실하고 심각하게 기도할 짬이 없었을 것이다.

하나님의 사람이 기도보다 생각을 더 많이 하면 인생이 더 꼬인다. 위기의 순간은 기도해야 하는 순간이지 고민해야 할 순간이 아니다. 아브람이 기도해보지도 않고 허겁지겁 먹고살기 위해서 도망간 애굽에는 새로운 어려움이 기다리고 있었다.

믿음의 자리를 떠날 때 일어나는 일

그가 애굽에 가까이 이르렀을 때에 그의 아내 사래에게 말하되 내가 알기에 그대는 아리따운 여인이라 애굽 사람이 그대를 볼 때에 이르기를 이는 그의 아내라 하여 나는 죽이고 그대는 살리리니 원하건대 그대는 나의 누이라 하라 그러면 내가 그대로 말미암아 안전하고 내 목숨이 그대로 말미암아 보존되리라 하니라 창 12:11-13

당시 사래의 나이는 65세였다. 그녀가 90세에 아이를 출산하고 127세에 죽었다는 사실로 미루어볼 때, 중년의 여인이 가질 수 있는 최고의 미모를 유지하고 있었던 것 같다. 게다가 아직 아이를 낳지도 않았고, 애굽인이 검은색에 가까운 피부를 가진데 비해 셈의 후손으로 옅은 갈색 피부를 가진 사래의 미모는 애굽인의 눈에 두드러졌을 것이다.

애굽인들은 아주 풍요롭게 잘 살았고 음란 문화도 대단했다. 남편 아브람도 그것을 알고 있었다. 게다가 애굽의 바로는 신(神)으로 추앙받던 절대 권력자로서 자신의 통치 아래 거하는 모든 민족의 아름다운 여인을 마음대로 소유하는 것이 관례였다. 때로는 이를 위해 거침돌이 되는 남편도 죽여버리는 것이 예사였다.

아브람은 "애굽에 가까이 이르렀을 때", 즉 애굽 사람들과 교류하며 문화를 접하면서 점점 그 사실을 피부로 절감했음이 분명하다. 애굽에서는 식량 걱정은 할 필요가 없었다. 대신 전혀 새로운 걱정거리가 생긴 것이다.

그래서 살아남기 위해 아브람은 갑자기 비굴해지면서 나름대로 아주 치밀한 대비 전략을 세운다. 그리고 그것을 아내 사래에게 코치해주는 아브람의 모습에서 우리는 믿음의 사람이 믿음의 자리에 있지 않고 도망갔을 때 얼마나 비참해질 수 있는가를 배운다.

첫째는 두려움이다. 하나님의 음성을 순종하며 약속의 땅으로 올 때 아브람에게는 자신감과 용기가 있었다. 어려운 상황에서도 믿음의 순종을 하고 그 자리를 견디면 우리는 두려워할 필요가 없다. 믿음은 두려움을 내쫓기 때문이다. 그러나 믿음으로 가지 않고 상황에 반응하기 시작하면 두려움에 사로잡힌다. 사람이 무서워지기 시작한다.

"사람을 두려워하면 올무에 걸리게 되거니와 여호와를 의지하는 자는 안전하리라"(잠 29:25).

둘째는 영악한 계략을 짜는 것이다. 아브람은 머리를 굴리지 않고 하나님의 음성을 듣고 우직하게 순종하여 온 사람이다. 그런데 한번 약속의 땅을 떠나 두려움에 사로잡히기 시작하니, 기도하며 하나님을 신뢰하는 대신 자기 나름의 계략을 짜기 시작한다. 그것도 하나님의 지혜로 짜는 진실한 계략이 아니고 아주 교활한 사기극이다. 사래가 아브람의 이복누이인 것은 사실이지만 엄연히 그녀는 아브람의 아내였다. 그런데 사실대로 이야기하면 그녀의 미모를 탐낸 바로와 신하들이 남편인 자신을 해꼬지할 것이니, 아예 누이동생이라고 거짓말을 하자는 것이다. 앞서 말했듯이 하나님의 사람이 기도보다 생각을 더 많이 하면 인생이 자꾸만 더 힘들게 된다.

셋째는 극도의 이기심이다. 아내에게 거짓말을 지시하면서 아주 뻔뻔하게 그 이유를 자기가 살기 위해서라고 한다. 바로에게 사래가 누이동생이라고 했을 경우에 아내는 꼼짝없이 바로의 후궁이 되어 순결을 잃고 모욕을 당하게 될 것이다. 제대로 된 남편이라면 자기가 죽는 한이 있어도 아내를 지켰어야 했다. 그러나 아브람은 자기 목숨만 지킬 수 있다면 아내가 겪을 수모는 감수하겠다는 것이다. 이 말을 하는 남편을 보며 사래가 얼마나 기가 찼을까. 그것이 아브람의 영악한 사전 대비책의 한계였다. 지금껏 은혜로 그를 이끄셨던 하나님을 확실히 믿었다면 이런 어리석은 자구책을 취하진 않았을 것이다.

"너는 범사에 그를 인정하라 그리하면 네 길을 지도하시리라"(잠 3:6).

축복의 통로에서 재앙의 통로로

아브람이 애굽에 이르렀을 때에 애굽 사람들이 그 여인이 심히 아리
따움을 보았고 바로의 고관들도 그를 보고 바로 앞에서 칭찬하므로
그 여인을 바로의 궁으로 이끌어 들인지라 창 12:14,15

애굽의 수도에 도착해서 아브람의 예상대로 사람들이 아내 사래의
미모를 칭찬했고, 이 소식을 들은 바로가 궁으로 그녀를 데려갔다. 여
기서 "이끌어 들였다"라는 말은 바로의 후궁이 되기 위한 준비 과정에
들어갔다는 뜻이다. 그러니까 아직 사래는 바로와 동침하지 않았다.

남편 아브람의 실수로 인해 믿음의 조상이 될 사래가 이방인인 바로
의 후궁이 될 위기에 처했다. 하나님의 놀라운 계획이 인간의 실수로
인해 붕괴될 위험에 부딪친 것이다. 그러나 실수가 없으신 하나님은
지체 없이 이 상황에 개입하셔서 바로잡으신다. 무서운 재앙이 바로와
그 집을 덮치게 된다. 우리는 이 재앙이 어떤 것인지 또 어떻게 바로가
이 재앙의 원인이 아브람의 거짓말임을 알게 되었는지 알 수가 없다.
하나님이 꿈을 통해 바로에게 직접 말씀하셨을 수도 있고 사래가 정직
하게 자백하였을 수도 있다.

어쨌든 아브람의 거짓말로 인해 바로와 그 집은 큰 재앙을 당하게
됐다. 축복의 통로가 되어야 할 아브람이 재앙의 통로가 되어버린 것
이다. 하나님의 사람이 불순종하는 삶, 거짓된 삶을 살면 괜히 애꿎은
주위 사람들이 피해를 입는다. 요나의 경우를 보라. 니느웨로 가라고

하신 하나님 말씀에 불순종해서 다시스로 도망가다가 타고 가던 배가 폭풍을 만나 자기뿐 아니라 타고 있던 모든 사람들을 죽음의 위기로 몰아넣었다. 아브람이 그와 흡사한 재앙의 통로가 되어버렸다.

바로가 아브람을 불러서 이르되 네가 어찌하여 나에게 이렇게 행하였느냐 네가 어찌하여 그를 네 아내라고 내게 말하지 아니하였느냐 네가 어찌 그를 누이라 하여 내가 그를 데려다가 아내를 삼게 하였느냐 네 아내가 여기 있으니 이제 데려가라 하고 창 12:18,19

여기서 바로는 세 차례에 걸쳐 자신이 당한 재앙이 아브람의 거짓말 때문임을 밝히면서 아브람을 책망한다. 사실 바로는 대단히 억울했을 것이다. '사실대로 내 아내라고 말하면 바로가 나를 죽일 거야'라는 건 두려움에 사로잡힌 아브람의 상상이었을 뿐이다.

어쨌든 하나님의 사람 아브람이 우상신을 믿는 바로에게 왜 거짓된 삶을 사느냐고 야단을 맞는다. 참으로 부끄러운 일이다. 하나님의 사람이 하나님의 사람답게 살지 못하면 세상 사람에게 야단맞는다.

"하나님 믿는 사람이면 믿는 사람답게 살아야 하지 않아? 똑바로 해!"

크리스천은 말씀대로 진실하게 살아야 세상 앞에 당당할 수 있다.

바로가 사람들에게 그의 일을 명하매 그들이 그와 함께 그의 아내와 그의 모든 소유를 보내었더라 창 12:20

사실 정석대로 했으면 보상은커녕 감히 바로를 속인 아브람 일행은 즉시 죽임을 당했을 것이다. 그러나 바로가 사래를 돌려주고 아브람 일행에게 많은 재물까지 주어 돌려보낸 것은 아브람의 하나님에 대한 두려움 때문이었을 것이다. 이와 같이 하나님의 백성들이 세상의 권력자들로부터도 두려움의 대상이 되는 것은 우리를 지키시는 하나님의 손이 있는 까닭이다. 이것을 믿고 우리는 세상 어떤 힘있는 사람 앞에서도 비굴하거나 거짓되어선 안 된다.

처음으로 돌아가라

애굽에서 가정의 위기와 온갖 수치를 겪은 아브람은 다시 약속의 땅 가나안으로 돌아온다.

> 아브람이 애굽에서 그와 그의 아내와 모든 소유와 롯과 함께 네게브로 올라가니 아브람에게 가축과 은과 금이 풍부하였더라 창 13:1,2

아브람은 애굽에서 이전보다 훨씬 부자가 되어 돌아온다. 바로가 사래를 데려가면서 아브람에게 엄청난 재물까지 선물로 주었기 때문이다. 신랑이 신부에게 후한 결혼 예물을 주는 것은 고대 중동과 동양에서 흔한 관습이었다. 하물며 절대 권력자인 왕의 후궁이 될 때는 엄청난 물질적 보상을 받을 수 있었다. 아브람은 아내를 누이라고 거짓말한 덕분에 오히려 부자가 된 셈이다. 그리고 16장 1절을 보면 아내 사래도 애굽 출신 몸종 하갈을 얻어서 돌아온다.

한바탕 난리를 치르긴 했지만 겉으로만 보면 잃은 게 없고 오히려 잘된 것 같다. 그러나 아브람이 이렇게 얻은 재물과 여종 하갈은 나중에 아브람의 인생에 새로운 고통을 안겨주는 재앙의 씨앗이 된다. 함께 갔던 욕심 많은 조카 롯도 애굽에서 얻은 많은 재물들을 챙기면서 그것으로 자기의 사람들을 키우기 시작했으며, 애굽의 물질주의 문화를 보고 배우며 더욱 무서운 야심을 품어 곧 삼촌 아브람을 배반하게 된다.

또 애굽에서 데려간 사래의 몸종 하갈을 통해 태어난 이스마엘로 인해 아브람 집안은 엄청난 분열과 아픔을 겪게 된다. 이렇게 당장은 불로소득을 취한 것 같지만 시간이 흐르면서 불순종의 대가로 얻은 세상적 이익은 언젠가 대가를 치르게 만든다.

그가 네게브에서부터 길을 떠나 벧엘에 이르며 벧엘과 아이 사이 곧 전에 장막 쳤던 곳에 이르니 그가 처음으로 제단을 쌓은 곳이라 그가 거기서 여호와의 이름을 불렀더라 창 13:3,4

아브람은 애굽으로 도피하기 전, 처음 약속의 땅에 도착하자마자 세웠던 제단, 그 예배의 자리로 돌아왔다. 성경은 거기가 "그가 처음으로 제단을 쌓았던 자리"임을 강조한다. 거기서 아브람은 다시금 여호와의 이름을 불렀다. 아브람은 믿음의 시련을 견디지 못하고 조금의 어려움을 피하려고 약속의 땅을 떠나 애굽으로 갔던 죄를 그리고 거기서 살기 위해 거짓말을 했다가 큰 고난을 자초한 죄를 회개했다. 그렇게 함으로써 하나님의 용서와 치유를 받았다. 회개는 주님과의 첫사랑을 회복하는 것이다. 그것이 바로 새로운 시작이다. 세 번 주님을 부인했던 베드로가 처음 주님이 자신을 만나주었던 갈릴리 바닷가에서 주님과의 첫사랑을 회복했듯이 아브람도 벧엘로 다시 돌아와 주님과의 첫사랑을 회복한다. 예배가 회복되고 하나님과의 교제가 회복된다.

우리 모두 살면서 아브람처럼 실수한다. 하나님이 명하신 약속의 땅에 왔으면서도 초창기 작은 어려움을 견디지 못하고, 금방 세상 사람들처럼 애굽으로 도망간다. 그리고 거기서 살아남기 위해 요령을 부리고 거짓말하다가 점점 더 어려운 상황에 빠진다. 축복이 아닌 재앙의 통로가 되어버리는 자신이 한심하다.

하나님이 기뻐하지 않는 길을 가도 '구원'은 잃어버리지 않는다. 그러나 '구원의 기쁨'은 잃어버릴 수 있다. 이때 우리는 정신을 차리고 약속의 땅으로 돌아가야 한다. 벧엘의 제단을 다시 회복해야 한다. 갈릴리 바닷가로 다시 돌아가야 한다. 회개하고 다시 시작해야 한다.

계시록에 보면 모든 면에서 모범적이던 에베소교회를 향하여 예수님은 이렇게 질책하셨다.

"그러나 너를 책망할 것이 있나니 너의 처음 사랑을 버렸느니라 그러므로 어디서 떨어졌는지를 생각하고 회개하여 처음 행위를 가지라 만일 그리하지 아니하고 회개하지 아니하면 내가 네게 가서 네 촛대를 그 자리에서 옮기리라"(계 2:4,5).

주님과의 첫사랑을 반드시 회복해야 한다. 우리는 하나님을 믿긴 믿는데 너무 영악하게 적당히 믿는다. 조금만 손해볼 것 같으면 금방 세상과 타협하고 헌신의 자리를 떠나버린다. 그런 신앙생활을 오래 하다 보니 경건의 모양은 있는데 능력은 없는 무기력한 그리스도인이 되고 말았다. 주님은 우리가 그렇게 있는 것을 원치 않으신다. 하나님이 바로 궁정의 대소동을 통해서 아브람을 애굽에서 다시 약속의 땅으로 데려오셨듯이, 하나님은 인생에 폭풍을 보내서라도 반드시 우리를 약속의 땅으로 데려오신다. 그리고 처음부터 다시 시작하기를 원하신다.

처음 주님의 음성을 듣고 내 삶을 주님께 드리던 그때의 감격과 눈물을, 주님의 말씀이라면 토를 달지 않고 순종하던 헌신과 열정을 회복해야 한다. 우리가 회개하고 하나님의 이름을 다시 부르면 주님은 우리를 이전보다 더 영광스러운 축복과 섬김의 위치로 되돌려주실 것이다.

03

사람이 떠나고
하나님이 오시다

비전의 사람에게 하나님은 여러 가지 고난을 허락하셔서 그 사
람을 축복 받을만한 그릇으로 만들어가신다. 하지만 믿음의 사람도 고
난 앞에서 극히 인간적으로 대처하며 실수와 실패를 거듭할 수 있다.
그러나 하나님은 끝까지 포기하지 않으시고 그 사람을 붙잡아서 첫사
랑의 자리로 돌아오게 하신다.

애굽에서 많은 시련을 겪고 약속의 땅으로 돌아온 아브람이 그랬다.
그러나 아브람의 시련은 시작에 불과했다. 이번에는 전혀 예상치 못했
던 내부의 갈등이었다. 아브람이 가장 믿고 의지하던 존재가 충격적인
가시가 되어 아브람의 인생을 괴롭게 한다. 조카 롯과의 갈등이 바로
그것이었다.

관계에 금이 생기다

아브람의 일행 롯도 양과 소와 장막이 있으므로 그 땅이 그들이 동거
하기에 넉넉하지 못하였으니 이는 그들의 소유가 많아서 동거할 수
없었음이니라 그러므로 아브람의 가축의 목자와 롯의 가축의 목자
가 서로 다투고 또 가나안 사람과 브리스 사람도 그 땅에 거주하였는
지라 창 13:5-7

부모가 남긴 유산이 많으면 형제끼리 화목하기 어렵다. 소유가 많으
면 평화로운 공존이 어렵다. 함께 살았던 아브라함과 롯은 땅이 좁아
서라기보다는 둘의 소유가 많아서 함께 있을 수 없었다. 아브람은 워
낙 재산도 많았지만 애굽에서 바로가 준 재물까지 합치니 돈이 너무
많아졌다. 땀 흘려 얻지 않은 재산이 갑자기 늘어난 것이 문제였다. 갈
대아 우르에서 하란까지, 하란에서 약속의 땅 가나안까지 먼 여정을
함께 오는 동안 그들 사이에는 아무런 다툼이 없었다. 그러나 애굽에
서 갑자기 얻은 재산으로 인해 가나안에서 풍족하게 누려야 할 시점에
오히려 분쟁이 발생한다. 가난과 고생보다는 오히려 부요와 평안함이
둘 사이를 갈라놓았던 것이다.

개인이나 기업도 먹고사는 것 이상의 잉여자금이 갑자기 많아지면
판단력이 흐려지고, 유혹에 흔들리고, 돈 때문에 내분이 일어나게 된
다. 돈을 가지는 것은 좋지만 갑자기 많아지면 여러 가지 문제들이 생
긴다.

"돈을 사랑함이 일만 악의 뿌리가 되나니 이것을 탐내는 자들은 미혹을 받아 믿음에서 떠나 많은 근심으로써 자기를 찔렀도다"(딤전 6:10).

이 "많은 근심" 중에 하나가 관계가 부서지는 것이다. 피를 나눈 형제나 그토록 친하던 친구들이 돈 때문에 서로를 질시하고 음해하고 피나게 싸우고, 평생 얼굴도 안 보고 지낸다.

"아브람의 가축의 목자와 롯의 가축의 목자가 서로 다투고"라고 했다. 현대전은 대리전(代理戰)이다. 냉전시대의 미국과 러시아처럼 강대국들이 직접 부딪치는 게 아니라 앞에 다른 하수인들을 세운다. '얼굴 없는 전쟁'이라고 하는 이 대리전에서는 윤리도 없고 진리도 없다. 네 편이냐 내 편이냐가 있을 뿐인 피비린내나는 투쟁이다. 정치인들도 이런 성향을 띤다. 어떤 정당에 속해 있다면 개인의 소신이 별 의미가 없다. 죽을 각오를 하지 않는 한 어쩔 수 없이 당론을 따라야 한다. 자기 신념과 상관없이 조직의 행동대가 되어 최전선에 서서 싸워야 하는 것이 대리전이다.

다툼의 표면적 원인은 아마 좋은 목초지와 물을 먼저 차지하기 위함이었을 것이다. 유목민에게 목초지와 물은 생존과 번성에 절대적 조건이었기 때문에 부족들 간에 치열한 쟁투가 발생하곤 했다. 하지만 문제의 본질은 두 주인의 가치관이 달랐기 때문이었다. 아브람은 하나님의 말씀대로 순종하며 살려는 사람이었지만 롯은 빨리 돈을 벌어 성공해보려는 마인드로 꽉 찬 사람이었다.

롯의 물질주의적 인생관은 화려한 애굽에 다녀오면서 더 확고해졌다. 그는 어릴 적부터 키워준 삼촌 아브람의 하나님을 본 것이 아니라 그분이 주신 축복인 돈만을 보았다. 그래서 어떻게든 삼촌 밑에서 자기 세력을 키워 독립하려는 생각으로 가득했다. 롯의 그런 생각이 목자들에게 전염되어 아브람의 목자들과 다투게 된 것이다. 종들은 항상 주인의 마음을 읽고, 거기에 과잉충성하기 마련이므로.

어쨌든 곤혹스런 상황이 됐다. 멀리 떨어져 있는 사람과의 갈등은 오히려 해결하기가 쉽다. 안 보거나 헤어지면 그만이니까. 그러나 헤어질 수 없는 가까운 사이에서 생긴 갈등이 참으로 고통스럽다. 특별히 가족과 친지 사이에 일어난 갈등이 그렇다. 시간이 지날수록 골이 깊어지고 마음이 개운치 않다.

"또 가나안 사람과 브리스 사람도 그 땅에 거주하였는지라"라고 했다. 이웃에 사는 그들이 아브람과 롯의 갈등을 지켜보고 있었을 것이다. 교회가 조심해야 하는 것은 세상 사람들이 교회를 지켜보고 있기 때문이다. 우리가 형제간에 갈등을 제대로 해결하지 못하면 세상 사람들 앞에서 하나님의 영광이 훼손된다. 교회 내에서 재산 문제를 놓고 파가 갈려서 치열하게 싸우고, 그것이 세상에 공개될 때 얼마나 낯 뜨겁고 하나님께 죄송스러운지 모른다. 불신자들에게 전도할 때 그들의 마음이 기독교에 닫혀 있는 가장 큰 이유 중에 하나는 교회가 하나되지 못하고 너무 싸우기 때문이다. 예수 믿는 사람들이 어떻게든 서로 사랑하고 축복해야 한다.

"새 계명을 너희에게 주노니 서로 사랑하라 내가 너희를 사랑한 것 같이 너희도 서로 사랑하라 너희가 서로 사랑하면 이로써 모든 사람이 너희가 내 제자인 줄 알리라"(요 13:34,35).

화목을 선택하다

아브람이 롯에게 이르되 우리는 한 친족이라 나나 너나 내 목자나 네
목자나 서로 다투게 하지 말자 창 13:8

아브람이 먼저 롯에게 찾아갔다. 당연히 롯이 아브람에게 찾아오는
것이 옳았다. 그러나 아브람이 먼저 찾아갔다. 이것은 파격이다. 세상
에서는 아랫사람이 윗사람을 먼저 찾아가야 한다고 한다. 그러나 하나
님나라에선 먼저 찾아가는 쪽이 어른이다. 예수님도 먼저 열두 제자의
발을 씻겨주시지 않았는가. 영적 어른은 자존심을 버리고 먼저 찾아가
화해를 청한다. 먼저 가서 화목을 청하는 자가 진정으로 큰사람이다.

아브람은 롯에게 가서 부드럽게 말한다. 잘잘못을 따지지 않는다.
사실 아브람도 속으론 화나고 섭섭한 것도 많았을 것이다. 롯에게 따
지고 싶은 말도 있었을 것이다. 그러나 하나하나 잘잘못을 따지면 감
정이 나빠지고 관계가 어려워질 뿐이다. 그렇게 해서는 결코 화해가
이뤄지지 않는다.

아브람은 한 형제임을 강조한다. 그렇다. 우리는 적이 아니다. 우리
의 적은 사탄이지 서로가 아니다. 서로 의견 차이가 있고 입장이 달라
도 하나님의 사람들이 서로를 적대시해선 안 된다. 그러면 세상 사람
들의 조롱거리가 된다.

대리전의 원인 제공은 지도자들이 했다. 아브람은 이 책임을 인정하
고 있다. 지도자들이 서로 다투게 했기 때문에 목자들이 서로 다투는

것이다. 대리전에서 당사자의 문제로 돌아온 것이다. 믿음의 사람은 책임을 지고 직접 나서서 문제를 해결하려고 해야 한다.

정의의 이름으로, 개혁의 이름으로 툭하면 싸우려 드는 사람이 있다. 그러나 크리스천은 화평케 하는 자가 되어야지 자꾸 싸우려드는 자가 되선 안 된다.

"모든 사람과 더불어 화평함과 거룩함을 따르라 이것이 없이는 아무도 주를 보지 못하리라"(히 12:14).

아브람은 지켜보고 있는 이방인들로부터 당하게 될 비난과 조롱을 미연에 방지하기 위해 형제들끼리 서로 싸우지 말자고 한 것이다. 믿음의 형제들 사이에서도 불화와 분쟁이 있을 수 있다. 그러나 이럴 때 영적으로 성숙한 쪽이 먼저 솔선해서 다툼의 원인을 제거하려고 나서야 한다.

네 앞에 온 땅이 있지 아니하냐 나를 떠나가라 창 13:9

아브람은 대안을 제시한다. 불평과 원망에는 대안이 없다. 비전을 제시해야 분쟁이 해결이 된다. 하나님의 사람들이 함께 화목하며 살 수 있으면 좋지만 그것이 불가능할 때는 서로 반목하지 말고 깨끗하고 조용하게 헤어져야 한다. 현명한 아브람이 바로 그 이야기를 롯에게 하고 있는 것이다.

"본의 아니게 너의 목자들과 나의 목자들이 다툼이 일어났으니 계속 서로 붙어서 싸우지 말고 헤어져서 잘살자."

기도하던 아브람이 결단을 내린 것이다.

그러나 이 결단만 가지고 아브람을 훌륭한 인물이라고 평가하는 것은 좀 어렵다. 헤어지겠다는 결단은 보통 사람들도 마음만 모질게 먹으면 할 수 있다. 하지만 어떤 조건으로 헤어지느냐가 중요하다. 아브람의 위대함은 바로 여기서부터 시작된다.

네가 좌(左)하면 나는 우(右)하고 네가 우하면 나는 좌하리라 창 13:9

갈라서기로 결정하면 이제 세부적인 조건에서 서로 유리한 고지를 점하려는 문제로 갈등이 일어나게 마련이다. 서로 자기 이익을 최대한 챙기려고 한다. 그런데 아브람은 진정한 하나님의 사람, 진짜 어른이란 어떻게 해야 하는지를 보여준다. 그는 어린 조카 롯에게 먼저 백지수표를 줘버렸다. 우선적으로 어디든 최고의 땅을 선택하게 한 것이다. 사실 아브람은 어른이었기 때문에 자신이 좋은 자리를 먼저 차지하고 롯에게 다른 자리를 찾아 떠나라고 명령할 수도 있었을 것이다.

그러나 그렇게 하면 롯과 아브람의 집안은 두고두고 반목하게 될 것이었다. 그래서 아브람은 롯에게 먼저 선택권을 줘버렸다. 끝까지 내 것을 챙기려 욕심을 부리면 서로 끝없이 싸우게 된다. 어느 한쪽이 먼저 내려놓아야 한다. 그래야 화목이 이루어진다.

당시 풀이 넉넉하고 땅이 기름진 곳은 바보가 아닌 이상 척 보면 알수 있었다. 강남 부동산의 어디가 노른자위라는 것은 사업하는 사람이면 다 아는 것처럼 당시도 그랬다. 우선적 선택권을 주었을 때 사업적

마인드가 뛰어난 롯이 최고의 땅을 먼저 택하리란 것을 아브람도 알고 있었을 것이다. 아브람은 인간적으로 보면 치명적인 손해를 볼 결심을 이미 하고 있었다. 먼저 찾아가 화해를 청할 뿐 아니라 자기가 먼저 큰 손해를 보고 상대에게 양보하는 것, 이것이 진정한 영적 어른이다.

황금알을 낳는 오리를 눈앞에서 포기하는 것 같은 이런 결정을 아브람은 어떻게 할 수 있었을까? 그것은 하나님을 향한 믿음 때문이었을 것이다. 애굽에서의 시련을 겪은 뒤에 아브람은 어떤 상황에서도 하나님이 모든 필요를 공급하시는 신실한 분임을 깨달았다. 그래서 다시는 눈에 보이는 상황에 인간적으로 대처하지 않기로 결심했을 것이다. 자신의 성공은 하나님이 주실 것임을 믿었기에 가장 좋은 땅을 롯이 선택하도록 하는 파격적인 양보를 할 수 있었을 것이다. 그가 손해볼 수 있었던 것은 하나님이 갚아주실 것이라는 믿음이 있었기 때문이다.

화려함의 함정

이에 롯이 눈을 들어 요단 지역을 바라본즉 소알까지 온 땅에 물이 넉넉하니 여호와께서 소돔과 고모라를 멸하시기 전이었으므로 여호와의 동산 같고 애굽 땅과 같았더라 창 13:10

롯은 욕심의 눈으로 눈에 보이는 땅들의 모든 상황을 조목조목 유심히 살펴보았다. 이것은 하나님의 말씀만 믿고 어떤 땅인지 알지도 못한 채 떠났던 삼촌 아브람의 생활 방식과는 너무나 큰 차이다. 하나님을 믿는 사람은 눈에 보이는 것으로만 판단의 잣대를 삼지 않는다. 보이지 않는 것, 영원한 것, 하나님의 약속을 믿음의 눈으로 바라본다.

롯이 바라본 요단 평지는 풍부한 물을 공급받고 있어서 아주 비옥했다. 농경목축 문화인 당시 사회에서 이것은 최상의 거주 조건이었다. "여호와의 동산"은 에덴동산을 가리킨다. 풍부한 물로 형성된 요단평야의 비옥함이 에덴동산과 비견될 정도로 아름다웠던 것이다. 당시 기름진 곡창지대로 유명했던 애굽에 비교했다는 것은 최고의 땅이었음을 의미한다.

특히 롯은 아브람과 함께 애굽으로 피난 갔다 오면서 애굽의 물질문명에 도취된 기억이 있었다. 무엇을 보느냐보다 더 중요한 것은 어떤 눈으로 보느냐이다. 욕심에 가득 찬 화려한 물질문명에 대한 기억이 담긴 눈으로 보니까 판단 기준이 극히 세상적이 될 수밖에 없다.

롯은 삼촌인 아브람 옆에서 상당한 재력을 키운(아브람과 견줄 만한) 능력 있는 사업가였다. 5절에 보면 롯도 아브람처럼 양과 소와 장막이 있었다고 했다. 그러나 롯은 아브람 정도의 양과 소와 장막은 있었으나 '제단'이 없었다. 이것이 그 자신도 몰랐던 아브람과 롯의 결정적 차이였다. 장막은 사업이요 재산이다. 그러나 제단은 하나님을 예배하는 곳이다.

롯은 아브람과 견줄 만한 장막은 있었지만 아브람의 신앙이 없었다. 아무것도 아닌 차이 같았지만 이것이 훗날 아브람과 롯의 인생을 하늘과 땅 차이로 달라지게 한다. 바로 이것이 결정적인 순간에 롯의 선택

기준을 극히 세상적으로 만들었다.

대서양에서 배가 출발할 때 항법사가 항로에서 2도만 오차를 내도 뉴욕으로 갈 배가 보스턴으로 간다고 한다. 당장은 작은 차이지만 믿음으로 시작하는 자와 욕심으로 시작하는 자의 인생은 조금만 가면 그 결과가 극명하게 드러날 것이다. 그러니 외롭고 힘들어도 믿음으로 선택하라!

그러므로 롯이 요단 온 지역을 택하고 동으로 옮기니 그들이 서로 떠난지라 창 13:11

롯은 삼촌 아브람의 파격적인 양보와 배려에 대해서 고맙다는 말이나 미안해하는 기색 없이 가장 좋은 땅을 선택해 거침없이 이주를 단행한다. 참으로 이기적인 사람이다. 그러나 롯은 아브람을 이렇게 쉽게 떠나면 안 되었다.

인생에서 반드시 떠나야 할 때가 있다. 하나님이 갈대아 우르에서 아브람에게 말씀하실 때처럼 말씀을 주면서 떠나라고 하실 때이다. 내가 있는 곳이 죄에 가득 찬 땅일 때 하나님은 떠나라고 하신다. 또한 섬기던 사람이 사울처럼 영적 권위와 분별력을 잃으면 다윗처럼 하나님이 떠나게 할 때가 있다. 이때는 미련 없이 떠나야 한다. 그러나 하나님의 음성을 듣지 않고 욕심에 이끌려 떠나서는 안 된다.

롯은 함부로 아브람을 떠나선 안 되었다. 젊고 실력있는 롯의 눈으로 보기에 늙어가는 삼촌 아브람은 별 볼일 없어 보였을 수 있다. 또 애굽에서는 자기 목숨 구하려고 아내를 누이동생이라고 하여 한바탕 난리를 치는 것을 보고 삼촌에 대해 실망했을 수도 있다. 그러나 아브람은 인간적으로는 부족하지만 하나님이 축복하신 하나님의 사람이었다. 롯은 예배하는 아브람, 하나님의 음성을 듣고 순종하는 아브람, 그 아브람과 함께하시는 하나님의 임재를 보았어야 했다. 그 아브람이 축복의 통로이기 때문에 어떤 일이 있어도 삼촌 옆에 최대한 붙어 있어야 했다. 적어도 하나님이 다른 음성을 주실 때까지는.

롯은 최상의 조건을 취해서 독립한 것 같지만 아브람을 떠나는 순간부터 그의 인생은 내리막길이었다. 그의 삶은 온갖 시련과 재앙으로 점철되었다. 악인의 곁은 빨리 떠나되 축복의 사람, 하나님의 사람 곁에는 바짝 붙어 있는 것이 복 받는 비결 중 하나다. 그런데 롯은 그걸 거꾸로 했다.

> 아브람은 가나안 땅에 거주하였고 롯은 그 지역의 도시들에 머무르며
> 그 장막을 옮겨 소돔까지 이르렀더라 창 13:12

아브람이 거하던 벧엘 근처의 가나안 땅은 롯이 택한 지역과는 물질적으로 비교도 되지 않을 만큼 황량한 곳이었다. 그곳에서 아브람은 계속 거하며 하나님의 약속의 성취를 기다렸다.

그러나 롯은 점점 조건이 좋은 도시들을 찾아 옮겨가다가 물질적으로 가장 부유한 곳이자 가장 죄악이 가득 찬 도시인 소돔까지 흘러들어 간다. 세상적인 눈으로 보면 점점 발전한 것 같지만 영적인 눈으로

보면 점점 타락해간 것이다.

자기 생각으로는 삶이 업그레이드(upgrade)되는 것 같아도 실은 다운 그레이드(downgrade)되고 있었던 것이다. 세상의 권세 잡은 자는 결코 우리를 공짜로 축복하지 않는다. 반드시 대가를 치르게 만든다. 일단 이방의 세속 문화에 발을 들여놓은 롯은 현실의 풍요와 화려함에 눈이 멀어 완전히 죄의 심장부로 빠져들고 말았다. 롯과 같이 현실의 만족을 위해 너무 세상을 좇아가지 말라. 비록 목초지가 빈약하다 해도 아브람처럼 인내하며 하나님의 인도를 기다리라.

소돔 사람은 여호와 앞에 악하며 큰 죄인이었더라 창 13:13

이는 곧 전개될 롯의 참담한 미래를 암시한다. 물질적으론 풍요할지 몰라도 당시 소돔인들은 하나님 앞에서 타락하고 사악했다. 악인의 손에 쥐어진 재물은 난폭한 자의 손에 들려 있는 흉기와 다를 바 없다.

"욕심이 잉태한즉 죄를 낳고 죄가 장성한즉 사망을 낳느니라"(약 1:15).
욕심에 사로잡힌 롯의 눈은 장차 멸망하게 될 도시의 실상을 보지 못했다. 그러나 영적인 눈으로 보면 그가 가는 길이 훤히 보인다. 아브람은 믿음으로 보았기 때문에 당장 힘들어도 나중에는 영원한 하나님의 축복을 상속받게 되었다. 화려하고 그럴듯한 것에 속지 말라. 그런 곳에는 항상 함정이 있기 마련이다. 우리가 거주지를 선택할 때, 직장을 선택할 때, 배우자를 선택할 때 어떤 기준으로 보는가?
나는 한 교회의 중진 장로님 부부가 사윗감을 고를 때 학벌과 재산은 꼼꼼하게 따지면서도 믿음은 전혀 없는 사람을 택하는 것을 본 적이 있다. 내가 장로님을 말리자, 그는 이렇게 말했다.

"아무리 교회 다녀도 다 목사님처럼 살 수는 없지 않겠어요?"

나는 기가 막혔다. 이러면 우리가 롯과 무엇이 다르겠는가. 기도하며 믿음의 눈으로 선택하라.

내 안의 롯을 떠나보내라

롯이 아브람을 떠난 후에 여호와께서 아브람에게 이르시되 창 13:14

롯이 아브람을 떠난 후에 여호와께서 아브람에게 말씀하셨다. 다시 말해서 롯이 떠나야 하나님이 오신다. 롯은 '내가 인간적으로 믿고 의지하던 어떤 것'이다. 롯이 떠나고 아브람이 얼마나 허전하고 쓸쓸했을까. 낯설고 말도 선 이역만리 타국에 와서 그래도 어릴 때부터 자식처럼 여기고 의지해왔던 젊은 조카 롯이 얼마나 위로가 되었을까. 그 롯이 떠나라고 한다고 진짜 떠나버리니 아브람이 얼마나 외롭고 슬펐을까. 쫓아가서 좀 더 같이 있자고 부탁해볼까 하는 생각도 있었을 것이다. 그러나 롯이 떠나니까 하나님이 오셨다. 아니, 하나님은 항상 계셨는데 롯이 떠나기까지 기다리셨다.

롯은 내가 하나님만큼 사랑하고 정이 들었던 어떤 사람이나 하나님만큼 의지했던 어떤 힘이다. 친한 인맥일 수도 있고, 돈일 수도 있고,

재주일 수도 있다. 내 생각엔 그것 없이는 못살 것 같지만 오히려 그것 때문에 내가 하나님을 백퍼센트 의지하지 못하며, 그것 때문에 하나님이 내 삶에 초자연적인 축복을 풀어놓지 못하실 수도 있다. 그러므로 인생에서도 떠나보내야 할 롯은 떠나보내야 한다. 인간적으로 좀 섭섭하고 힘들어도 그렇게 해야 한다. 그러면 하나님이 인간이 줄 수 없는 축복을 갖고 오신다. 우리 안에 있는 세상적이고 인간적이고 물질적이고 자기중심적인 롯과 매일 결별을 선언하라!

개척교회를 해보신 목사님들은 다 공감하겠지만 아무리 새로운 사람들이 많이 와도 정든 사람 한 명 떠나보내는 것이 정말 힘들다. 가슴이 찢어지는 것 같다. 그것도 개인적으로 능력도 있어 보이고, 열심도 있어서 평생 좋은 동역자로 함께 가주었으면 하던 사람이 자그마한 문제로 상처를 받고 오해가 생겨 떠날 때는 너무 가슴이 아프다. 가서 설득도 해보고 기도도 해보지만 통하지 않는다.

그럴 때는 혼자 방에 앉아 창밖을 보며 '대체 내가 뭘 잘못했는가? 왜 이렇게 나는 부족한 리더일까?'라는 생각에 서글퍼지곤 했다. 아마 롯을 떠나보내는 아브람이 그랬을 것 같다. 그러나 당장은 아프지만 떠나야 할 롯은 떠나보내야 한다. 내가 인간적으로 의지하던 롯이 떠남으로써 하나님이 오셔서 롯이 있을 때는 보지 못했던 새로운 도전의 장소로 새로운 비전과 축복으로 나를 인도하시기 때문이다. 그러니 너무 힘들어 하지 말고 훌훌 털고 주님만 보고 다시 시작해보자.

하나님이 준비하신 축복

너는 눈을 들어 너 있는 곳에서 북쪽과 남쪽 그리고 동쪽과 서쪽을 바라보라 보이는 땅을 내가 너와 네 자손에게 주리니 영원히 이르리라 내가 네 자손이 땅의 티끌 같게 하리니 사람이 땅의 티끌을 능히 셀 수 있을진대 네 자손도 세리라 너는 일어나 그 땅을 종과 횡으로 두루 다녀보라 내가 그것을 네게 주리라 창 13:14-17

하나님께서는 아브람에게 눈을 들어 주위 동서남북을 바라보게 하셨다. 롯이 떠난 뒤 아브람은 마음이 허전하고 기가 죽어 눈이 밑으로 처져 있었다. 하나님은 그런 아브람에게 "기죽지 말고 고개를 들어라. 나는 네가 그렇게 처져 있길 원치 않는다. 눈을 들고 당당하게 세상을 바라보아라. 하늘을 바라보라. 내가 너에게 새로운 미래의 비전을 보여주겠다"라고 하시는 것 같다.

믿음을 가지고 하나님을 선택하면 놀라운 일이 생긴다. 내가 상상할 수 없던 크고 비밀한 축복의 세계가 생긴다. 인간은 본능적으로 땅을 보며 산다. 그러나 하나님은 우리에게 땅을 보지 말고 고개를 들어 하늘을 보라고 하신다.

하나님은 아브람에게 "너 있는 곳에서 동서남북을 바라보라"라고 하셨다. 축복은 지금 우리가 있는 곳에서부터 시작한다. 17절을 영어 성경에서 보면 "내가 그것을 네게 지금 주고 있다(I am giving it to you)"라고 되어 있다. 아득한 먼 훗날의 추상적 약속이 아니고 축복은 벌써

부터 시작되었다는 뜻이다. 사람들은 모두 자기의 현실을 싫어한다. 고통스럽고 질척거리고 따분한 현실을 피해 어딘가로 도피하고 싶어 한다. 그러나 하나님은 우리가 있는 바로 이곳에서부터 기적이 시작된 다고 하신다. 가정과 지금 몸담고 있는 교회, 일터와 주위에 있는 사람 들로부터 축복은 시작되고 있다.

아브람이 선 곳에서부터 동서남북으로 보이는 그 모든 땅을 다 아브 람과 그 자손에게 주겠다고 하셨다. 땅의 축복이다. 그 말은 롯이 욕심 으로 취한 그 땅까지도 결국은 다 아브람의 것이 된다는 뜻이다. 얼마 나 엄청난 말인가. 내가 욕심 부린다고 되는 게 아니라 하나님 주셔야 되는 것이다. 롯이 욕심을 부리며 간 땅은 롯같이 욕심 많은 사람들이 치열하게 싸우고 경쟁하고 다투는 곳이다. 그러나 인간들끼리 아웅다 웅한다고 되는 게 아니다. 하늘과 땅의 절대적 주인은 하나님이시다. 하나님이 주셔야 비로소 내 것이 된다. 걱정하지 말고 하나님을 믿고 순종하며 축복의 미래를 선포하며 살라.

롯은 자신이 좋은 곳을 선택해서 갔지만 아브람은 하나님이 주실 때 까지 기다렸다. 축복의 범위를 자신이 성급하게 정해버리지 말라. 내 가 생각한 축복보다 하나님이 준비하신 축복이 항상 훨씬 크기 때문에 내가 먼저 욕심 부리면 오히려 더 손해다. 요령부릴 줄 모르고 하나님 만 바라보았던 우직한 아브람에게 하나님은 영악한 롯이 욕심냈던 것 의 수십 배가 되는 축복을 안겨주셨다.

세상 사람들처럼 머리 쓰거나 욕심 부리지 말고 하나님을 바라보라. 진정으로 하나님의 복을 받는 사람은 그 영향력이 자신의 대(代)에서뿐 아니라, 자손의 대로 갈수록 더 커져간다. 진정한 축복은 여러 대를 거쳐 이어진다. 하나님은 아브람의 후손이 땅의 티끌같이 많아질 것이라고 하셨다. 아내 사래는 나이 60세에 아직 아이 한 명도 낳지 못했는데 후손이 땅의 티끌처럼 많아질 것이라는 약속은 인간적으로 생각하면 너무 허황된 꿈이다. 그러나 하나님은 실언하지 않으신다. 이 자손 중에는 아브람의 피가 섞인 히브리 자손뿐 아니라, 아브람을 믿음의 조상으로 하는 전 세계의 수많은 영적 후손들도 포함된다.

모든 것을 걸고 식당을 개업한 주인이나 개척교회를 하는 목사에게 이 약속은 너무도 간절히 다가온다. 사람들이 와야 일이 되는데, 사람은 하나님이 보내주시는 것이다. 하나님의 부르심을 받고 비전의 인생을 거는 사람에게는 반드시 사람의 축복이 온다. 지금 당장 외롭고 힘들더라도 인간적으로 편한 사람을 모으지 말고 하나님이 보내주시는 신실한 사람들을 기다려보라.

"너는 일어나 그 땅을 종과 횡으로 두루 다녀보라. 내가 그것을 네게 주리라"에서 "종과 횡으로 다녀보라"는 것은 '네게 축복으로 줄 땅이 얼마나 크고 넓은지를 확인해보라'는 뜻이다. 하나님은 아무것도 하지 않는 사람에게 축복을 거저 주시지 않는다. 아브람은 보았고 음성을 들었다. 이제 일어나 종횡무진 걸어야 할 때다. 미래는 믿음을 가지고 순종하며 행동하는 사람의 것이다. 축복도 갖는 사람의 것이다.

롯이 떠난 뒤 아브람에게 오셔서 놀라운 축복을 주시는 하나님을 보면 마치 이렇게 말씀하는 것 같다.

"아브람아, 네가 조카와 싸우지 않고 백퍼센트 손해보고, 포용하고 떠나보냈구나. 난 네가 얼마나 기특한지 모른다. 이제 내가 너에게 네가 포기한 그 모든 것 이상의 엄청난 상급을 주마."

동서남북이란 말은 천하를 다 주겠다는 말이다. 롯이 욕심으로 거머쥔 땅까지도 다 믿음의 사람 아브람에게 하나님이 주시게 된다. 그러니 욕심을 버리라. 작은 이익을 놓고 형제끼리 싸우는 것을 그치라. 롯 같은 존재에게 화내지 말고 오히려 축복하고 떠나보내라. 그냥 보내지 말고 다 양보하고 원하는 만큼 가지게 해서 떠나보내라. 그러면 하나님이 오셔서 양보한 것보다 더 큰 하늘의 축복을 몰아주신다.

축복은 내가 싸워 쟁취하는 게 아니라 하나님이 주시는 것이다. 하나님은 욕심 부리는 자가 아니라 믿는 자에게 축복을 주신다. 그분을 믿고 하나님의 말씀대로 살라!

이에 아브람이 장막을 옮겨 헤브론에 있는 마므레 상수리 수풀에 이르러 거주하며 거기서 여호와를 위하여 제단을 쌓았더라 창 13:18

아브람은 장막을 옮겨 헤브론에 거주했고, 거기서 여호와를 위하여 제단을 쌓았다. 결론적으로 아브람은 영적으로 번창할 수 있는 곳을 택했고, 롯은 세상적으로 번창할 수 있는 곳에 살기로 했다. 롯이 택한 기름진 땅에 비해 헤브론은 고산지대에 있는 황무지 같은 곳이다. 엄청난 축복의 미래를 비전으로 받았지만 아브람은 척박한 헤브론의 현실로 돌아와야 했다. 그러나 실망하지 않고 거기서 제단을 쌓는다. 예배하고 기도하기 시작한다.

고독하고 외롭고 성취감이 없는 현실에서 예배하는 순간, 믿음이 살아난다. 기적이 일어나고 능력이 생기며, 비전이 현실로 나타난다. 이제 아브람이 변하기 시작한다.

우리는 이 땅에서 하나님의 위대한 일을 하게 될 것이
다. 편안한 삶이 아닌 의미 있는 삶, 풍성한 삶, 비전
의 삶으로 초대받은 것이다. 단순히 나 하나, 우리 가
족 잘 먹고 잘사는 것으로 한세상 끝내는 것보다 더
크고 아름다운 사명이 주어져 있음을 믿으라.

part 2

모험으로
뛰는 가슴

04
승리의 다른 이름

"사는 게 전쟁"이라는 말을 자주 한다. 스포츠 경기에서도 연고
(延高)전이나 한일(韓日)전처럼 라이벌 팀들끼리 격돌할 때는 선수들이
나 관중들이나 흡사 전쟁을 방불케 할 정도로 뜨겁게 달아오른다. 증
권 시장에 가서 투자자들의 벌겋게 달아오른 얼굴을 보거나 기업들이
계약 하나 따내기 위해서 온갖 수단을 다 써서 상대를 누르려고 하는
것을 보면, 정말 총만 안 쏜다 뿐이지 전쟁처럼 사는 것 같다.

그런데 전쟁은 너무나 많은 대가를 치러야 하는 것이기에 자신의 안
전과 이익이 직접적으로 위협받지 않는 한 남의 싸움에 끼어들고 싶어
하지 않는다. 특히 자신의 홈그라운드도 아닌 외지에 가 있는 나그네
의 경우에는 더더욱 그럴 것이다.

그러나 이민자 아브람은 이 지극히 당연한 생각을 깨고 자신과 직

접적 연관이 없는 전쟁에 거침없이 뛰어든다. 자칫 잘못하면 모든 것을 잃어버릴 수도 있었던 아브람의 이 무모한 선택은 어디서 비롯된 것일까?

욕심이 부른 전쟁

창세기 14장은 성경에 언급된 최초의 전쟁이다. 이 전쟁은 아브람이 하란을 떠나온 지 약 9년이 지난 때, 그가 84세가 되었을 즈음 발발한 것으로 추정된다. 이 전쟁은 북부 메소포타미아 4개국 연맹(엘람, 시날, 엘라살, 고임)과 가나안 남부의 사해 지역을 중심으로 형성된 5개 동맹국들(소돔, 고모라, 아드마, 스보임, 소알)과의 충돌이었다. 보통 전쟁은 패싸움이다. 아이들 싸움이 어른 싸움이 되고, 개인 싸움이 각자가 속해 있는 학교와 조직과 동네끼리의 패싸움으로 발전한다. 그러다가 제2차세계대전처럼 국가들끼리 동맹을 해서 싸우기도 한다.

전쟁의 원인은 가나안 남부의 사해 지역을 중심으로 형성된 5개 동맹국들이 12년 동안이나 조공(租貢)을 바치며 충성해오던 가나안 북부 메소포타미아 동맹의 맹주 엘람 왕 그돌라오멜에 대항하여 반역을 일으켰기 때문이었다. 그돌라오멜이 다스리는 엘람의 군대는 아주 사납고 용맹하여 주변 국가들에게 공포의 대상이었다. 그래서 가나안 전체 국가들이 두려워하여 충성을 맹세하고 조공을 바쳐왔던 것이다. 이는 힘이 두려워서 할 수 없이 굴복한 것이지 진심으로 충성하는 것이 아니었다. 세상의 관계라는 게 다 그렇다. 배신을 당하는 쪽에서는 '어떻게 네가 감히'라고 생각하겠지만, 배신하는 쪽의 입장에서는 '그동안 나도 참을 만큼 참았다'는 억눌린 감정이 있는 것이다.

왜 가나안 남부 지역의 5개국 사해 동맹이 12년 만에 반란을 일으키게 되었는지 모른다. 첫째는 아브람이 약속의 땅에 오자마자 겪었던 무서운 기근이 원인일 수 있다. 기근 때문에 경제가 너무 어려워지면서 보통 때 바치던 조공과 조세가 갈수록 이들 나라에 고통을 주었을 수도 있다. 둘째는 이들 5개 국가들이 나름대로 열심히 군사력을 키우며 서로 힘을 합치면서 어느 정도 자신감이 생겼을 것이다. 어쨌든 이들은 용감하게 반란을 일으켰고 초기에는 그 기세가 대단했다.

이에 대항하여 북부 메소포타미아 동맹의 그돌라오멜은 시날, 엘라살, 고임의 주변 강대국들과 함께 진압군을 편성했다. 그리고 즉각 행동에 들어갔다. 진압군은 남하하면서 북쪽의 아스다롯에서 르바 족속을 전멸시키고, 그 다음엔 함에서 수스 족속을, 더 남하해서 기랴다임에서 엠 족속을 쳤다. 그리고 더 남쪽으로 내려와서 세일에서 호리 족속을 쳐서 엘바란까지 이르렀으며, 다시 방향을 틀어 북상하면서 가데스에서 아멜렉 족속을 치고, 아모리 족속까지 쓸어버리면서 최후의 결전장인 싯딤 골짜기로 와서 반란군의 주력인 소돔과 고모라 군과 격돌하게 된다.

침략군의 최우선 공격 목표는 반란국의 핵심인 소돔과 고모라였다. 이를 위해 침략군은 그 두 성 주변 일대를 넓게 공략하는 가운데, 요단 강과 사해 동남쪽으로 코스를 잡아 사해 동맹국에 우호적인 성들을 채로 훑듯이 넘어뜨리며, 소돔과 고모라 주변을 압박해갔다. 직선거리로만 600킬로미터가 넘는 거리를 폭풍처럼 쓸고 간 것이다. 한마디로 무서운 기동력과 전투력을 가진 대군이었다.

반란을 일으켰던 사해 5개 동맹국들은 계속해서 들려오는 이웃 성읍들의 함락 소식에 얼마나 불안해하고 두려웠을까. 14장 8절에서 10절까지를 보면 그들이 남은 군사력을 총동원하여 싯딤 골짜기에서 마지막 일전을 치르는 모습이 나온다.

반란군이 싯딤 골짜기를 전장으로 정한 것은 이곳에 흔한 늪과 같은 역청 구덩이를 저지선으로 활용해보겠다는 생각이었을 것이다. 그러나 기세등등한 침략군의 사나운 공격에 반란군 방어선은 순식간에 무너지고, 그들은 사방으로 목숨을 구하기 위해 도주하는 신세로 전락했다. 소돔과 고모라 왕은 도주하다가 오히려 그들이 함정으로 사용하려 했던 역청 구덩이에 빠지기도 했다.

반란군을 진압한 4개국 연합군은 소돔과 고모라 전투를 승리로 이끈 뒤, 모든 재물과 양식을 빼앗아갔다. 조공을 거절한 사해 5개 동맹국들로부터 그에 상응하는 재물을 약탈해간 것이다. 이처럼 예나 지금이나 인간들의 전쟁은 탐욕에 기인한다. 결국은 재물 싸움이다. 세상 전쟁 원인의 근본에는 탐욕이 있다.

"너희 중에 싸움이 어디로부터 다툼이 어디로부터 나느냐 너희 지체 중에서 싸우는 정욕으로부터 나는 것이 아니냐"(약 4:1).

여기서 "정욕"이라고 번역된 헬라어 원어는 '쾌락주의'란 단어의 어원이 되는 말이다. 즉 인간의 동물적인 욕구, 감각적 욕구, 이기주의적 욕구를 의미한다. 죄의 본질은 바로 이 이기적인 욕망이다. 하와가 선악과를 따먹는 죄를 범한 이유는 그것을 먹고 하나님과 같이 되려는 뒤틀린 욕망 때문이었다.

자신의 이기적 욕망을 충족시키기 위해 사는 사람은 계속 남과 부딪치게 되어 있다. 욕망과 욕망은 결코 공존할 수 없고 서로 충돌하게 되어 있기 때문이다. 그래서 그의 인생에는 다툼만 있을 뿐, 평화가 없다. 자신의 욕구 충족을 인생의 최우선순위로 두고 살다 보니 눈에 보이는 것이 없다. 다른 사람들의 사정과 필요에 둔감해지게 된다. 그러니까 자기밖에 모르는 사람들이 함께 모이면 다툼이 생기고 전쟁이 일어나는 것이다. 그러나 이기적인 욕망은 결코 만족될 수가 없는 데에 그 비극이 있다.

"너희는 욕심을 내어도 얻지 못하여 살인하며 시기하여도 능히 취하지 못하므로 다투고 싸우는도다"(약 4:2).

인간의 욕심은 끝이 없다. 돈, 학위, 섹스, 권력, 인기, 명예…. 자기가 다 다룰 수 없음에도 끝없이 가지려 하고 취하려 한다. "네 이웃의 것을 탐하지 말라"라는 십계명의 마지막 계명을 깨면 다른 9계명을 다 범하게 된다(거짓을 말하고, 살인하고, 부모를 존경치 않고, 간음하는 죄들이 다 욕심에서 비롯된다).

현대인들에게 스트레스와 분노가 많은 원인 중 하나는 욕심만큼 가질 수 없거나 욕심만큼 일이 풀리지 않기 때문이라고 한다. 일과 자식과 배우자에게 바라는 욕심이 이뤄지질 않으니 해서는 안 될 무리수를 두는 것이다. 오래 전 미국의 한 올림픽 여자 스케이터가 승부욕에 눈이 멀어 사람을 고용해서 자신의 라이벌 스케이터의 다리를 테러해서

부상을 입힌 끔찍한 사건이 있었다. 시기심이 확대되면 이런 무서운 결과를 낳게 되는 것이다.

"욕심이 잉태한즉 죄를 낳고 죄가 장성한즉 사망을 낳느니라"(약 1:15).

욕심으로 가득 찬 사람은 자신의 능력과 재물과 인간관계를 동원해서 인생을 살아간다. 목표와 동기가 인간적이고 불순(不純)하면, 그것을 추구하는 방법도 불순하게 되어 있다. 하나님의 꿈이 아닌 자신의 야심으로 가득 차 있으니 야심을 이루는 데 방해가 된다고 여겨지는 사람들과 싸우기에 바쁘다. 그래서 세상의 역사는 전쟁의 역사다. 전투적인 사람은 하나같이 욕심 많은 사람들이다. 이런 사람들은 남을 모두 경쟁상대로 본다. 죽기 아니면 살기다. 함께 승리하는 법을 모른다.

> 소돔에 거주하는 아브람의 조카 롯도 사로잡고 그 재물까지 노략하여
> 갔더라 창 14:12

욕심을 쫓아 아브람을 버리고 부유한 도시 소돔까지 이주하며 승승장구하던 롯. 그러나 그의 성공시대는 너무나 짧았고, 그는 비참하게 무너졌다.

세상적 성공만을 추구하는 사람은 참된 기쁨과 평안을 누리지 못한다. 그것은 칼날 위에 서 있는 것 같은 성공이다. 롯이 선택한 그 기름진 땅에는 그와 비슷한 욕심을 가진 사람들로 가득했다. 그런 사람들이 서로의 욕심을 채우는 데 장애가 되면 서로 칼을 겨누고 싸우는 곳이 세상이다. 욕심이 불안과 분쟁의 요인이 되고 멸망의 원인이 된다.

전쟁으로 모든 재물을 잃고 포로가 된 것은 욕심을 쫓아갔던 롯에 대한 하나님의 징계이다. 하나님의 사람은 어렵더라도 약속의 땅에 거해야지 소돔 같은 곳에 거해선 안 된다는 하나님의 경고였다. 하나님은 자녀들을 사랑하시기 때문에 이렇게 징계하신다. 롯이 재물을 빼앗기고 포로가 되었지만 죽지는 않았다는 것은 하나님이 아직도 롯을 사랑하셔서 회개하고 돌아올 기회를 주셨음을 의미한다. 그러나 슬프게도 롯은 하나님의 징계를 제대로 받아들이지 못한다.

318명의 힘

아브람에게는 좋은 동맹자들이 있었다. 약속의 땅에 살면서 여러 가지 힘든 일이 많았지만 아브람은 아모리 족속 마므레와 그 형제 에스골, 아넬과도 동맹을 맺어두었다. 아넬과 에스골과 마므레가 아브람을 도와서 4개국 연합군을 추격하여 공격하는데 힘을 보탠다. 혈맹(血盟) 수준의 깊은 신뢰관계가 아니고서야 이런 위험한 전쟁에 같이 목숨을 걸어주었을 리가 만무하다. 아브람은 확실히 복의 근원답게 주위에 좋은 사람들을 많이 두는 축복을 받았다. 평소에 든든히 구축해놓았던 동맹관계가 비상시에 빛을 발하는 것이다.

롯의 주위엔 사람들이 많은 것 같은데 없었다. 롯이 전 재산을 빼앗기고 사로잡힐 때 그의 병사들이나 동맹자들이 목숨을 걸고 그를 지켰다는 말이 성경에 없다. 너무 허무하게 무너져내렸다. 그러나 우직해 보이고 요령이 없는 것 같은 아브람의 옆에는 유사시에 함께 목숨 걸고 싸워줄 동맹자들도 있었고, 충복들도 수백 명이 넘었다. 우리의 인간관계는 위기 상황에서 드러난다. 이익을 위해서 돈으로 사람을 모으는 게 아니라 비전과 믿음으로 사람을 모아야 한다. 그래야 진정 함께 할 수 있는 평생 동지들이 된다.

하나님의 사람으로 비전의 인생을 살려고 할 때에 계속해서 위기와 어려움이 몰려올 것이다. 이때 혼자 힘으로는 버텨내기 어렵다. 주위에 신실한 믿음의 형제자매들과 교제하는 영적 네트워킹을 구축해놓아야 한다.

"두 사람이 한 사람보다 나음은 그들이 수고함으로 좋은 상을 얻을 것임이라 혹시 그들이 넘어지면 하나가 그 동무를 붙들어 일으키려니와 홀로 있어 넘어지고 붙들어 일으킬 자가 없는 자에게는 화가 있으리라"(전 4:9,10).

아브람이 그의 조카가 사로잡혔음을 듣고 집에서 길리고 훈련된 자 삼백십팔 명을 거느리고 단까지 쫓아가서 창 14:14

아브람이 "집에서 길리고 훈련된 자 318명"을 동원하여 그들과 함께 전쟁에 나갔다고 되어 있다. 이 318명은 전쟁이나 매매로 얻은 종이 아닌 순수하게 아브람이 소유한 종들 사이에서 태어난 자식들을 암시하는 말이다. 따라서 이들의 주인에 대한 충성심과 결속력은 남달랐을 것이다. 거기다가 이들은 평소 이런 비상사태를 대비해서 철저히 훈련을 받은 자들이었다. 아브람은 평화의 사람이었지만 만약의 사태를 대비하여 자신의 부족을 지킬 수 있는 강한 군사들을 준비해두고 있었던 것이다. 지금 내 주위의 사람들을 방치해두지 말고 훈련시켜야 한다. 교회도 마찬가지다. 성도들은 그리스도의 영적 군사로 평소에 강하게 훈련되어 있어야 한다. 그래야 유사시에 가공할만한 전투력을 발휘할 수 있다.

"마귀의 간계를 능히 대적하기 위하여 하나님의 전신 갑주를 입으라 우리의 씨름은 혈과 육을 상대하는 것이 아니요 통치자들과 권세들과 이 어둠의 세상 주관자들과 하늘에 있는 악의 영들을 상대함이라"(엡 6:11,12).

"전신 갑주를 입으라"에서 '입으라'의 헬라어 동사는 '입어두라'는 뜻이 있다. 싸움이 시작되고 나서야 허둥지둥 갑옷을 챙겨 입는 바보 같은 병사는 없다. 전쟁에 나서는 순간부터 한시도 갑옷을 벗지 않고 완전무장을 하고 있어야 한다. 그래야 언제 어디서 적이 공격해 와도 당황하지 않고 대항할 수 있다.

성도의 공격 무기는 성령의 검이다. 말씀의 검이요, 기도의 검이다. 영적으로 깨어 있어 사탄의 군대가 설치지 못하게 해야 한다. 우리가 전도하고 선교하고 하나님의 복음을 전하고 부흥을 일으킬 때, 4개국 연합군을 치고 롯을 구해온 아브람처럼 사탄의 군대를 치고 우리의 형제자매들을 구해낼 것이다. 우리가 믿음으로 세상에 나갈 때 승리하게 하시는 분은 하나님이시다.

'318'이라는 숫자가 정확히 성경에 명시되었다는 사실이 중요하다. 성경에서 하나님은 하나님의 백성들 숫자를 귀찮을 정도로 정확히 명시하셨다. 아브람이 아무렇게나 긁어모은 사람들이 아니라 그의 집에서 나고 훈련된 사람들 318명이다. 전쟁에 함께 나가서 목숨을 걸 수 있는 충성되고 훈련된 사람들이다. 숫자가 많은 게 중요한 게 아니다. 한 사람, 한 사람이 예수님이 비상시에 투입할 수 있는 영적 전사들로 준비되어 있어야 한다. 하나님이 세시는 그런 정예병 '318'에 들어가야 한다.

새로운교회 첫 예배에 모인 숫자가 아이들까지 합쳐서 약 300명이었다. 나는 이 300명이 아브람의 318명처럼 말씀과 기도로 철저히 준비된 영적 군대가 되게 해달라고 새벽마다 무릎꿇고 기도했다. 이 책을 쓰는 지금 교회는 그 다섯 배가 넘는 인원으로 성장했고 계속 성장해가고 있지만, 교회 구석구석의 핵심 리더십에는 이 300명의 헌신이 흠뻑 배어 있다.

말씀의 검으로 무장하라

교회는 말씀 위에 세워졌다. 그 말씀의 초점은 예수 그리스도이시다. 예수님은 말씀이 성(聖)육신 되신 분이다. 말씀이 선포되고, 선포된 말씀을 묵상하고 공부하고 실천하면 예수의 영(靈)이 충만하게 임한다. 건강한 교회는 바로 이러한 말씀 중심의 교회이다.

가족 친지들끼리 혈연관계로 교회를 시작하거나 친구들 혹은 아는 사람들끼리 정(情)으로 교회를 시작해서 끌고 가게 되면 언젠가는 반드시 파탄이 난다. 개척 초창기에 나와 인간적으로 친했고 꼭 함께해주었으면 하는 사람들이 대부분 함께해주지 않았다. 중간에 떠난 사람들도 있었다. 인간적으로 너무 섭섭하고 힘들었다. 그러나 시간이 지나면서 하나님이 보내주신 새로운 이들이 왔는데, 그들이 말씀 안에서 얼마나 든든한 일꾼들이 되어주었는지 모른다.

초창기부터 외롭고 힘들어도 철저하게 교회의 기초공사는 말씀으로 깔아야 한다. 우리 교회는 주보 안에 그 주의 설교 요약을 넣어서 순모임 교재로 쓴다. 말씀을 한 번 듣고 흘려버리는 게 아니라 기록하고 묵상한 뒤 소그룹 모임 때 형제자매들과 한 번 더 나누면서 영혼 속에 각인시키기 위함이다.

교회의 기초를 세우는 개척 첫해에 나는 "말씀을 가까이, 하나님을 가까이"라는 목표로 당시 출석교인의 절반에 달하는 250여 명의 성도들에게 '바이블 마스터(Bible Master)'라는 프로그램을 통해서 성경을 읽게 했다. 교회 핵심 리더십을 키워내는 8개월 훈련 프로그램 'LCS(Life Coaching School)'에서는 한 기수당 100명에 가까운 사람들이 강한 영성 훈련을 받고 있다. 하고 싶은 사역도 많고 하자는 일들도 많지만, 일단 교회의 기초를 놓는 이 시간은 모든 힘을 예배와 말씀 훈련에 집중했다. 그것이 하나님이 원하시는 교회의 기본 골격이라고 믿었기 때문이다.

그냥 같이 교회 다닌다고 다 하나가 될 수 있는 것이 아니다. 동일한 은혜의 체험을 해야 한다. 십자가 은혜를 체험한 사람들은 말로 설명할 수 없는 영적인 공통분모가 생겨서 서로 안 지 얼마 안 되었는데도 쉽게 친해질 수 있다. 이들의 교제는 세상과 다르다. 살아있는 교회는 설교와 찬양과 소그룹 모임과 각종 훈련 프로그램을 통해서 십자가 은혜를 중심으로 돌아간다. 모여서 잡담하고 딴 이야기하는 게 아니라 항상 받은 은혜와 하나님이 주신 비전을 나눈다. 치열한 삶의 현장에서 말씀이 살아 역사하는 것을 서로 나누는 뜨거운 감동이 있다. 진짜 성도의 교제란 그런 것이다.

아브람은 직접 참전하여 군사들을 이끌었다. 그는 사랑하는 사람이 어려움에 처했을 때 수수방관하는 사람도 아니었고, 부하들만 전장으로 보내고 본인은 뒤에서 팔짱끼고 있는 사람도 아니었다. 진정한 리더는 자기가 앞장서는 사람이다. 교회의 리더로서 담임목사가 기도하지 않으면 교인들이 기도하지 않는다. 목사가 전도하지 않으면 교인들도 전도를 하지 않는다. 목사가 말씀을 가까이 하지 않으면 교인들도 말씀을 멀리한다. 가정에서 부모가 먼저 공부하지 않으면 자식들은 절대 공부하지 않는다.

리더십이란 말이 아니라 삶으로 주는 영향력이다. 진정한 지도자는 "앞으로 돌격하라!"라고 명령하지 않고, "나를 따르라!"라고 하면서 먼저 나가야 한다.

믿음으로 승리하라

그(아브람)와 그의 가신들이 나뉘어 밤에 그들을 쳐부수고 다메섹 왼편 호바까지 쫓아가 창 14:15

아브람의 군대는 절대적으로 열세인 병력이었고 상대는 승승장구하는 4개국 연합군이었다. 그런 막강한 적을 상대로 이기기 위해서는 상대의 허를 찔러야 했다. 아브람은 탈취한 재물과 포로들을 이끌고 북상하는 적의 뒤를 쫓아 팔레스타인의 최북단 단 지방까지 따라갔다. 그리고 한밤중에 사방으로 나눠서 공격했다. 200킬로미터가 넘는 거리를 폭풍처럼 추격해 간 것이니 아브람도 대단했다. 그야말로 질풍노도의 리더십이다.

가나안 땅 전체를 쓸어버리면서 모든 반란군을 전멸시켰다고 생각했던 4개국 연합군은 갑작스런 공격에 너무 놀라 진열이 무너지면서 퇴각하기 시작했다. 과감한 결단력과 뛰어난 전략이 빚어낸 승리였다. 그렇다 할지라도 집에서 길러낸 300여 명의 사병만을 가지고 엄청난 연합군을 괴멸(壞滅)시켰다는 것은 객관적으로 불가능했다. 이 모든 것은 믿음의 사람인 아브람과 함께하신 하나님의 축복이었다.

하나님은 믿음만으로 무모한 전쟁을 시작한 아브람을 도와주기로 작정하셨다. 그 결과 막강했던 그돌라오멜의 군대가 아브람에게 참패를 당했다. 믿음의 사람에게 있어서 군사의 수나 무기의 우수성은 문제가 아니다. 하나님께서 자신과 함께 계시느냐 아니냐가 문제다. 거인 골리앗과 맞섰던 다윗의 말처럼 "전쟁은 여호와께 속한 것"(삼상 17:47)이기 때문이다.

아브람은 조카 롯이 사로잡혀 갔다는 말을 듣자마자 바로 롯을 구하기 위해 자신의 모든 것을 건 구출작전에 들어갔다. 나는 이 사실 자체가 참으로 놀랍다. "나를 버리고 가시는 임은 십 리도 못 가서 발병난다"라는 아리랑 가사처럼 내 마음에 못을 박고 떠난 사람에 대해 감정이 편할 수가 없다. 삼촌을 버리고 혼자 잘살겠다고 좋은 땅 골라서 가버린 얄미운 롯이 아니었는가. 평범한 사람 같으면 '그래 너 잘되나 두고 보자' 이런 심정이었을 것이다. 그리고 실제로 망하게 되면 '고것 봐라, 쌤통이다' 하기도 한다. 하지만 나에게 상처를 준 사람이 망하게 될 때 좋아하지 말라. 하나님은 그것을 기뻐하지 않으신다.

"네 원수가 넘어질 때에 즐거워하지 말며 그가 엎드러질 때에 마음에 기뻐하지 말라 여호와께서 이것을 보시고 기뻐하지 아니하사 그의 진노를 그에게서 옮기실까 두려우니라"(잠 24:17,18).

아브람은 단순히 기뻐하지 않는 정도가 아니라 한 걸음 더 나가서 자신의 모든 것을 던져 그를 구출하러 나섰다. 하나님의 사람은 자기에게 상처를 주고 떠나간 사람이라 할지라도 곤경에 처한 사람은 힘닿는 대로 도와주어야 한다.

"너는 사망으로 끌려가는 자를 건져주며 살육을 당하게 된 자를 구원하지 아니하려고 하지 말라 네가 말하기를 나는 그것을 알지 못하였노라 할지라도 마음을 저울질하시는 이가 어찌 통찰하지 못하시겠으며 네 영혼을 지키시는 이가 어찌 알지 못하시겠느냐 그가 각 사람의 행위대로 보응하시리라"(잠 24:11,12).

자신을 배신하고 떠나간 롯을 구하기 위해 모든 것을 희생해서 구출 작전에 나선 아브람의 마음은 아버지 재산을 미리 달라고 하여 외지로 가서 탕진해버린 아들을 여전히 사랑하며 기다리는 아버지의 마음이다. 자신의 가슴에 못을 박고 떠나버린 탕자지만 아버지는 항상 그 아들의 소식에 귀를 기울이고 계셨다. 아브람도 롯을 그런 아들로 여겼음이 분명하다. 롯이 그렇게 얄밉게 떠났지만 아브람은 괘씸히 여기는 마음보다는 그가 잘되기를 바라며 측은히 여기는 아버지의 마음이 더 컸다. 그래서 항상 롯의 소식에 귀를 기울이고 있다가 전쟁 포로가 되었다는 말에 자신의 모든 것을 다 버리고 정신없이 그를 구하기 위해 나선 것이다.

이것은 창조주 하나님을 버리고 죄를 지어 죽게 된 우리를 위해 이 땅에 오신 예수 그리스도의 마음이다. 사랑은 나쁜 과거를 기억하지 않는다. 하나님께서 이런 용서하는 마음, 사랑하는 마음, 하늘 아버지의 마음을 품은 아브람을 어여삐 보셨다.

모든 빼앗겼던 재물과 자기의 조카 롯과 그의 재물과 또 부녀와 친척을 다 찾아왔더라 창 14:16

아브람의 군대는 승리하고 돌아가는 4개국 연합군을 단과 그보다 훨씬 북쪽인 다메섹 왼편 호바까지 추격해 가서 빼앗겼던 재물과 조카 롯의 가족을 되찾아오는 데 성공한다. 아브람은 끝까지 적을 추적해서 목표를 완수한다. 하나님의 자녀들 중에서도 롯처럼 욕심에 눈이 어두워 하나님을 버리고 세상을 쫓아갔다가 처참하게 무너지고 죄의 포로가 되는 경우가 있다.

그러나 롯의 이 처참한 소식이 아브람에게 전해졌을 때 아브람이 즉시 그리고 끝까지 쫓아와서 롯을 구했듯이 면목 없지만 절망의 구렁텅

이에서 하나님의 이름을 부르면 하늘 아버지께서 땅끝까지라도 쫓아와서 우리를 구원하실 것이다. 그리고 잃은 것을 반드시 되찾아주실 것이다. 욕심을 좇아 살다가 롯과 같은 위기에 봉착했다면 하나님께 구원의 손길을 내밀어야 한다. 자신의 아들을 우리에게 주신 하나님 아버지께서 결코 외면치 않으실 것이다.

아브람은 사실 객관적으로는 너무나 무모한 싸움을 시작한 것이다. 상대는 가나안의 수많은 도시들을 초토화시킨 고대 최고의 4개국 연합군이다. 그런데 아브람의 군대는 집에서 훈련한 사병으로 숫자도 300여 명밖에 안 된다(아마 적군의 수십 분의 일도 안 되는 숫자였을 것이다). 아브람은 상대와 자신의 전력을 객관적으로 계산하지 않았다. 그랬다면 이런 무모한 전쟁을 시작할 엄두도 못 냈을 것이다. 소위 세상에서 똑똑하다는 사람들의 특징은 너무 계산이 빠르다는 것이다. 자신의 지식과 경험을 바탕으로 앞뒤를 잰 다음에 움직이기 때문에 오히려 아무것도 이루지 못하는 경우가 많다.

그러나 계산하고 상식적으로 움직여서 이뤄질 수 있는 위대한 일은 아무것도 없다. 홍해를 가르는 일이나 오병이어로 오천 명을 먹이는 일이나 예수님의 십자가 사건 모두 사람이 머리로 계산해서는 절대 불가능한 일이었다. 오직 믿음으로 행한 것만이 인생을 바꾸고 역사를 바꾼다.

상황이 내게 유리하냐 아니냐를 묻지 말라. 내게 할 힘이 있느냐 없느냐, 적이 얼마나 강하냐 약하냐를 묻지 말라. 믿음의 사람이 물어야 할 질문은 "이것이 하나님의 뜻이냐 아니냐"이다. 하나님의 뜻이 확실하다면 손해볼 것 같거나 역부족일 것 같아도 하는 것이다. 하나님이 기뻐하실 일이기에 하는 것이다.

자신을 배신하고 떠난 롯을 구하기 위해서 객관적 전력으로는 상대가 안 되는 엄청난 적과 싸워야 하는 일인데도 아브람은 주저하지 않고 움직였다. 믿음의 사람은 행동한다. 그리고 하나님은 믿음을 가진 사람을 도우시고 믿음으로 움직이는 자의 인생에 개입하신다. 그런 자에게 초자연적인 능력을 부어주시며 도와주신다. 우리가 자신의 능력과 상식만으로 일하면 하나님께서 개입하실 이유가 없다. 기도 안 하는 사람에게 하나님이 어떻게 응답하시며, 믿음의 순종을 안 하는 사람에게 어찌 승리를 주시겠는가.

고민하고 핑계하고 불평만 한다면 결코 믿음의 사람이 될 수 없다. 믿음의 사람은 자신이 선 바로 그 자리에서, 자신이 들고 있는 것으로, 자신이 할 수 있는 최선의 것을 행한다. 밥 먹을 입은 5천이 넘는데, 가진 것은 물고기 두 마리와 보리떡 다섯 개뿐인 소년은 그것이라도 주님께 갖고 왔다. 4개국 연합군의 전력은 엄청난데 자신이 가진 것은 318명의 사병뿐인 아브람은 그 사람들을 동원해서라도 움직였다. 그랬더니 주님이 힘을 주셨다.

상황이 아무리 불리해도 내가 가진 작은 것을 하나님께 드리며 행동해야 한다. 그때 하나님이 도와주셔서 우리에게 없는 것을 있게 하시고, 안 되는 것을 되게 만드는 기적의 주인공으로 만들어주신다. 가진 것이 아무리 많아도 핑계만 하고 행동하지 않으면 아무 일도 일어나지 않는다.

"믿음이 없이는 하나님을 기쁘시게 하지 못하나니 하나님께 나아가는 자는 반드시 그가 계신 것과 또한 그가 자기를 찾는 자들에게 상주시는 이심을 믿어야 할지니라"(히 11:6).

상황이 아무리 어려워도 믿음의 사람은 반드시 승리한다. 자신만 승리하는 것이 아니라 위기에 빠진 다른 형제도 능히 구원한다. 피할 수 없는 싸움이라면 그리고 하나님이 허락하신 싸움이라면 두려워하지 말고 돌진하라!

05
하늘의 보상을
기대하라

군사정권 시절에 고위 장성을 지낸 분을 알고 있다. 그가 말하기를 대령에서 장군이 되어 별을 하나 달게 되니 당장 예우가 70여 가지나 달라지더라고 했다(부관이 생기고 차와 사무실 달라지는 등). 그리고 별을 하나씩 더 달수록 몇 개씩 특전이 더 생기니, 왜 군인들이 그토록 별을 달려고 하는지 이해가 되더라는 것이다. 우리가 성공을 이루면 세상은 거기에 준하는 보상을 준다. 스톡옵션도 받고, 월급도 올라가고, 계급도 높아진다. 자동차와 집과 사무실도 더 크고 좋은 것으로 바꿀 수 있고, 유명해지면서 직함도 많이 생기고, 명예와 인기도 생긴다.

크리스천도 세상 속에서 열심히 일해야 하고, 그렇게 해서 성공하면 이런 것들을 다 누릴 수 있다. 그러나 세상이 주는 보상이 우리를 행복하게 해줄 것이라는 착각을 버려야 한다. 아무리 경치 좋은 곳에 좋은 집을 장만해도 한 달 정도 살면 덤덤해진다고 한다. 있으면 좋지만 거기에 목매달 필요는 없다. 하나님의 사람들은 세상이 주는 성공의 보상이 아닌 하나님이 주시는 축복을 구해야 한다.

보상의 두 가지 유형

수백 명에 불과한 병력을 이끌고 그 몇 배나 되는 규모의 4개국 연합군을 기습 공격하여 큰 승리를 거둔 아브람에게 과정이야 어찌되었건 승리는 기쁜 것이었다. 아브람은 되찾은 포로들과 산더미 같은 전리품을 싣고, 수많은 군중의 환호를 받으며 귀환했다. 아브람은 큰 성공을 거두었다. 이제 성공의 보상을 누릴 때가 되었다.

> 아브람이 그돌라오멜과 그와 함께한 왕들을 쳐부수고 돌아올 때에 소돔 왕이 사웨 골짜기 곧 왕의 골짜기로 나와 그를 영접하였고 살렘 왕 멜기세덱이 떡과 포도주를 가지고 나왔으니 그는 지극히 높으신 하나님의 제사장이었더라 창 14:17,18

개선장군 아브람을 맞으러 두 명의 왕이 나왔다. 소돔 왕과 살렘 왕 멜기세덱이었다. 두 사람은 각각 다른 보상을 아브람에게 주며 승리를 치하한다. 우리가 성공했을 때 세상이 주는 보상이 있고 하나님이 주는 보상이 있다. 소돔 왕과 살렘 왕이 주는 보상은 각각 세상이 주는 보상과 하나님이 주는 보상을 상징한다.

살렘 왕 멜기세덱에 대해 중요한 사실은 그가 "지극히 높으신 하나님의 제사장"이었다는 것이다. 그의 이름은 "의(義)의 왕" 혹은 "평강의 왕"이라는 의미를 가지고 있었다. 왕이면서 제사장이었던 그는 하나님에 대한 깊은 신앙을 가진 인물이었다. 그는 하나님을 대변하는 사람으로서 아브람에게 하나님께서 주시는 영예를 전달해주었다.

히브리서 6장 20절에 보면 예수님이 멜기세덱의 반차(班次)를 따라 영원한 대제사장이 되었다고 했다. 또 히브리서 7장 1절부터 3절까지를 살펴볼 필요가 있다.

"이 멜기세덱은 살렘 왕이요 지극히 높으신 하나님의 제사장이라 여러 왕을 쳐서 죽이고 돌아오는 아브라함을 만나 복을 빈 자라 아브라함이 모든 것의 십분의 일을 그에게 나누어 주니라 그 이름을 해석하면 먼저는 의의 왕이요 그 다음은 살렘 왕이니 곧 평강의 왕이요 아버지도 없고 어머니도 없고 족보도 없고 시작한 날도 없고 생명의 끝도 없어 하나님의 아들과 닮아서 항상 제사장으로 있느니라."

멜기세덱은 정말 신비한 인물이다. 부모도 없고 족보도 없다. 시작도 없고 끝도 없는 사람으로 하나님의 아들과 동일한 제사장이었다. 멜기세덱은 구약성경에 나타난 예수 그리스도이다. 그래서 그는 승전하고 돌아오는 아브람을 하나님의 이름으로 축복할 권리가 있고, 아브람의 십일조를 받을 수 있다. 아브람은 멜기세덱이란 사람에게 십일조를 드린 것이 아니라 하나님께 드린 것이다.

멜기세덱이 아브람에게 해주는 것을 보면 예수님이 우리에게 해주는 것과 흡사하다. 그는 아브람에게 세상적인 찬사나 영예나 물질이 아니라 하나님께서 주시는 칭찬과 축복을 주었다. 세상이 주는 영예는 이내 사라지지만 하나님께서 주시는 영예는 영원하다. 아브람은 하나님께서 직접 주시는 그 영예를 받을만했던 것이다. 멜기세덱이 아브람에게 준 하나님의 축복은 어떤 것이었는가?

멜기세덱은 "떡과 포도주"를 가지고 나왔다. 아브람과 그의 군대는 밤새 격렬한 전투를 치르느라 기력이 쇠진할 정도로 몹시 지쳐 있었을 것이다. 멜기세덱은 자신의 백성들과 함께 아브람 일행의 허기를 채우고 기운을 차리게 할 빵과 포도주를 가지고 온 것이다. 때로 우리는 너무 영적으로만 모든 것을 해석하는데 하나님께서는 사람의 육신의 필요를 채우신다.

엘리야가 갈멜산에서 바알과 아세라의 제사장들과 격렬한 영적 전쟁을 치른 뒤에 몸과 맘이 지쳐 패배감에 빠진다. 이때 하나님께서는 엘리야를 잘 먹이시고 잘 재우신다. 그리고 영적인 위로와 도전을 주신다. 예수님께서는 "수고하고 무거운 짐 진 자들아 다 내게로 오라 내가 너희를 쉬게 하리라"(마 11:28)라고 하셨다. 부활하신 예수님께서도 갈릴리 호숫가로 제자들을 찾으러 오셔서는 아무 말씀 안 하시고 일단 떡과 생선을 구워 먹이셨다. 하나님께서는 세상에서 하나님의 사람으로 열심히 사느라고 지친 우리의 육신의 필요를 채우신다.

세상을 살아가면서 열심히 하나님의 뜻대로 일할 때 하나님께서도 집과 차와 옷 등 여러 가지 인간적인 보상들을 주신다. 그러나 여기서 명심해야 할 것은 하나님이 채우시는 것은 우리의 필요이지 욕심이 아니라는 것이다. 소돔 왕은 금은보화의 전리품을 약속했지만 멜기세덱이 가져온 것은 빵과 포도주였다. 전리품은 있어도 되고 없어도 되지만 빵과 포도주는 반드시 있어야 한다. 하나님이 응답해주시지 않는다고 불평하고 있다면 잠잠히 스스로에게 물어보라. 하나님이 채워주지 않으신 것이 나의 욕심인가 아니면 나의 필요인가?

하나님의 빵과 포도주를 먹고 살아난 우리 또한 하나님의 손과 발이 되어 지친 형제자매들에게 빵과 포도주를 나눠주어야 한다. 하나님의 사람들은 헐벗고 굶주린 이웃들의 육체적 필요를 채우는 데 게으르지 말아야 한다.

나는 개척 초기부터 도움을 받는 대상이 아닌 도움을 주는 교회가 될 것을 결심했다. 많은 개척교회들이 초창기에는 재정적으로 너무나 어렵다. 그러다보니 '나는 개척교회 목사다. 나는 어렵다. 그래서 도움을 받지 않으면 안 된다'는 공식을 자연스럽게 머릿속에 갖게 된다. 나의 아버지도 가난한 개척교회 목회자이셨기 때문에 그런 안타까운 마음을 잘 알고 있다.

그러나 릭 워렌이 말했듯이 돈과 사람은 불쌍한 곳에 모이는 게 아니라 비전이 있는 곳에 모인다. 그래서 나는 개척 초창기부터 의도적으로 믿음으로 씩씩하게 살려고 했다. 어떻게든 나보다 더 힘든 사람들과 교회들을 돕는 목사가 되겠다고 결심하고 기도하면서 그렇게 살려고 애썼다.

개척 두 달 만에 맞은 첫 추수감사절 헌금을 미자립교회 지원금으로 사용하겠다고 용감하게(?) 공포했다.

"우리도 개척교회인데, 다른 개척교회를 돕겠다고요?"

우려 섞인 목소리가 있었으나 하나님의 은혜로 놀랄 만큼 많은 헌금이 들어왔고, 많은 미자립교회들과 선교사님들을 도울 수 있었다. 기존의 대형교회가 아닌 개척교회가 다른 개척교회를 도왔다는 사실에 도전을 받으신 목사님들이 감격스러워했다. 어떤 목사님은 1년 후에 받은 액수만큼 도로 보내오면서 자기도 다른 힘든 교회를 돕고 싶다고 했다. 사랑은 그렇게 전염성이 있었다.

그후에도 우리 교회는 틈만 나면 연약한 이웃들을 돕는 데 노력하는 교회가 되고자 했다. 외국인 노동자 사역을 하시는 목사님, 교회를 방문하시는 선교사님들, 개척교회 목사님들을 빈손으로 보내지 않으려고 했다. 그랬더니 감사하게도 하나님은 그 몇 배의 축복으로 갚아주셨다. 두 번째 해부터는 미국과 캐나다 지역에 있는 미자립 교포 교회들을 선정해서 작게나마 지속적으로 돕고 있다. 그리고 정기적으로 매해 추수감사절 헌금을 국내외 미자립교회 목회자들을 돕는 펀드로 지정해놓고 있다. 적은 액수라도 남을 돕는 훈련을 교회 초창기부터 습관을 들여놓으면 개척교회를 하면서도 주눅 들지 않을 수 있다.

복에 복을 받다

그가 아브람에게 축복하여 이르되 천지의 주재이시요 지극히 높으신
하나님이여 아브람에게 복을 주옵소서 너희 대적을 네 손에 붙이신
지극히 높으신 하나님을 찬송할지로다 하매 창 14:19,20

멜기세덱은 엄청난 대적을 물리친 인간 아브람에 대한 칭송을 늘어놓지 않았다. 다만 찬양받으실 분은 하나님뿐이심을 선포했다. 그리고 그 하나님이 "대적을 너의 손에 붙였다", 즉 승리를 주셨다고 선포했다. 천지의 주재이시며 역사를 주관하시는 하나님께서 아브람에게 승리를 주셨음을 선포하는 것이다.

믿기 어려운 승리를 거둔 아브람은 하나님께 영광을 돌려야 했다. 하나님이 다 하셨음을 인정하고 고백할 때 우리는 진정한 축복을 받게 된다. 성공했을 때 내가 했다고 생각해서 나를 자랑하면 그 성공은 오래가지 못한다. 그러나 겸손히 오직 하나님께 영광을 돌리며 하나님을 높이면 하나님께서 그 성공을 영원히 굳혀주신다. 복에 복을 더해주시는 것이다.

이때 그 자리에 아브람만 있는 것이 아니라 아브람의 군대와 동맹자들의 군대 그리고 아브람에 의해 풀려난 포로들, 소돔의 왕과 수많은 이방인 군중이 함께 있었다는 사실을 기억하라. 그러므로 이때의 멜기세덱이 아브람에게 한 축복기도는 지켜보고 있는 모든 사람들에게도 엄청난 영적 메시지였을 것이다.

"당신들이 지금까지 경배해온 신(神)들이 무엇입니까? 오직 하나님만이 천지를 다스리시는 지극히 높으신 하나님이십니다. 가나안 전역을 초토화시킨 저 무서운 북방의 4개국 연합군을 아브람이 수백 명의 사병들만으로 무찌를 수 있었던 것은 그가 섬기는 하나님 때문입니다. 그분이 아브람에게 복을 주셨기 때문입니다. 가장 작은 인간도 하나님의 사람이 되면 불가능한 승리도 가능케 할 수 있습니다. 그러니 이제 그 비천한 신들을 버리고 하나님을 믿으십시오."

하나님의 사람이 믿음대로 살아 성공하면 그것이 세상 사람들 앞에서 하나님의 영광을 선포하는 메시지가 된다. 멜기세덱은 이 축복기도를 통해서 사람들 앞에서 아브람이 하나님의 축복의 통로임을 선포하고 있다. 천지를 다스리시는 하나님께서 아브람을 통해서 대적들을 물리치시고 포로된 자들을 자유케 하심을 선포한 것이다. "너를 축복하는 자는 내가 축복하고, 너를 저주하는 자는 내가 저주하리라"라는 하나님의 약속을 다시금 모든 사람들 앞에서 확인해주신 것이다.

멜기세덱은 예수님을 상징하는 인물이다. 다른 누구도 아닌 예수님이 우리의 성공을 기뻐하시고 인정해주신다면 그것이 최고의 기쁨이다.

"주께서 내 원수의 목전에서 내게 상을 차려주시고 기름을 내 머리에 부으셨으니 내 잔이 넘치나이다"(시 23:5).

이것은 아브람이 믿음의 삶을 살았기 때문이다. 자신을 버리고 떠나간 롯을 용서하고 사랑의 마음으로 구출하러 갔기 때문에 승리를 주신 것이다. 하나님의 뜻대로 살아서 성공했을 때는 반드시 그분이 우리의 성공을 치하해주신다. 반대로 하나님의 뜻을 거스르며 세상이 보는 성공을 조금 이루었을 때는 사람들의 박수갈채는 있어도 하나님의 치하는 없다. 그러면 성공의 뒤끝이 씁쓸하다.

"하나님, 아브람에게 복을 주옵소서!"

멜기세덱의 이 축원은 예수님의 축원이다. 이미 복을 받은 사람에게 또 복을 달라는 것은 무슨 말인가? 성공은 한 번만으로 끝나서는 안 된다. 이 땅에 사는 한 승리는 계속되어야 한다. 야구에서 선두타자가 아무리 안타 치고 나가도 그 다음 타자가 계속 안타를 쳐줘야 점수가 올라가듯이, 성공 뒤에 교만하여 무너지면 이전보다 더 비참해질 수 있다. 아브람은 힘들 때도 복을 받아야 했지만 승리한 뒤에 그 승리를 뒷받침할 복을 또 받아야 했다. 승리에서 승리로, 성공에서 성공으로, 복에서 복으로 가야 한다. 하나님의 복 주심은 영원한 현재진행형임을 믿으라.

믿음으로 드리는 십일조

멜기세덱으로부터 빵과 포도주를 대접받고 하나님의 축복을 선포받은 아브람은 즉시로 전리품 중에서 십분의 일을 떼어서 멜기세덱에게 주었다.

아브람이 그 얻은 것에서 십분의 일을 멜기세덱에게 주었더라 창 14:20

멜기세덱은 하나님의 제사장이었기 때문에 실은 그에게 준 것이 아니라 하나님께 드린 것이다. 이것은 성경에서 처음 십일조가 언급되는 곳이다. 십일조를 드릴 때는 믿음으로 드려야 한다. 처음 승리하고 돌아올 때까지는 아브람도 미처 십일조 생각을 못했다. 그러나 하나님의 제사장 멜기세덱을 통해 이 승리가 하나님 주신 것임을 확인했을 때, 아브람은 감격에 겨워 즉시 십일조를 바친 것이다.

나의 가진 것이 내 힘으로 얻은 것이 아니라 하나님이 축복을 주셔서 얻은 것임을 깨달았을 때 감사해서 내는 것이 십일조다. 십일조는 고민하고 아까워하면서 계산기 두드리며 내는 게 아니다. 하나님이 주신 은혜가 내 가슴에 풍성히 찰 때 즉시로 즐겁게 내는 것이다. 돈이 남아돌아서 내는 것이 아니라 믿음으로 내는 것이다. 믿음 없이 십일조를 내면 시험에 든다. 믿음은 하나님을 아는 영성지수다. 믿음이 커지면 십일조를 기쁘게 드린다.

많은 사람들이 돈을 다스리지 못하고 오히려 돈의 노예가 되어 산다. 피 같은 돈이라고 생각하며 함부로 못 쓴다. 세상에서 제일 쉬운 사람이 돈 주면 다 해결되는 사람이다. 그러나 돈 주고도 움직일 수 없는 사람은 세상이 두려워한다. 하나님의 사람이 그렇다. 십일조를 하나님께 드릴 때 우리는 돈의 노예가 아닌 돈을 다스릴 수 있는 사람이 된다.

십일조는 하나님이 내 인생의 주인이심을 선포하게 한다. 사실은 십일조뿐 아니라 나머지 십의 구조도 하나님 것이다. 나의 가진 모든 것이 하나님의 것임을 십일조를 통해 선포하는 것이다. 그리고 하나님은 자신의 인생을 하나님께 온전히 맡기는 자를 책임지신다. 내 인생이 내가 관리할 때보다 하나님이 관리하실 때 훨씬 더 잘 풀릴 것을 믿으라. 하나님이 돈이 없어서 우리에게 십일조를 하라는 게 아니다. 하나님이 내 인생의 주인이심을 십일조를 통해 고백하길 원하시는 것이다. 그래서 십일조는 즐거운 마음으로 해야 하나님이 영광을 받으신다.

십일조는 단순히 십분의 일을 드리는 게 아니다. 첫 열매(first fruits)이다. 이것은 가장 먼저 수확한 가장 뛰어난 품질의 것을 드린다는 뜻이다. 기쁜 마음으로 감격에 겨워서 신나게 최고의 열매를 드릴 때 하나님은 하늘 문을 열고 축복을 넘치게 부어주신다.

"만군의 여호와가 이르노라 너희의 온전한 십일조를 창고에 들여 나의 집에 양식이 있게 하고 그것으로 나를 시험하여 내가 하늘 문을 열고 너희에게 복을 쌓을 곳이 없도록 붓지 아니하나 보라"(말 3:10).

"온전한 십일조"란 믿음으로 드리는 십일조, 기쁨으로 드리는 십일조, 최고의 것을 드리는 십일조를 말한다. 그런 십일조를 드릴 때 하나님은 반드시 하늘의 축복을 쌓을 곳이 없도록 부어주시겠다고 약속하신다.

캄보디아와 베트남에서 오랫동안 선교하는 목사님들이 해준 이야기다. 세워진 지 10년이 넘었는데도 미자립교회로 남아 재정난에 허덕이던 현지 교회들에게 십일조 훈련을 시켰더니 거짓말처럼 모든 교회가 2, 3년 안에 자립하고 오히려 이웃의 교회를 돕는 여력까지 생기더란다. 지금 나는 드릴 형편이 못 된다고 하지 말고 믿음으로 십일조 생활을 시작하라. 하나님께서 당신의 재정적 묶임을 풀어주시고 새로운 세계를 열어주실 것이다.

세상의 보상을 거절하다

하나님의 축복을 빌어주었던 살렘 왕 멜기세덱과는 180도 다르게 접근한 사람이 바로 소돔 왕이다. 성공에 대한 세상의 보상을 대변하는 소돔 왕은 빵과 포도주를 가져온 멜기세덱과는 달리 아무런 선물도 가져오지 않았다. 왜냐하면 그에게 아무것도 없었기 때문이다. 말만 왕이지 그는 침략군에게 모든 나라의 재물을 비롯해 백성들도 포로로 빼앗기고 목숨만 간신히 부지한 비참한 신세였다.

소돔 왕이 아브람에게 이르되 사람은 내게 보내고 물품은 네가 가지라

창 14:21

소돔 왕은 어떻게든 자신의 왕국을 재건해야 했는데 그러기 위해서는 사람이 필요했다. 그래서 아브람에게 전리품 대신 백성들은 돌려달라고 한 것이다. 아브람을 위한 게 아니라 실은 자신을 위한 것이었다. 아브람에게 되찾아온 전리품을 다 가지라고 한 것이 큰 인심 쓴 것 같지만, 사실상 소돔 왕은 아브람의 결정에 따라서 재물도 백성도 다 잃고 인생이 거기서 끝날 수 있었다.

전쟁에서 패하고 빼앗긴 전리품이니 그것은 아브람이 아니었으면 어차피 다 잃었을 물건들이다. 그리고 자기 백성들을 지키지 못하고 비참하게 패배한 왕으로서 입이 열 개라도 할 말이 없었다. 포로가 되어 돌아온 백성들도 무기력한 자기네 왕보다는 달려와서 구원해준 아브람을 새 왕으로 따를 가능성이 있었다.

한마디로 전쟁에 승리한 정복자로서 탈취한 백성들과 전리품 모두를 취할 수 있는 자격과 권한이 있었다. "내가 싸워서 되찾아온 전리품과 사람들이니 네가 왈가왈부할 자격 없다. 어차피 다 내가 가질 것이

다"라고 말해도 소돔 왕은 아무 할 말이 없었다. 그 당시 정복자들은 대부분 그렇게 했다. 소돔 왕은 사람들 앞에서 아브람에게 인심을 쓰는 척하면서 왕으로서 마지막 남은 자존심으로 허세를 한번 부려본 것이다.

사탄이 예수님을 시험할 때 자기에게 절하면 천하만국을 다 주겠다고 했다. 그러나 천하만국은 어차피 사탄의 것이 아니기 때문에 자기 맘대로 줄 수 있는 게 아니었다. 천하만국과 그 영광은 하나님의 것이다. 마찬가지로 재물도 사람도 명예도 다 하나님의 것이기 때문에 소돔 왕이 줄 수 있는 게 아니었다. 세상이 우리에게 그런 화려한 것들을 약속하지만 실은 다 허세다. 진정한 축복은 하나님만이 주실 수 있다.

아브람이 소돔 왕에게 이르되 천지의 주재이시요 지극히 높으신 하나님 여호와께 내가 손을 들어 맹세하노니 네 말이 내가 아브람으로 치부하게 하였다 할까 하여 네게 속한 것은 실 한 오라기나 들메끈 한 가닥도 내가 가지지 아니하리라 창 14:22,23

아브람은 멜기세덱을 통해 하나님의 음성을 들었고 하나님의 축복을 받았다. 말씀을 통해 영적으로 무장되었다. 하나님의 말씀과 그분의 영으로 충만한 사람은 세상 그 어떤 사람 앞에서도 당당하다. 사람을 대하는 게 달라진다. 벌써 소돔왕에게 하는 말이 다르다. "천지의 주재이시요 지극히 높으신 하나님 여호와께 내가 손을 들어 맹세하노니"라는 말로 시작한다. 하나님을 모르고, 하나님을 믿지 않는 이방 왕

앞에서 아주 당당하게 하나님을 선포한다.

"당신이 비록 왕이라고는 하지만 나는 당신보다 훨씬 높으신 만왕의 왕 여호와 하나님을 섬기는 사람이다."

이것은 멜기세덱이 아브람에게 해주었던 축복기도의 일부분이다. 제대로 예배를 체험하면 그것이 그대로 삶으로 묻어나온다. 하나님의 말씀을 들었기에 하나님의 말씀을 흘려보내는 것이다.

아브람은 전리품을 다 가지라는 소돔 왕의 제의를 한번에 거절해버린다.

"당신의 호의를 거절하겠다. 당신의 돈을 받지 않겠다. 왜냐하면 당신이 나를 부자로 만들었다고 말할 것 같아서다. 나는 당신한테 돈을 받고 싸운 용병이 아니다. 당신은 내 인생을 책임져주는 사람이 아니다."

만약 소돔 왕의 제의대로 전리품을 다 받아 챙겼으면 아브람은 소돔 왕이 주는 월급을 받는 신하가 된다. 그러나 이를 거절하는 아브람은 "오직 나를 축복하시는 분은 하나님이시다. 나의 보스는 오직 한 분, 하나님뿐이시다"라고 말하고 있는 것이다.

아브람은 지켜보고 있는 소돔 사람들과 모든 이방인들 앞에서 하나님께 대한 분명한 증거를 하기 원했다. 자신이 만일 소돔의 전리품들을 취한다면 그들은 아브람을 그저 또 하나의 정복자, 그들과 똑같은 욕심에 가득 찬 사람으로 볼 것이었다. 이해관계가 걸린 이런 결정적인 순간에 하나님의 사람과 세상 사람의 차이가 드러난다.

믿음의 사람은 받아야 할 돈과 받지 말아야 할 돈, 쓸 돈과 쓰지 말아야 할 돈을 아는 사람이다. 아무리 돈을 많이 준다 해도 하나님이 허락하신 것이 아니면 거절해야 한다.

예수님이 맨 처음 받으신 시험도 물질에 대한 것이었다. 마귀는 "네가 굳이 십자가 질 필요 없이, 돌로 떡을 만들어버리면 간단하지 않느냐? 그러면 순식간에 사람들이 너를 메시아로 떠받들 텐데"라고 설득했다. 그러나 예수님은 "사람이 떡으로만 살 것이 아니요 하나님의 입으로부터 나오는 모든 말씀으로 살 것이라"(마 4:4)라고 거절하셨다. 쉬운 돈을 거절하라. 세상이 주는 화려한 보상에 쉽게 혹하지 말라. 거기엔 무서운 함정이 도사리고 있다. 배고프다고 해서 아무것이나 먹으면 배탈이 난다. 비자금은 항상 준 사람에 의해서 비밀이 공개되는 법이다.

하나님의 사람은 하나님이 주시는 것을 먹어야 한다. 세상의 왕들과는 달리 아브람은 재물과 노예를 취하려고 전쟁을 한 게 아니다. 붙들려 간 사랑하는 조카 롯을 구하기 위해 나선 것이다. 죄의 노예가 되어버린 탕자를 찾으러 온 예수님의 마음을 품고 간 전쟁이다. 그랬기에 하나님이 절대 불리한 전세를 뒤엎고 기적 같은 승리를 주신 것이다.

아브람도 이것을 알고 있었다. 그래서 그는 승리의 물질적 대가를 취하라는 유혹을 거절했다. 그는 승리의 대가를 자신이 취하는 것은 하나님의 영광을 도적질하는 것이라고 생각했다. 또 진정한 승리의 보상은 하나님의 때에 그분이 직접 주실 것을 믿었다. 그랬기에 소돔 왕의 유혹을 단호히 거절할 수 있었다. 하늘 아버지의 사랑이 가슴 속에 충만하면 세상이 주는 겉치레만 화려한 보상을 탐닉하지 않는다.

"이 세상이나 세상에 있는 것들을 사랑하지 말라 누구든지 세상을 사랑하면 아버지의 사랑이 그 안에 있지 아니하니 이는 세상에 있는 모든 것이 육신의 정욕과 안목의 정욕과 이생의 자랑이니 다 아버지께로부터 온 것이 아니요 세상으로부터 온 것이라 이 세상도, 그 정욕도 지나가되 오직 하나님의 뜻을 행하는 자는 영원히 거하느니라"(요일 2:15-17).

세상에 쉬운 일은 하나도 없다. 학교 공부도 힘들고, 직장생활도 힘들고, 사업 하는 것도 힘들다. 운동선수도 힘들고, 연예인도 힘들고, 군인도 힘들고, 가정주부도 힘들다. 그럼에도 모두가 최선을 다해 열심히들 살고 있다. 다 자기 일에서 성공하길 원하기 때문이다.

여기서 우리가 해야 할 질문은 성공함으로써 어떤 보상을 원하는가이다. 돈을 원하는가? 그래서 더 넓은 평수의 아파트와 더 좋은 차를 비롯한 더 많은 것들을 누리고 과시하며 살고 싶은 것인가? 아니면 명예와 인기를 원하는가? 어딜 가든지 사람들이 알아주고 박수쳐주길 원하는가? 없을 때는 그것들이 대단해 보일지 몰라도, 어느 정도 그것을 누려본 사람들에게 물어보라. 세상이 주는 보상이 주는 기쁨은 생각보다 오래 가지 못한다. 생각보다 허무하고 씁쓸하다.

하나님의 사람들은 소돔 왕이 주는 세상의 보상을 바라고 살아선 안 된다. 처음엔 달콤하고 그럴 듯해 보여도, 조금만 지나면 인생이 피곤하고 허무하다. 크리스천은 멜기세덱이 아브람에게 주었던 하나님의 축복을 선택해야 한다.

"오호라 너희 모든 목마른 자들아 물로 나아오라 돈 없는 자도 오라 너희는 와서 사 먹되 돈 없이, 값없이 와서 포도주와 젖을 사라 너희가 어찌하여 양식이 아닌 것을 위하여 은을 달아 주며 배부르게 하지 못할 것을 위하여 수고하느냐 내게 듣고 들을지어다 그리하면 너희가 좋은 것을 먹을 것이며 너희 자신들이 기름진 것으로 즐거움을 얻으리라 너희는 귀를 기울이고 내게로 나아와 들으라 그리하면 너희의 영혼이 살리라 내가 너희를 위하여 영원한 언약을 맺으리니 곧 다윗에게 허락한 확실한 은혜이니라"(사 55:1-3).

06
비전의 삶으로의 초대

큰 대학병원에서 과장을 지내며 전문의로 명성을 날리던 분이 있다. 그러던 그가 대학병원 교수직을 그만두고 서울 외곽 도시의 새로 짓는 큰 병원에 원장으로 취임했다. 주위에선 "잘나가는 사람은 역시 다르다"며 난리였다. 그런데 취임예배에 심방 차 가보니 정작 그의 얼굴은 많이 수척해 보였다. 사무실에서 나와 단둘이 차를 마시면서 그는 약간 촉촉한 음성으로 말했다.

"제가 개척교회 하시는 목사님들 심정을 이제 알겠습니다. 대학병원에 있을 때는 가만히 있어도 환자들이 몰려오니까 환자 귀한 줄을 몰랐어요. 그런데 많은 돈을 들여 10층짜리 큰 병원을 지었는데도 첫날 환자 딱 여섯 명 왔습니다. 환자 한 명이 얼마나 고마운지 정성을 다해 진료했어요. 당장 운영비를 아껴야 하니까 퇴근 시간에는 빈 방들에 켜져 있는 전깃불 끄고 다니는 게 제 일입니다. 남들은 원장 되어서 좋겠다고 하는데, 저는 앞으로 병원이 잘될 수 있을지 너무나 불안하고 두렵습니다."

그때 나는 알았다. 남들이 보기에 성공한 것 하고 본인이 겪는 속사정은 다르다는 것을. 지금은 병원 운영이 아주 잘되고 그의 리더십도 자리를 잡았지만 나는 아직도 그날 그가 한 말이 잊히지 않는다.

지극히 큰 상급

아브람이 대승을 올리고 수많은 전리품과 포로들과 함께 귀환했다. 그러나 문제는 바로 그때부터였다. 당장 승리했다고는 하지만 수적으로 절대 우세한 적들이 가만있을 리 만무했다. 막강한 전력으로 압도적 승리를 한 게 아니라 객관적으로 약한 전력을 가지고 적의 허점을 찔러 승리한 것이었기에 아브람은 저들의 보복이 걱정될 수밖에 없었다. 그는 두려움에 사로잡히기 시작했다. 승리하긴 했지만 후환이 두려워지기 시작한 것이다.

게다가 아브람에게는 자식이 없었다. 자식은 장사의 수중에 있는 화살과 같다고 했다(시 127:4). 고대 중동 사회에서는 자식들이 방어벽이자 전투 병력이었다. 자식이 있어야 후계를 물려줄 수 있어서 따르는 사람들이 심리적으로 불안해하지 않았다. 또 자식이 많아서 결혼하여 아이들을 낳고 주위의 막강한 추장들과 사돈 관계를 맺어둠으로써 유사시에 자기를 지킬 세력을 탄탄하게 구축할 수 있었다. 그런데 아브람에게는 자식이 전무했고 피붙이라고는 자신을 배신하고 가버린 조카 롯뿐이었으니 어찌 불안하지 않겠는가.

인생을 살면서 이런 상황들에 종종 부닥친다. 천신만고 끝에 모든 것을 투자하는 무리수를 두면서 하나의 고지를 점령했는데 이제 그 고지를 지키는 일이 더 크게 다가온다. 있는 돈 없는 돈 다 털어서 좋은 목에 자리를 얻어 식당을 연 분을 심방한 적이 있다. 남들은 멋진 인테리어에 좋은 자리니까 축하한다고들 하는데 정작 주인은 '손님이 그만큼 와줄까' 하는 불안감에 잠을 이루지 못한다.

남들은 출세했다고 하는데 막상 높은 자리에 앉고 보니 해결할 난제들이 산더미다. 밑에 있을 때는 그 자리에 앉은 사람의 단점만 보이고 내가 하면 훨씬 더 잘할 것 같았는데 이제야 그 사람 심정이 이해가 되기 시작한다. 옛날에는 위에 있는 상사가 꼴 보기 싫었는데 이젠 치고 올라오는 후배들이 두렵다.

낮은 데에 있을 때는 고생스러워도 비교적 안전했는데 높은 곳에 올라서니까 모든 사람들의 표적이 된 것만 같은 불안감이 밀려온다. 성(城)을 함락하는 것보다 지키는 것이 더 어렵다는 사실을 깨닫게 된 것이다. 성공 뒤에 오는 이 불안감이 얼마나 엄청난 스트레스인지 모른다. 그래서 바로 이때가 새로운 방향 정립이 필요한 때요, 누군가가 내 손을 잡고 격려해주면서 이끌어주었으면 하는 절실한 마음이 들 때다.

아브람이 이런 시점에 있었을 때 하나님이 나타나셔서 그에게 말씀하신다. 하나님이 내게 무엇을 말씀하시는가 이상으로 중요한 것은 언제 말씀하시느냐이다. 불안한 승리 뒤에 생(生)과 사(死)의 기로에 선 시점에서 주신 말씀이었기에 아브람은 하나님의 말씀에 귀를 기울였다.

> 이후에 여호와의 말씀이 환상 중에 아브람에게 임하여 이르시되 아
> 브람아 두려워하지 말라 나는 네 방패요 너의 지극히 큰 상급이니라
>
> 창 15:1

여기가 성경에서 "여호와의 말씀"이란 히브리어 문구가 처음 나오는 곳이라는 점을 주목하라. 불안한 승리 뒤에 힘들어하는 아브람처럼 하나님의 사람이 힘들고 어려울 때는 반드시 하나님의 말씀이 임한다. 우리는 당장 눈앞에 보이는 상황이 확 변했으면 하는데 하나님은 먼저 말씀을 주신다.

우리는 "말만 하지 말고 뭔가 액션이 있어야지 행동보다 말이 앞서면 안 된다"고들 하지만 하나님께는 말이 곧 행동이다. 말씀 속에 하나님의 능력과 위로와 축복과 지혜가 함께 담겨서 온다. 하나님께는 말씀 자체가 벌써 액션의 시작이요 완성이다. 그건 천지창조를 보면 안다. "빛이 있으라"라고 말씀하시니 바로 현실이 되어버렸다. 하나님의 말씀이야말로 능력 그 자체이다. 하나님이 우리에게 말씀을 주시는 것이 가장 큰 축복임을 알아야 한다. 하나님은 말씀을 주시면서 자기 자신을 주시기 때문이다. 우리에게 가장 필요한 것은 돈도 권력도 사람도 아닌 하나님의 말씀이다. 우리는 하나님의 그 부드럽고 능력 있는 말씀을 들어야 한다.

하나님은 아브람에게 두 가지를 약속하셨다. 첫째, 하나님이 그를

보호하실 것이요, 둘째는 하나님이 그를 위해 큰 상급을 준비해두셨다는 것이다.

성경에서 "사랑하라" 다음으로 가장 많이 나오는 말이 "두려워하지 말라"이다. 정신병의 가장 빈번한 증세는 두려움이다. 사람들은 높은 곳을 두려워하고, 밀폐된 공간을 두려워하고, 어두운 곳을 두려워하고, 시험을 두려워하고, 창피당할 것을 두려워한다. 별의별 것을 다 두려워하며 산다. 그래서 성경에서 두려워하지 말라는 말을 그토록 많이 하시는가 보다.

아브람 같은 믿음의 사람도 두려워하고 있었기에 하나님이 두려워 말라고 하신다. 하나님이 방패가 되어줄 것이기 때문이다. 방패란 화살과 돌을 막아주는 보호막이다. 나를 향해 날아오는 공격의 화살들은 항상 있을 것이다. 그러나 하나님이 방패가 되어 지켜주실 것이다. 우리는 스스로를 지킬 수 없고 누군가의 보호를 받아야 한다. 그래서 돈의 보호, 권력자의 보호, 혈족의 보호를 받으려 한다. 그러나 변함없이 우리를 가장 확실하게 지켜줄 수 있는 이는 하나님뿐이다. 인간들이 스스로를 지키기 위해 만드는 안전장치는 언제라도 뚫릴 수 있다. 그러나 하나님의 방패는 그 무엇도 뚫을 수 없다. 하나님이 보호해주신다면 그 보호는 안심할 수 있다. 적이 없어서가 아니라 하나님이 함께 계시기에 우리는 안전하다. 불안해하지 말고 두려워하지 말라.

"두려워하지 말라 내가 너와 함께함이라 놀라지 말라 나는 네 하나님이 됨이라 내가 너를 굳세게 하리라 참으로 너를 도와주리라 참으로 나의 의로운 오른손으로 너를 붙들리라"(사 41:10).

당시 사회에서는 정복한 자는 모든 전리품을 취할 정당한 권리가 있었다. 그래서 소돔 왕도 아브람에게 물건은 다 가지라고 한 것이다. 그러나 아브람은 먼저 하나님의 제사장 멜기세덱에게 십일조를 드렸다. 그리고 피 흘려 싸운 사람들에게 돌아갈 보상을 제외하고는 다 주인에게 되돌려주었다. 자신의 가축들을 방목할 땅을 임대했을 뿐 자신의 소유로는 땅 한 평도 가지지 않았다. 그리고 나서 속으론 내심 불안하고 후회되는 맘도 있었을 것이다.

'내가 하나님만 믿고 이렇게 고지식하게 내 몫을 챙겨놓지 않아도 될까? 나는 먹고살 수 있을까?'

하나님은 그 불안한 맘을 아시고 격려하셨다.

'걱정하지 마라. 내가 너의 상급이 아니냐? 네가 나를 믿고 포기한 모든 것들의 몇 배로 내가 갚아줄 것이다.'

하나님이 주실 상급은 보통 상급이 아니고 "지극히 큰 상급(very great reward)"이다. 하나님이 우리를 위하여 예비해두신 축복은 우리의 상상을 초월할 것이다.

"주를 두려워하는 자를 위하여 쌓아두신 은혜 곧 주께 피하는 자를 위하여 인생 앞에 베푸신 은혜가 어찌 그리 큰지요"(시 31:19).

세상적인 것들에 너무 욕심 부리고 집착하지 말라. 하나님에게 온전한 십일조를 드리고 함께 일하는 사람들에게 충분한 몫을 챙겨주어라. 그래도 당신은 망하지 않는다. 오히려 더 큰 부흥을 체험할 것이다. 당신이 하나님을 택함으로 인해 버린 것들과 부정한 방법으로 취할 수 있었던 것들 이상의 축복을 하나님이 돌려주실 것이다. 당신의 대(代)

가 아니면 자손의 대에라도 반드시 그렇게 하실 것이다. 하나님의 사람으로 산 인생에 대해 후회함이 없기를 바란다.

아름다운 사명

하나님은 아브람에게 "나는 네 방패요 너의 지극히 큰 상급"이라는 멋지고 위대한 말씀을 주셨다. 그러나 정작 이 말을 들은 아브람은 시큰둥하다.

> 아브람이 이르되 주 여호와여 무엇을 내게 주시려 하나이까 나는 자식이 없사오니 나의 상속자는 이 다메섹 사람 엘리에셀이니이다 창 15:2

하나님의 말씀은 위대한데 자신이 처한 현실은 가장 중요한 문제가 꽉 막혀 있었던 것이다. "너의 자손이 번성하여 큰 민족을 이룰 것이다"라는 하나님의 약속을 믿고 고향을 떠나온 지 15년째요, 85세의 노인이 된 아브람에게는 아직 자식이 한 명도 없었던 것이다.

그래서 아브람은 하나님 앞에서 푸념처럼 말한다.

"하나님, 저는 자식이 없으니까 종 엘리에셀을 제 상속자로 해야겠습니다."

당시 고대 사회에는 자식이 없는 사람은 충실한 종을 양자로 삼고, 재산을 양도해주는 대신 노후의 삶을 의탁하는 관습이 있었다. 아브람은 지금 그 서글픈 대안을 얘기하고 있다. 현실에 대한 두려움에 사로잡히게 되면 우리는 자신감을 잃고 적당한 선에서 안주하려고 한다. 괜히 나섰다가 실패를 맛보고 남들 앞에서 창피 당하기가 싫어서 그냥 주저앉아 조용히 살고 싶다.

아들이 없을 것 같으면 엘리에셀이라도 상속인으로 세워야 하지 않을까 하는 생각을 한다. "하나님이 약속하신 자식을 주지 않았으니까 내 종으로라도 자식 대신으로 해야겠습니다" 하는 푸념이다. 하나님에 대한 은근한 원망과 약속의 성취를 기다리다 못해 지친 아브람의 체념 같은 푸념을 우리도 하나님 앞에서 하는 경우가 많다. 겸손해서가 아니라 하나님의 약속이 이뤄지지 않음에 대한 섭섭함 때문에 "에라 모르겠습니다. 저는 이거나 하고 살죠 뭐" 하는 수가 많다.

진정으로 엘리에셀을 상속자로 삼고 싶은 것이 아니라 자식을 주지 않으시는 하나님에 대한 원망 같은 하소연이다. 약속을 빨리 이뤄주시지 않는 하나님에게 속으로 섭섭했던 아브람은 맘에도 없는 이야기를 하는 것이다.

그러나 하나님은 기가 죽어서 맘에도 없는 차선책을 시큰둥하게 얘기하는 아브람에게 명쾌하게 말씀하셨다.

여호와의 말씀이 그에게 임하여 이르시되 그 사람이 네 상속자가 아니라 네 몸에서 날 자가 네 상속자가 되리라 하시고 창 15:4

그것은 새로운 말이 아니다. 이미 오래 전 하나님이 아브람에게 하셨던 약속을 다시 재확인시켜 준 것뿐이다. 우리의 시간에 이뤄지지 않을 뿐이지 하나님은 약속을 반드시 지키신다. 조급해하고 답답해하지 말라. 하나님을 기다리다 지쳐서 말도 안 되는 차선책을 투정하듯 택하지 말라. 당신이 정말 원하는 게 그게 아니라는 사실을 당신도 알고 하나님도 아신다.

하나님은 의심하고 두려워하는 아브람을 믿음 없다고 야단치지 않으셨다. 대신에 풀이 죽어 있는 아브람을 데리고 밖으로 나가서 밤하늘을 보게 하신다.

그를 이끌고 밖으로 나가 이르시되 하늘을 우러러 뭇별을 셀 수 있나 보라 또 그에게 이르시되 네 자손이 이와 같으리라 창 15:5

하늘을 우러러보라고 하신 것으로 봐서 그때까지 아브람은 집 안에 앉아서 땅이 꺼지도록 한숨을 쉬며 땅바닥만 보고 있었음이 분명하다. 하나님은 그런 아브람을 데리고 나가셔서 시원한 밤하늘을 보게 하셨다. 그리고 말씀하시기를 "네 자손이 밤하늘에 빛나는 저 수많은 별같이 많을 것이다"라고 하셨다. 17장에서 하나님은 그의 이름을 아브람에서 "아브라함"으로 바꿔주셨다. 아브람은 '한 민족의 아버지'이지만 아브라함은 '열방의 아버지'란 뜻이다.

자신을 어떻게 보느냐 하는 것은 그 사람 인생 전체의 향방을 결정한다. 우리의 가장 큰 야심도 하나님 보시기엔 유치하다. 그분은 우리로 하여금 현실에 대한 거룩한 불만족을 주신다. 물론 하나님을 믿으면 천국에는 간다. 그러나 그게 다는 아니다. 우리는 이 땅에서 하나님의 위대한 일을 하게 될 것이다. 편안한 삶이 아닌 의미 있는 삶, 풍성한 삶, 비전의 삶으로 초대받은 것이다. 단순히 나 하나, 우리 가족 잘먹고 잘사는 것으로 한세상 끝내는 것보다 더 크고 아름다운 사명이 주어져 있음을 믿으라. 그것을 깨달을 때 다람쥐 쳇바퀴 도는 것 같은 현실 너머의 이상을 보고 흥분하게 된다.

새로운교회를 개척하면서 내게 주신 하나님의 마음도 그러했다.

'처음엔 작게 시작했지만 이 교회는 한국에서만이 아닌 아시아와 세계로 뻗어나가게 될 것이다. 주님 다시 오시기 전에 모든 민족에게 하나님의 복음을 전하는 세계복음화의 도구로 쓰일 것이다. 우리의 자녀들이 부모 세대보다 더 하나님을 사랑하고, 더 뜨겁게 하나님의 일에 헌신하게 될 것이다.'

나는 교회를 위해서 기도할 때마다 성령님의 뜨거운 감동을 느끼며 수없이 그렇게 기도했다.

하늘의 별들을 바라보며 하나님의 말씀을 듣는 순간에 아브람의 마음에 기적이 일어나기 시작했다. 그동안 의심하고 불안해하고 두려워했던 마음이 순식간에 사라져버렸다. 두렵고 불안할 때 하늘을 보라. 하나님의 말씀을 들으라.

"주의 손가락으로 만드신 주의 하늘과 주께서 베풀어두신 달과 별들을 내가 보오니 사람이 무엇이기에 주께서 그를 생각하시며 인자가 무엇이기에 주께서 그를 돌보시나이까"(시 8:3,4).

보잘것없는 자신을 다시금 친히 찾아와 격려해주시는 하나님 말씀을 들으며 아브람은 감사해서 눈물이 핑 돌았다. 그리고 자신의 나이와 처지를 다 잊었다. 불안하고 힘든 가운데서도 하나님을 붙잡는 믿음을 가지면 자신의 현실 위로 비상할 수 있다. 비참한 생각과 열등감, 불안과 좌절이 다 사라진다. 그리고 얼굴에는 찬란한 하늘의 별들처럼 하나님의 비전과 환상이 가득 차게 된다.

아브람이 경험했던 것처럼 우리도 믿기 어려운 큰 승리를 거둔 뒤에 남모르는 불안과 두려움을 느낄 때가 있다. 이때 낙심되어 심령이 어두움에 사로잡히고, 당장 손쉬운 유혹에 이끌릴 수 있다. 하나님의 약속에 대한 의심과 회의에 빠지는 것이다. 이때 아브람처럼 하나님을 새롭게 만나는 경험을 해야 한다. 상한 심령으로 하나님의 임재하심을 깊이 느끼며 땅의 문제를 보는 것이 아니라 하늘을 보며 하나님의 신실하심을 다시금 확인해야 한다. 하나님의 임재하심과 권능과 나를 향한 변치 않는 사랑을 재확인하는 경험이 우리에게 임하기를!

기다리는 믿음

아브람이 여호와를 믿으니(Abram believed the Lord) 여호와께서 이를 그의 의로 여기시고 창 15:6

"믿는다"라는 단어가 성경에서 제일 처음 사용되는 곳이 바로 여기다. 아브람이 믿기로 결심한다. 다시금 하나님을 신뢰하기로 마음을 굳힌다. 그러자 순식간에 의심과 두려움이 사라져버렸다. 말씀은 내 안에 믿음을 심고, 믿음은 두려움을 사라지게 한다. 말씀의 약속을 신뢰하는 믿음은 모든 염려와 근심과 걱정을 사라지게 한다.

하나님께서 말씀으로 아브람의 믿음을 회복시켜 주셨다. 그래서 그가 다시금 하나님을 믿었다. 하나님은 바로 그것을 "의(義)"로 여기셨다. 이 말은 '사실은 그렇지 않지만 그런 것으로 간주한다', 즉 '아직 그 수준이 미흡하지만 되는 것으로 봐준다'는 뜻이다. 아브람의 믿음은 아직 완전하지 않았다. 처음엔 엘리에셀이라도 상속인으로 세우겠다고 투정부리던 믿음이다. 하나님이 한참 격려해주셔야 다시 회복되는 믿음이다.

그리고 다음 장에도 나오지만 이렇게 믿어놓고도 아브람은 실제 삶에서 하나님을 믿지 못하고 여러 가지 실수를 한다. 하지만 하나님은 이 시점에서 아브람의 믿음을 기특하게 여기시고 의롭다고 여겨주셨다. 하나님 수준에 훨씬 못 미치는 겨자씨만한 믿음이라도 기특해하시며 인정해주신 것이다. 우리 인간이 하나님으로부터 의롭다는 인정을 받을 수 있는 유일한 방법은 믿음을 통해서이다. 내가 선한 일을 많이 하고 인품이 훌륭해서가 아니다. 아직 한참 부족하지만 하나님을 믿는 믿음으로 하나님의 인정을 받는다.

이것은 아브람의 차원에서 머무는 것이 아니라 인류의 구원자 예수 그리스도에게 이어진다. 누구든지 예수를 믿으면 구원을 얻는다.

"오직 의인은 믿음으로 말미암아 살리라"(롬 1:17).

우리가 죄인에서 의인으로 변하는 것이 아니다. 어린양 예수님의 보배로운 피가 우리를 감싸는 까닭에 하나님이 의롭다고 여겨주시는 것이다. 아브람이 믿은 것은 단순히 후손들이 번창할 것이라는 사실만이 아니었다. 그 후손의 혈통이 계속 이어져서 진정한 약속의 씨인 온 세상을 구원하실 구세주가 태어나실 것을 믿는 믿음이었다. 별과 같이 많아질 후손들 중에는 단순히 아브람의 혈통인 히브리 민족뿐 아니라 예수 그리스도를 믿어 천국의 자녀로 거듭난 우리 모두도 포함되어 있다. 자신의 타고난 혈통이나 인품과 의로운 행위로써가 아닌 예수님을 믿는 믿음으로 하나님의 자녀가 된 사람들이 다 포함된 것이다.

"그러므로 상속자가 되는 그것이 은혜에 속하기 위하여 믿음으로 되나니 이는 그 약속을 그 모든 후손에게 굳게 하려 하심이라 율법에 속한 자에게뿐만 아니라 아브라함의 믿음에 속한 자에게도 그러하니 아브라함은 우리 모든 사람의 조상이라"(롬 4:16).

하나님은 아브람의 인생을 처음부터 끝까지 책임지실 것을 약속하셨다.

또 그에게 이르시되 나는 이 땅을 네게 주어 소유를 삼게 하려고 너를 갈대아인의 우르에서 이끌어낸 여호와니라 창 15:7

인생의 시작은 하나님이시다. 아브람을 부르신 이는 하나님이시다. 시작하신 분이 하나님이시라면 반드시 끝도 책임지실 것이다. 하나님이 아브람의 이름을 부르시며 말씀하실 때 그는 무엇보다도 자신이 진정으로 하나님께 속한 사람임을 확인했다. 하나님께서 그를 돌보시고 지켜주심을 확인했다.

"야곱아 너를 창조하신 여호와께서 지금 말씀하시느니라 이스라엘아 너를 지으신 이가 말씀하시느니라 너는 두려워하지 말라 내가 너를 구속하였고 내가 너를 지명하여 불렀나니 너는 내 것이라"(사 43:1).

우리의 인생은 그냥 되는대로 흘러가는 배가 아니다. 하나님의 자녀의 인생은 하나님이 조종간을 잡고 계시는 비행기다. 그래서 세상의 현실을 박차고 거룩한 능력으로 비상할 수 있다. 두려워 말고 하나님 안에서 안심하라.

하나님은 아브람에게 약속의 땅으로 가면 열방의 아버지가 될 것이란 엄청난 비전을 주었다. 그때 그의 나이가 75세였다. 비전의 확인을 시켜주시던 때가 85세였고, 실제로 이삭이 태어난 것은 15년이나 지난 100세가 되어서였다. 하루가 급한 늙은 아브람에게 있어서 얼마나 길고 답답한 시간이었을까. 체념하고 절망하고 싶은 때가 한두 번이 아니었지만, 하나님이 주신 비전이 아브람으로 하여금 기다리게 했고 그만두지 않게 했다. 기다릴 수 있는 것은 믿음이 있기 때문이다.

비전의 사람은 믿음의 사람이다. 믿음과 기다림은 단짝 파트너다. 성경에서는 믿음과 기다림을 하나로 본다. 믿음이 있기에 기다리는 것이고, 기다리면 믿음대로 이뤄진다. 기다릴 때 우리는 겸손을 배우고, 겸손한 자에게 하나님은 비전을 추수할 수 있는 축복을 주신다.

유한한 인간은 무한하신 하나님을 기다림이 마땅하다. 하나님을 기다리면서 우리의 영혼은 주제를 파악하고 겸손해진다. 보통 기다릴 때 우리는 낮아진 자기 자신을 발견한다. 병원이나 공공기관에서 줄 서서 기다려야 하는 상황들을 보면 사회에서 소위 돈 있고 힘있다는 사람들은 특히 잘 기다리지 못한다. 더 급한 일이 있어서가 아니다. '내가 누군데 저를 기다려?' 하는 자존심 때문이다.

기다린다는 것은 그 상황의 주인이 내가 아님을 인정하는 것이다. 기다림으로써 우리는 인생의 주관자가 내가 아니라 하나님이심을 인정하게 된다. 그는 하나님이시고 나는 작은 티끌보다 못한 인간일 뿐임을 깨닫고 받아들인다. 이것이 겸손이며, 하나님은 겸손한 자의 소망을 이뤄주신다. 그러므로 하나님이 우리를 기다리게 하실 때 화내고 섭섭해하고 조급해하지 말라.

"소망이 더디 이루어지면 그것이 마음을 상하게 하거니와 소원이 이루어지는 것은 곧 생명 나무니라"(잠 13:12).

아브람처럼 남들 보기에는 성공한 것 같지만 속으로는 불안한가? 전쟁은 이겼지만 정작 자신이 가장 갈망하는 자식은 생기지 않아서 섭섭했던 아브람처럼 인생의 한쪽 면은 풀리고 있는데 정작 가장 원하는 결정적인 소망은 이뤄지지 않아서 답답한 적이 있는가? 하나님은 반드시 약속하셨는데 시간이 지나도 이뤄지지 않아서 다른 인간적인 방법이라도 동원해야겠다고 생각한 적이 있는가?

하나님이 하늘의 별들을 보여주시면서 우리에게 말씀하신다.

"두려워 말라. 내가 너를 지켜줄 것이다. 내가 너를 축복할 것이다. 너를 향한 나의 생각은 재앙이 아니라 평안이다. 너의 장래에 복을 주려하는 생각이다. 하늘의 별들 같은 눈부신 축복이 반드시 임할 것이다. 나의 때를 기다려라. 포기하지 말라. 절망하지 말라. 두려워하지 말라."

07
성급하게 우회하지 말라

오래 전에 지방으로 장거리 운전을 하고 간 적이 있었다. 한참을 가다가 고속도로에서 정체 현상이 일어났다. 10분쯤 기다리다 조바심이 난 나는 지름길로 우회해야겠다고 마음먹었다. 아직 내비게이션이 나오기 전이라 그냥 무턱대고 앞에 보이는 첫 번째 출구로 나와 어림짐작으로 국도를 찾아서 달렸다. 그런데 길이 점점 이상하더니, 해가 지자 컴컴해져서 천지 사방을 구분 못할 지경이 돼버렸다. 두렵기도 하고 화도 나고 해서 마구 엑셀을 밟았는데 비포장도로에다 도로 사정이 열악한 곳을 지나게 되어 차는 덜컹거리고, 인적은 없고…. 두어 시간 죽을 고생을 하다가 간신히 고속도로를 찾을 수 있었다.

목적지에 도착해서 보니 좀 막히긴 해도 진득이 기다렸던 다른 차들은 나보다 먼저 도착해서 저녁식사까지 끝낸 것이 아닌가. 지름길로 우회하려 했던 나는 오히려 죽을 고생을 하고 몇 시간이나 늦게 도착한 꼴이었다. 그때 깨달았다. 아무것도 모르면서 함부로 성급하게 우회해선 안 된다는 것을!

비전과 현실 사이

하나님은 아브람에게 "너희 자손들이 하늘의 별과 같이 많아질 것"이라는 엄청난 비전을 주셨다. 그러나 당장 현실에선 아무런 일도 일어나지 않았다. 그래서 아브람과 사래는 근심하다가 조급한 마음에 그만 잘못된 방법을 택하게 된다. 먼저 움직인 것은 사래였다. 자식이 없어 고뇌하는 남편을 바라보면서 그녀는 속으로 얼마나 마음이 탔을까.

사래가 아브람에게 이르되 여호와께서 내 출산을 허락하지 아니하셨으니 원하건대 내 여종에게 들어가라 내가 혹 그로 말미암아 자녀를 얻을까 하노라 하매 아브람이 사래의 말을 들으니라 창 16:2

솔직히 아기가 안 생기는 것에 대해 그녀는 은근히 하나님을 원망하는 마음, 하나님께 섭섭한 마음이 있었던 것 같다. 하나님이 내 마음의 소원을 빨리 안 들어주시면 믿음의 사람들도 시험이 든다.

사래는 하나님이 아기를 아예 안 주시기로 한 것처럼 말하면서 자신의 미래도 절망이라고 성급한 결론을 내리고 있다. 자기 맘대로 마침표를 찍어버린 것이다. 그러나 하나님은 쉼표를 찍으신다.

"지금은 아기가 없으나 곧 아기가 생길 것이다."

하나님이 아직 안 주신 것이지 아예 안 주시는 게 아니다. 그녀가 잠 잠히 기도하며 하나님을 기다렸더라면 하나님이 왜 약속하시고 이토록 늦게 주시는지 영적으로 깨달을 수 있었을 것이다. 그러나 사래는 마음 이 어려워지니까 자기 나름대로 하나님의 뜻을 반추하기 시작했다.

분명히 하나님께서 자신의 남편 아브람을 통해 하늘의 별과 같이 많 은 자손들의 조상이 되겠다고 약속하셨다. 그런데 가만히 보니 남편은 아직도 아이를 생산할 힘이 있는 것 같은데, 그러면 문제는 사래 자신 에게 있는 것 아닌가 생각한다. 하나님께서는 남편 아브람에게 많은 자손들의 아버지가 될 것이라고 하셨지만, 어머니가 반드시 자기여야 한다는 말씀은 안 하셨지 않은가. 그렇다면 당시 관습대로 자신의 여 종을 남편에게 주어 아기를 낳게 하는 것이 하나님의 뜻일 수도 있지 않을까? 사래는 자기 나름대로 하나님의 뜻을 해석했다.

힘들 때일수록 하나님의 뜻을 내 마음대로 해석하는 것을 조심해야 한다. 사래의 문제는 자기중심적으로 말씀 묵상을 하면서부터 시작되 었다. 내 인생이 빨리 안 풀릴 때나 눈앞에 막혀 있는 장애물이 오래 치워지지 않을 때 우리는 조급해진다.

또 사래처럼 하나님에게 섭섭한 마음을 품으면 하나님에 대해서 오 해하게 된다. 그러면 진짜 하나님이 아니라 조급한 내가 바라는 현실 에 맞추는 하나님이 보인다. 그것은 하와에게 선악과를 먹으라고 유 혹하던 사탄이 주는 속임수다("선악과를 먹으면 죽는 게 아니고, 하나님이 그 걸 먹고 너도 하나님같이 될까봐 두려워서 그러신 거야").

잘못된 생각을 하고 있는 사래의 눈에 마침 애굽에 갔을 때 데려온 여종 하갈이 들어온다. 믿음은 하나님만을 바라보는 것인데 하나님이 아닌 문제를 더 열심히 바라보기 시작하면 하갈이 눈에 들어온다. 무엇을 보느냐가 문제가 아니라 어떤 마음을 가지고 보느냐가 중요하다. 하나님에 대한 잘못된 생각으로 주위를 보면 사람이 이용 대상으로 보인다. 하갈이 자신을 돕는 충직한 종이 아니라 씨받이로 보인다. 불신은 '하갈'을 보이게 한다. 하갈은 내가 가지고 있는 인간적 자원이다. 당장 전화할 수 있는 인맥이며 동원할 수 있는 돈이고 수단이다.

아브람도 사래의 제안에 바로 응한 것으로 봐서 그녀와 비슷한 마음이었음을 알 수 있다. 하나님으로부터 직접 비전의 확인을 받고서도 내심 많이 불안하고 초조해하고 있었음이 분명하다. 그가 마음에도 없는데 아내의 말만 듣고 이런 조급한 결정을 했다고 보기는 어렵다. 자신의 마음속에도 비슷한 생각이 있지 않고서야 아내의 제안에 그렇게 쉽게 동의할 리가 없기 때문이다.

"괜히 그 사람 말 듣다가 이렇게 됐다"고 말하지 말라. 우리 속에도 비슷한 마음이 있기에 그 사람 말을 들은 것이다. 하와 때문에 아담이 선악과를 먹은 게 아니라 아담의 속에도 비슷한 마음이 있었기에 그 제안에 응한 것이다. 사실 사래도 나쁜 마음으로 시작한 일은 아니다. 목표는 좋았다. 남편 아브람과 자신의 사이에서 태어난 자손들이 하늘의 별과 같이 많아질 것이라는 하나님 약속을 수십, 수백 번을 들어 알고 있었을 것이다. 그런데 당장 현실에서 너무 오래 안 이뤄지니까 수단과 방법을 가리지 않고 해봐야겠다고 생각한 것이다.

그러나 하나님의 비전은 하나님의 방법으로 그분의 때에 이뤄질 것이다. 성급히 인간적인 방법으로 이루려다가 더 큰 시험거리를 만들게된다. 아무리 거룩하고 좋은 목표가 있다 해도 그것을 이루는 과정에서 인간적인 무리수를 두면 반드시 탈이 난다.

세상의 기준으로는 사래의 방법은 아무 문제가 없었다. 고대 근동에서는 여자가 아이를 낳아야 비로소 그 결혼이 완전해진다고 여겼다. 따라서 아이를 못 낳으면 자기 여종이라도 남편에게 주어 자녀를 생산하는 것이 관습이었다. 그래서 사래는 쉽게 이 방법도 하나님의 뜻일수 있겠다고 생각한 것이다.

그러나 세상 사람 모두가 괜찮다고 해도, 아무리 그 시대 법과 문화와 가치관이 괜찮다고 해도 하나님의 사람이 함부로 취해선 안 되는길이 있다. 우리는 세상에 살지만 하늘나라 시민이다. 하늘의 법에 따라 움직여야 한다.

응답의 시간을 늦추시는 하나님의 숨은 뜻을 알아야 한다. 왜 아브람과 사래 부부는 이런 결정을 했을까. 아브람이 가나안에 거주한 지10년이 지났기 때문이다. 사실 10년이면 인간적으로 참 오래 기다린시간이다. 그러나 그것이 이들의 한계였다.

하나님께서는 왜 약속의 아들을 주시기까지 이토록 오랜 세월을 기다리게 하실까? 그것은 아브람과 사래가 스스로의 연약함을 깨닫고 오직 하나님만을 전적으로 의지할 수 있는 믿음을 가질 수 있도록 하기위해서였다. 그래야 약속이 이뤄질 때 온전히 하나님께만 영광을 돌릴수 있으니까. 지금은 반쪽짜리 믿음이다. 사래는 몰라도 아직 아브람은 아이를 가질 수 있는 능력이 있다고 생각하기 때문이다. 그래서 편법으로 씨받이를 동원한 것이다. 그러나 이후로도 15년이 더 걸려서야 이삭이 태어난다.

우리의 교만이 완전히 깨어져야 하나님의 능력이 나타나고 하나님의 약속이 이뤄진다. 그런데 우리는 편법을 써서 잘 풀리는 세상 사람들과 자신을 비교하며 스스로를 비참하게 만든다. 옆의 사람과 비교하지 말고 하나님의 신실하심을 믿고 기다리라.

"여호와 앞에 잠잠하고 참고 기다리라 자기 길이 형통하며 악한 꾀를 이루는 자 때문에 불평하지 말지어다 분을 그치고 노를 버리며 불평하지 말라 오히려 악을 만들 뿐이라 진실로 악을 행하는 자들은 끊어질 것이나 여호와를 소망하는 자들은 땅을 차지하리로다"(시 37:7-9).

상황이 힘들고 불가능해 보이고 이해되지 않을 때라도 미리 단정하고 모든 것이 끝났다고 말하지 말라. 하나님의 역사는 쉼표이지 마침표가 아니다. 지금은 캄캄한 밤을 지나고 있지만 반드시 새벽이 올 것이다. 이럴 때일수록 하나님 앞으로 나와서 기도하라. 하나님의 눈으로 상황을 해석해보라. 새로운 길이 보일 것이며, 기적이 일어날 것이다.

편법이 불러온 파국

아브람이 하갈과 동침하였더니 하갈이 임신하매 그가 자기의 임신함을 알고 그의 여주인을 멸시한지라 창 16:4

믿음의 사람이 상황을 해결하기 위해 성급하게 인간적인 방법을 쓰면 항상 더 큰 문제에 봉착하게 된다. 기근을 피해 성급하게 애굽으로 도망갔던 아브람이 그 땅에서 전혀 새로운 문제들을 만나 큰 고통을 겪었듯이 이번에도 성급하게 하갈과 동침하여 임신시키고 나서 예측하지 못했던 새로운 문제에 봉착하게 된다. 이제까지는 아무 문제가 없었던 여종 하갈과 주인 사래의 관계가 순식간에 어그러진 것이다.

하갈이 그토록 공경해오던 여주인 사래를 멸시하기 시작했다. 사람은 힘이 생기면 영혼이 병들기 쉽다. 당시 사회에서 불임은 치욕이요, 많은 자녀를 얻는 것은 하나님의 축복으로 간주되었다. 그러므로 10년이 지나도 아기가 안 생기던 집안에서 순식간에 아기를 잉태하게 되니 하갈이 기고만장해질만도 했다. 그래서 종인 자신의 신분을 생각지 못하고 여주인을 하찮은 존재로 무시하게 된 것이다. 사람이 태도가 달라지면 말과 행동에서 확 드러나게 마련이다.

이것은 결코 사래가 의도한 결과가 아니었다. 단순히 씨받이로 쓰려고 했던 하갈이 이제는 안방마님 자리에 들어앉으려고 하는 것이다. 인간적인 방법이 처음엔 괜찮아 보이지만 갈수록 의도하지 않은 복잡한 상황으로 전개되며 우릴 딜레마에 빠뜨린다. 사래도 자존심이 있는 여장부인데 여종에게 이런 취급을 당하고 가만있을 리 만무했다. 분하고 원통하고 속이 뒤집힐 지경이다.

사래는 괜히 애꿎은 남편에게 화를 퍼부었다.

사래가 아브람에게 이르되 내가 받는 모욕은 당신이 받아야 옳도다

내가 나의 여종을 당신의 품에 두었거늘 그가 자기의 임신함을 알고
나를 멸시하니 당신과 나 사이에 여호와께서 판단하시기를 원하노라

창 16:5

다시 말하면, "이건 다 당신 책임이다"란 얘기다. 사실 이 사태의 원
인 제공은 사래 자신이 했다. 하갈과 동침하라고 한 것이 자신의 아이
디어였으면서도 막상 임신한 하갈이 자신을 멸시하자 남편에게 화풀이
를 한다. 그건 자신도 인정하고 있다. "내가 나의 여종을 당신의 품에
두었거늘…." 여기까지는 괜찮은데 그 다음이 자기가 전혀 예기치 못했
던 상황으로 전개돼버렸다. "그가 자기의 임신함을 알고 나를 멸시하
니…." 그래서 사래의 마음은 분노로 가득 차서 이성을 잃어버렸다.

홍분한 사래는 자신의 잘못이 명백함에도 불구하고 아브람에게 하
나님 앞에서 잘잘못을 가리자고 요구한다. 그것도 하나님의 이름까지
들먹이면서 말이다. 일은 자기가 벌여놓고 함부로 하나님의 이름을 거
론하지 말라. 그건 하나님의 이름을 망령되이 일컫는 것이다.

성급하게 발하는 분노는 하나님의 의(義)를 이루지 못한다. 믿음의
여성 사래였지만 하갈의 멸시를 견디지 못하고 분한 마음으로 가득 찼
기 때문이다. 그녀는 극도로 불안하고 두려움에 사로잡혀 판단력을 잃
고 있다. 사람이 급해지면 이성을 잃고 영적 분별력을 잃게 된다. 그러
면 말과 행동이 격해지고, 감정적이고 충동적이 된다.

아내의 항의에 놀란 아브람은 황급히 그녀에게 모든 일을 처리할 수
있는 전권을 줘버린다.

아브람이 사래에게 이르되 당신의 여종은 당신의 수중에 있으니 당신
의 눈에 좋을 대로 그에게 행하라 하매 사래가 하갈을 학대하였더니
하갈이 사래 앞에서 도망하였더라 창 16:6

가부장의 권위가 절대적이던 시대에는 집안의 누구를 징계하려면
가장의 허락이 있어야 했다. 전권을 받은 사래는 마음 놓고 하갈에게
본때를 보여주었고, 하갈은 견디다 못해 가출하여 도망치게 된다.

여기서 우리는 자신이 당연히 행사해야 할 영적 리더십의 권위를 포
기하는 비겁한 아브람의 모습을 본다. 처음 하갈과 동침하라는 제안부
터 가정의 영적 지도자로서 단호히 거절해야 했는데 그러지 못했다.
첫 단추를 잘못 꿰니까 두 번째, 세 번째 단추도 계속 잘못 꿰게 된다.
하갈과 사래의 갈등이 불거져 나올 때도 두 사람을 하나님 앞에 데리
고 나가 기도하며 풀어나갔어야 하는데 일방적으로 사래의 손을 들어
주며 임신한 하갈을 학대하도록 방치해버렸다. 이것은 가정의 영적 리
더로서 직무유기다.

사람이 과감하게 위임할 수 있는 일이 있고 없는 일이 있는데 이것
은 결코 위임해서는 안 될 일이다. 분노에 가득 차서 이성을 잃고 있는
아내가 하갈에게 어떻게 하리라는 것은 불을 보는 뻔한 일 아닌가. 아
브람은 아내의 흥분을 가라앉혔어야 했다. 리더가 책임을 지고 하나님
앞에 기도하며 문제를 풀지 않으면 계속되는 혼란과 파국을 막을 길이
없다.

하나님을 기다리지 못하고 조급한 마음에 세상적인 방법을 택해 문

제를 해결하려던 사례로 인해 아브람의 가정에는 이때껏 없던 다툼과 분열이 일어나게 된다. 사래와 하갈 사이에 전쟁이 일어나고, 아브람과 사래도 처음으로 심각한 부부갈등을 일으키게 된다. 하나님을 거역하면 사람들과의 관계도 악화된다. 아브람과 사래와 하갈처럼 서로 원망하고 무시하고 상처받고 보복하는 악순환이 계속된다.

"그리스도 예수의 사람들은 육체와 함께 그 정욕과 탐심을 십자가에 못 박았느니라 만일 우리가 성령으로 살면 또한 성령으로 행할지니 헛된 영광을 구하여 서로 노엽게 하거나 서로 투기하지 말지니라"(갈 5:24-26).

도망자를 찾아오신 하나님

하갈은 사래의 학대를 견디다 못해 도망가다가 광야의 샘물 곁, 즉 오아시스에서 잠시 숨을 돌린다. 하갈의 입장에서 보면 상황이 얼마나 원통하고 힘들었겠는가. 자기를 임신시킨 아브람도 자기를 버렸고 여주인 사래도 자기를 학대했다. 그래서 도망쳐 나오긴 했는데 어디 가서 하소연할 데조차 없다. 사람이 살지 않는 광야에서 겨우 오아시스를 만나서 앉아 절망과 좌절을 씹고 있었다. 그런데 하나님께서 그녀에게 나타나서 말씀하신다. 하갈은 아무것도 아닌 이방인 여종에 불과했지만 하나님께서는 그녀도 사랑하셔서 직접 찾아와 말씀하신다.

하나님은 학대받는 자의 처지를 알아주신다. 우리가 상처를 입고 고통으로 신음하며 현실로부터 도망하고 싶을 때를 알고 계신다. 하나님은 우리를 고아와 같이 내버려두지 않겠다고 하신다(요 14:18). 약한 자 편에 서신다. 그러므로 어려운 때일수록 우리는 하나님의 음성에 귀를 기울여야 한다.

> 이르되 사래의 여종 하갈아 네가 어디서 왔으며 어디로 가느냐 그가 이르되 나는 내 여주인 사래를 피하여 도망하나이다 창 16:8

하나님은 하갈이 누구인지를 정확히 알고 계신다. "사래의 여종"이라고 말씀하신 것은 하갈이 임신함으로 인하여 잠시 교만해져서 자기 신분을 망각하고 주인을 무시함으로써 이런 일이 벌어졌기 때문이다. 하나님은 하갈이 자신이 누구인지를 다시금 깨닫고 문제를 풀어가길 원하셨다.

이어서 "네가 어디서 왔으며 어디로 가느냐?"라고 물으신다. 하나님이 몰라서 물으시는 게 아니다. 선악과를 먹고 도피하고 있는 아담과 하와에게 "아담아, 네가 어디에 있느냐?"라고 물으셨던 것처럼 이번에도 다 알면서 물으신다. 그러나 이 질문에는 하갈 자신에게 스스로의 인생을 되돌아보게 하는 하나님의 뜻이 담겨 있다.

기억상실증 환자의 문제는 두 가지다. 첫째는 자신이 이때까지 살아온 과거를 기억하지 못하는 것이며, 둘째는 과거를 모르기에 앞으로의 미래도 어떻게 살아야 할지를 모른다는 것이다. 그러므로 하갈에게 던져진 이 질문은 모든 인간이 하나님 앞에서 대답해야 할 질문이다.

믿음의 조상 아브람의 집에서 살다가 주인과 싸우고 도망쳐온 하갈은 막상 어디로 가야 할지를 몰랐다. 가만두면 무서운 세상의 밥이 될 수도 있었다. 그릇된 과거를 살아왔기에 그릇된 미래로 가고 있는 우리에게 하나님은 "네가 어디서 왔으며 어디로 가느냐"라고 물으신다. 그러시면서 "너는 내 품으로 돌아와야 한다"라고 하시며 우리를 자신의 품으로 모아들이시는 것이다. 사정이야 어찌되었든 하나님을 떠난 탈출은 갈수록 고통이다. 한시라도 빨리 아버지의 품으로 돌아와야 한다.

"그가 이르되 나는 내 여주인 사래를 피하여 도망하나이다." 하갈은 비로소 사래를 다시금 자신의 주인으로 인정하게 되었다. 시련과 아픔이 잠시 오만해져서 망각했던 자신의 위치를 깨닫게 해주었다. 사래가 학대해서 도망쳤다고는 하나, 하갈도 아이가 생겼다고 잠시나마 주인을 멸시했던 죄를 지었다. 우리가 죄를 지었을 때 남에게 책임을 전가하지만 실은 우리의 책임이 더 크다.

사람들은 모두 무언가로부터 도망치는 도망자의 삶을 살고 있다. 하갈처럼 자신을 힘들게 하는 사람으로부터 도망치거나 가정으로부터 도망친다. 문제는 도망은 쳤는데 어디로 가야 할지를 모른다는 것이다. 태어났으니까 살긴 사는데 무엇을 위해, 어디로 가야 하는지를 모르고 산다.

여호와의 사자가 그에게 이르되 네 여주인에게로 돌아가서 그 수하에
복종하라 창 16:9

하나님의 사람은 현실이 힘들고 어렵다고 해서 함부로 도망치면 안 된다. 하나님은 하갈에게 "네 여주인에게로 돌아가라"고 하신다. 그녀는 순간 자기 귀를 의심했을 것이다. 새로운 도피처를 주는 것이 아니라 지긋지긋한 사래의 학대가 기다리고 있는 집으로 돌아가라니…. 그러나 하나님은 현실을 도피하지 말라고 하신다. 호랑이의 아가리 속으로 손을 집어넣으라고 하신다. 오히려 거기에 해답이 있다고 하신다.

사래에게 돌아가는 정도가 아니라 그 권위에 복종하라고 하신다. 현실에 직면하되 독기로 버텨내는 게 아니라 하나님의 방법대로 새롭게 현실에 적응하라고 하신다. 사래의 종으로 있으면서도 속으로는 그 권위를 무시하고 살았는데 이제부터는 순종하면서 살라는 것이다. 하나님은 뜻이 있으셔서 우리 위에 권위를 세우셨다. 하갈의 위에 사래를 세우신 것도 하나님이셨다. 사래가 잘못하면 하나님이 다루실 것이기에 결코 하갈은 함부로 사래의 권위를 무시하면 안 되었다. 이제 돌아가서는 새로운 마음가짐으로 하나님의 권위 체제를 순종하며 살라는 것이다. 그러면 하나님께서 더 이상 도망갈 필요가 없는 현실을 열어주시고 새로운 축복도 주신다.

축복의 열쇠는 순종이다. "네가 사래를 두려워하는 것을 안다. 그러나 내 말을 듣고 돌아가면 상황이 변해 있을 것이다"라는 말이다. 말씀에 순종하라. 순종은 상황을 변화시킨다. 상황이 좋아지면 순종하는 것이 아니라 순종하면 상황이 변한다.

아내가 힘들게 해서 밖으로 도는 남편이 있다면 집으로 돌아가길 바란다. 그리고 말씀대로 아내를 사랑하라. 남편이 힘들게 해서 밖으로 도는 아내도 집으로 돌아가야 한다. 그리고 말씀대로 남편을 존경하라. 부모가 힘들게 해서 밖으로 도는 자녀들도 집으로 돌아가서 말씀대로 순종해보라. 순종하는 사람에게 하나님은 놀라운 축복을 주신다. 밤새 그물을 내려도 아무 수확이 없었지만, 같은 조건이라 해도 말씀에 순종하여 그물을 내리면 배에 차고 넘칠만한 고기가 잡힌다(눅 5장 참고). 이때까지 계속 실패했던 같은 장소라 해도 하나님과 함께 다시 시작해보라. 기적이 시작될 것이다.

실패를 덮는 사랑

> 여호와의 사자가 또 그에게 이르되 네가 임신하였은즉 아들을 낳으리니 그 이름을 이스마엘이라 하라 이는 여호와께서 네 고통을 들으셨음이니라 창 16:11

비록 불신으로 인한 실수로 생긴 아들이었지만 하갈의 자식에게도 하나님은 은총을 베푸셨다. '이스마엘'이라는 이름도 하나님께서 직접 지어주셨다. '하나님께서 네 고통을 들으셨다'는 뜻의 아주 좋은 이름이다. 하나님은 하갈의 아들에게도 아브람의 후손에게 준 것과 똑같이 번성하는 축복을 주셨다.

여호와의 사자가 또 그에게 이르되 내가 네 씨를 크게 번성하여 그 수가 많아 셀 수 없게 하리라 창 16:10

약속의 자녀가 아닐지라도 말씀에 순종하면 축복을 받는다. 물론 이스마엘 자손의 인생은 아브람의 아들 이삭 자손의 인생처럼 영적 축복이 충만한 인생은 아니었다.

그가 사람 중에 들나귀같이 되리니 그의 손이 모든 사람을 치겠고 모든 사람의 손이 그를 칠지며 그가 모든 형제와 대항해서 살리라 창 16:12

이스마엘 후손들은 들나귀처럼 고집이 세고 완고하며 끈질기고 드센 성정을 가질 것이다. 그리고 끊임없이 이웃과 불화할 것을 예언한 말이다. 성경의 역사에서부터 근세와 현대사에 이르기까지 이스마엘의 후손인 아랍 민족은 끊임없는 전쟁의 역사를 살았다.

그러나 이스마엘 자손은 투쟁의 역사를 살면서도 번성하는 축복을 받았다. 불완전하지만 그래도 대단한 축복이다. 부스러기 은혜라도 그 축복의 크기가 엄청나다. 이스마엘이 약속의 씨앗이 아닌데도 하나님께서는 축복하셨다.

하나님의 사랑은 우리의 실패보다 더 크다. 많은 크리스천들이 이상한 선민의식과 영적 엘리트의식이 있어서 하나님을 독점하려고 한다. 자신들의 하나님이 이방인의 하나님이 될 수는 없다고 생각했다. 그러나 하나님은 유대인들뿐 아니라 이방인들에게도 구원의 복음을 주셨다. 하나님은 한국만 사랑하시는 게 아니라 북한도 사랑하신다. 이스라엘만 사랑하시는 게 아니라 아랍도 사랑하신다(오히려 현재 아랍인 크리스천이 유대인 크리스천보다 압도적으로 많다). 하나님은 넓고 크신 분이다.

비록 사래의 무리수로 인해 문제가 생겼지만 그래도 하나님은 문제의 불씨인 하갈과 그녀의 아들 이스마엘에게 축복을 베푸셨다. 하나님은 실수가 없으신 분이다. 인간의 실수와 부족함으로 인해 생긴 상황에도 하나님의 은혜는 변함없이 부어진다. 아무도 챙겨줄 이 없던 하갈 같은 인생도 하나님은 친히 챙겨주시고 축복해주신다.

그래서 13절에서 하갈은 자신이 만난 하나님의 이름을 "나를 살피시는 하나님"이라고 불렀다. 광야에서 방황하고 있는 하갈에게 나타나 위로와 소망을 주시고, 다시 집으로 인도해주신 그 하나님이 오늘날도 광야같이 메마른 세상에서 갈등하고 방황하는 하나님의 백성들을 찾아오셔서 격려하시고 집으로 인도해주신다.

"내가 여호와를 기다리고 기다렸더니 귀를 기울이사 나의 부르짖음을 들으셨도다 나를 기가 막힐 웅덩이와 수렁에서 끌어올리시고 내 발을 반석 위에 두사 내 걸음을 견고하게 하셨도다"(시 40:1,2).

자세한 설명은 성경에 나와 있지 않지만 집으로 돌아온 하갈을 사래는 더 이상 학대하지 않은 것 같다. 하갈이 이전과는 다른 겸손한 태도로 주인을 대했고, 사래의 마음 또한 하나님이 부드럽게 하셨을 것이다. 다시 학대받을 각오를 하고 하나님을 믿고 순종하여 돌아온 하갈을 하나님이 지켜주셨을 것이다. 순종하면 하나님이 지켜주신다.

그래서 하갈은 무사히 아브람의 아들 이스마엘을 낳게 된다. 사래의 조급함으로 인해 벌어진 일련의 사건들에도 불구하고 하나님의 뜻은 결코 흔들리지 않았다. 사래를 통해서 이삭을 태어나게 하여 약속의 자손을 만든다는 하나님의 뜻은 계속 진행될 것이다. 그러나 인간의 조급함으로 인해 태어난 이스마엘 자손에게도 하나님의 축복이 내린다.

하나님을 믿는 자, 그 뜻대로 순종하는 자에게는 모든 것이 합력하여 선을 이룬다(롬 8:28). 오히려 죄가 성한 곳에 은혜가 더욱 넘쳤다(롬 5:20). 생각해보면 모두가 조금씩 잘못했다. 하나님의 약속을 기다리지 못하고 조급하게 편법을 쓴 사래도 잘못했고, 종이면서도 아이를 가졌다고 함부로 주인을 멸시한 하갈도 잘못했고, 가정의 리더로서 아무것도 안 하고 방관한 아브람도 잘못했다. 그러나 하나님은 그럼에도 불구하고 이들 모두에게 은혜를 베푸셨다.

08
새로운 이름이 주어지다

나를 처음 만나는 분들의 대부분이 내 이름이 아주 특이하다고 한다. 나의 이름은 '나라 한(韓)' 자에 '넓을 홍(弘)'을 쓴다. 성과 붙여서 '한국의 큰 인물이 되라'는 뜻에서 지어준 이름이라고 한다. 이름은 거창하지만 내 자신이 결코 이름의 뜻을 감당할만한 위대한 인물이 못 된다는 것을 잘 알고 있다.

자식이 멋진 인생을 살기를 바라는 소원을 이름에 담았던 한국의 부모님들처럼, 옛날 히브리인들도 자식들의 이름 속에 미래의 비전을 담아주었다. 이름이 꼭 예언 같았다. 하나님께서도 사람의 이름을 직접 지어주시거나 바꿔주실 때가 있는데 그러면 반드시 그 이름대로 그의 미래가 바뀌어갔다. 예수님께서 시몬을 만나자마자 베드로라는 새 이름을 주셨는데, 베드로는 훗날 이름대로 반석같이 든든한 초대교회의

지도자가 되었다.

'아브라함'이라는 이름도 하나님이 엄청난 뜻을 가지고 주신 선물
이다.

잠자던 믿음이 깨어나다

아브람이 99세, 여종 하갈을 통해 이스마엘을 낳은 지 13년째 되던
해이다. 비록 이스마엘의 탄생으로 인해 사래와 하갈 사이에 분열이
일어나고 온 집안이 한바탕 뒤집어지는 소란이 일어났지만, 그래도 시
간이 지나면서 아브람 부부는 이스마엘이 자라는 것을 보면서 온갖 시
름을 잊고 지낸 것 같다. 인간적인 편법으로 조급하게 얻은 아들이지
만 대를 이을 자식 문제는 이스마엘의 탄생으로 인해 해결되었다고 생
각했다.

특히 99세가 되면서 인간적 힘으로는 아이를 가질 수 있는 것이 불
가능해지면서 그 생각은 더욱 공고해졌다. 성경은 이스마엘 출생 이후
13년 동안의 아브람의 행적에 대해 침묵하고 있다. 아브람은 이스마엘
로 만족하고 살았다. 그의 믿음이 동면(冬眠) 상태로 들어가버린 것일
까. 아브람뿐 아니라 사래와 하갈과 이스마엘도 어떤 새로운 일이 일
어나리라고는 생각지 못했다. 모두 아무 일도 없다는 듯이 지내던 그
때 하나님이 오셨다.

아브람이 구십구 세 때에 여호와께서 아브람에게 나타나서 그에게

이르시되 나는 전능한 하나님이라 너는 내 앞에서 행하여 완전하라

창 17:1

아브람은 살아계신 하나님의 음성을 듣고 놀라 경배하며 엎드렸다. 믿음은 하나님의 말씀을 듣는 순간부터 다시 살아난다. 하나님을 만나면 잠에서 깨어난다. 꺼져버린 소망이 내 안에서 다시 불타오르기 시작한다. 하나님은 잠에 빠진 자들을 깨우시고 체념한 자들을 격려하신다.

아브람은 믿음이 개점 휴업한 상태로 안일하게 13년을 지냈지만 하나님께서는 잊지 않고 계셨다. 아브람은 다시 한 번 잠자고 있던 믿음을 일깨워야 했다. 하나님의 비전을 새롭고 강하게 들어야 했다. 아브람의 영적 각성을 위해서 하나님께서 오신 것이다. 안락하고 평안하고 느슨해질 때마다 하나님이 우리에게 강하게 도전하시고 새롭게 깨우신다.

"나는 전능한 하나님(God Almighty)이라." 하나님은 왜 굳이 이 시점에서 자신을 "전능한 하나님"이라고 소개하셨을까? 하나님은 인생의 고비마다 가장 필요한 모습으로 우리에게 오신다. 낙망하고 있을 때는 소망의 하나님으로 오시고, 상처받아 괴로워할 때 치유의 하나님으로 오신다.

아브람이 4개국 연합군을 급습하여 일시적 승리를 거뒀지만 그들의 보복이 두려워 불안해할 때는 "나는 너의 방패"라고 하셨고, 막대한 전리품을 포기하고 십일조까지 드린 뒤 갈등할 때는 "나는 너의 지극

히 큰 상급"이라고 하셨다. 그런데 이제 아브람과 사래가 둘 다 노인이 되어 인간적으로 아이를 생산할 능력이 없어져버린 시점에서는 "전능한 하나님"이라고 자신을 소개하신다. 상황을 보지 말고 하나님이 전능하신 분임을 믿으라고 하신다.

아브람에게 주는 하나님의 축복은 무조건적인 은혜로 주는 것이었지 조건부로 주는 것이 아니었다. 그러나 약속의 씨앗 이삭이 태어나기 직전에 하나님께서는 "하나님 앞에서 행하여 완전할 것"을 요구하셨다. "너의 고향과 친척 아비 집을 떠나 내가 지시한 땅으로 가라"는 말씀을 주신 이후에 하나님께서 아브람에게 뭘 하라고 하신 것은 처음이다. 왜 갑자기 약속 성취의 대가로 조건을 다셨을까?

첫째, 아브람은 이제 믿음의 유아기가 아닌 성숙기에 들어섰다. 믿음이 어렸을 때는 은혜와 사랑만을 흠뻑 받지만 믿음이 커가면서 믿음의 책임감을 배운다. 둘째, 약속의 씨앗이 실제로 태어날 날이 코앞에 다가왔다. 군인들이 상륙하기 직전에 장비를 최종 점검하고 각오를 단단히 하듯이 그토록 기다려왔던 축복의 씨앗 이삭이 태어나기 전에 아브람의 영적 마음가짐을 다잡아 준비시키셨다. 축복을 감당할만한 그릇이 될 수 있도록 말이다.

"너는 내 앞에서 행하여"라는 말은 하나님의 임재 앞에서 살라는 뜻이다. 항상 하나님이 지켜보고 계심을 알고 함부로 살아선 안 된다는 것이다. 세상 사람들의 눈만 피하면 된다고 생각하지 말라. 하나님이 우리의 말 한마디와 행동 하나하나를 다 지켜보고 계심을 알고 살라. 그렇다고 이것을 무거운 짐으로 받아들여선 안 된다. 그저 하나님과 깊이 교제하는 삶을 살면 된다. 하나님보다 앞서가지도 뒤쳐지지도 말고, 항상 그분과 교제하며, 박자를 맞추며 사는 것이다.

13년 만에 아브람에게 나타나신 하나님께서 '완전하라'고 명하셨다. 얼핏 들으면 기가 질릴 정도의 무리한 요구 같다. 물론 누구도 죄없이 완전할 수는 없다. 여기서 "완전하라"는 말은 '하나님만 바라보며 흔들리지 말고 하나님 앞에서 정직하라'는 의미다.

아마도 13년 전의 성급한 우회, 하갈 사건과 관련이 있는 듯하다. 조급한 마음에 함부로 인간적 편법을 동원하는 일을 다시 해선 안 된다는 것이다.

우리는 다 연약하고 끊임없이 죄를 짓는다. 그러나 하나님은 거룩의 기준을 쉽게 타협하지 않으신다. 우리의 연약함을 너무나 잘 아시면서도 완전하라고 요구하신다. 이것은 광야에서 모세를 불타는 떨기나무 앞으로 부르실 때 "네 발에서 신을 벗으라"(출 3:5)라고 하신 명령과 똑같다.

하나님은 우리에게 지금 말씀하신다.

'너는 이제 변해야 한다. 과거의 사람으로는 하나님의 일을 할 수 없다. 교만이 깨어져야 한다. 죄의 습관을 버려야 한다. 너는 새로워지고 거듭나야 한다. 헛된 욕망과 더러움에 가득 찬 과거를 다 버리고 새 마음으로 내 앞에 서야 한다. 거룩한 집중력을 가지고 나만을 바라보라.'

내가 내 언약을 나와 너 사이에 두어 너를 크게 번성하게 하리라 하
시니 아브람이 엎드렸더니 하나님이 또 그에게 말씀하여 이르시되

창 17:2, 3

새로운 약속이 아니다. 과거에 이미 세운 후사에 대한 바로 그 약속
을 이제 성취하시겠다는 것이다. 이 약속은 벌써 하나님께서 세 번씩
이나 반복해오신 비전이다. 우리에게는 새로운 비전이 필요한 게 아니
라 이미 주신 비전에 대한 성령의 확인이 필요하다. 우리가 흔들리고
넘어질 때마다 하나님께서는 끊임없이 비전을 확인해주신다. 언약은
정식 계약서와도 같다. 이전에는 약속으로만 해주셨던 것을 정식 계약
서를 쓰듯이 언약을 맺으며 최종 마침표를 찍으신다.

무한하신 하나님이 유한하고 보잘것없는 인간들과 언약, 즉 계약을
하신다는 것은 얼마나 황감한 일인가. 우리를 동격으로 인정해주신다
는 것이다. 게다가 보통 계약을 할 때 힘이 있는 자가 갑(甲)이요, 약한
자가 을(乙)이다. 그렇기 때문에 을이 행해야 할 책임이 갑이 행해야 할
책임보다 훨씬 많기 마련이다. 그런데 하나님이 아브람과 세우신 계약
에는 압도적으로 하나님이 행하실 책임이 더 많다.

"내가 너를 복 주고 복 줄 것이다. 네가 땅을 차지하게 될 것이요 네
자손을 하늘의 별들같이 많게 할 것이다."

나와 성경공부를 하던 한 변호사가 이 말씀을 읽더니 말했다.

"제가 하나님 변호사라면 절대 이런 계약은 못하시게 할 것입니다. 하나님이 압도적인 갑인데, 왜 이런 손해 보는 계약을 을인 인간과 합니까."

그러나 이성적으로 이해되지 않는 그 희생과 섬김이 바로 하나님의 사랑이다.

> 보라 내 언약이 너와 함께 있으니 너는 여러 민족의 아버지가 될지라
> 이제 후로는 네 이름을 아브람이라 하지 아니하고 아브라함이라 하리
> 니 이는 내가 너를 여러 민족의 아버지가 되게 함이니라 내가 너로 심
> 히 번성하게 하리니 내가 네게서 민족들이 나게 하며 왕들이 네게로
> 부터 나오리라 창 17:4-6

하나님께서는 아브람의 이름을 아브라함으로 바꿔주셨다. 하나님은 왜 이삭을 낳기 1년 전인 이 시점에 아브람의 이름을 바꿔주셨을까? 새로운 이름은 하나님이 주실 미래 축복의 비밀을 담고 있다. 아브람은 이삭의 탄생에 대한 영적 의미를 제대로 깨달아야 했다. 축복을 받고도 그 축복에 담긴 영적 의미를 깨닫지 못한다는 것은 참으로 슬픈 일이다.

'아브람'은 '존귀한 아버지'란 뜻이다. 좋은 이름이지만 한 가문의 아버지로서 존귀한 아버지일 뿐이다. 괜찮은 인생, 좋은 인생이다. 고대 중근동의 많은 왕들과 족장들은 모두 아브람의 후손들이다. 그러나 '아브라함'은 그보다 더 큰 '여러 민족의 아버지'이다. 아브라함 자신

도 상상하지 못했던 축복의 파장이 시작되었다. 축복은 사명을 위해서 주신다.

하나님께서 아브람에게 이삭을 주신 것은 단순히 불임이던 사람이 늘그막에 기적같이 아들 낳아 잘 먹고 잘살라고 하신 것이 아니었다. 그것은 시작에 불과했다. 하늘의 별과 같은 많은 후손들이 태어나고 그중에는 메시아 예수 그리스도도 포함되어 있을 뿐 아니라 그분을 통해 하나님의 자녀가 될 모든 민족과 인종의 사람들이 다 포함되어 있다. 이전과는 비교할 수 없이 비전의 폭이, 인생의 폭이 넓어졌다. 이제는 한 가문과 한 민족만이 아닌 세계 열방을 가슴에 품는 인생을 살게 되었다. 괜찮은 인생에서 최고의 인생으로 점프한 것이다.

성경에서 하나님이 새 이름을 주실 때는 완전히 다른 새로운 인생으로 간다는 뜻이다. 예수님께서는 시몬의 이름을 '베드로(반석)'로 바꿔주시면서 사람 낚는 어부의 생을 살게 하셨다. 율법주의자 사울을 다메섹 도상에서 만나시면서 '바울'로 바꿔주시며 세계복음화를 위한 사도로 세워주셨다. 이름을 바꿔주시면서 하나님은 새로운 운명을 주시고 새로운 운명에 맞게 우리를 다뤄나가신다.

아브람은 이제 옛 이름과 옛 사람을 버려야 했다. 과거의 생각과 마음으로는 하나님의 새로운 미래를 감당할 수 없다. 축복의 미래로 가는 데 가장 큰 장애물은 괜찮았던 과거에 대한 미련이다. 새 포도주는 새 부대에 담아야 한다. 우리가 겪는 믿음의 갈등은 이전의 내 방식대로 하나님을 믿고 싶어 하는 데서 비롯된다. 하나님은 우리가 옛 것을 버리고 새사람이 되길 원하신다. 아브람은 이제 한 민족의 존귀한 아버지가 아니라 모든 민족들을 다 가슴에 품고 살아가는 아버지로 살아야 했다. 생각과 마음이 크고 넓어져야 했다. 우리도 마찬가지다.

> 하나님이 또 아브라함에게 이르시되 네 아내 사래는 이름을 사래라 하지 말고 사라라 하라 내가 그에게 복을 주어 그가 네게 아들을 낳아 주게 하며 내가 그에게 복을 주어 그를 여러 민족의 어머니가 되게 하리니 민족의 여러 왕이 그에게서 나리라 창 17:15,16

아브람뿐 아니라 아내 사래의 운명도 바뀌게 된다. 하나님께서는 아브람에게 새 이름과 새 운명을 주셨다. 그의 아내 사래에게도 새 이름과 새 운명을 주신다. 이때까지 하나님의 비전과 축복은 남편에게만 주어졌었다. 아내 사래는 남편을 통해 흘러나오는 축복을 받는 존재로만 여겨졌었다. 그러나 이제 하나님께서는 직접 사래의 이름을 거명하시며 두 번씩이나 그녀에게 복을 준다고 하신다.

"사래"는 '나의 공주'란 뜻인데, "사라"는 '여러 민족의 어머니'란 뜻이다. 아브람과 마찬가지로 옛 이름 사래는 자기중심적인 인생, 그냥 세상에서 괜찮은 인생이다. 그러나 여러 민족의 어머니인 사라가 되면서부터 전혀 차원이 다른 인생을 살게 되었다. 그저 한 아이의 좋은 어머니가 아니고 세계 열방을 가슴에 품는 축복의 어머니가 된다. 이제 사래도 새 이름에 걸맞는 인생을 살아야 했다. 자기중심적인 공주병도 버리고, 여종 하갈을 질투하는 불같은 성질과 자존심도 버리고, 열방의 자손들을 품을 수 있는 크고 관대한 여인으로 살아야 했다.

그리고 이제 아브라함은 아내 사라를 존귀하게 여겨야 했다. 자기만 하나님의 비전을 받고 축복을 받은 것이 아니라 아내도 똑같은 축복을 받았기 때문이다. 아무것도 아닌 존재도 하나님의 은총을 받는 순간부터 위대한 인생, 축복된 인생, 존귀한 인생이 된다. 하나님의 약속을 받은 존재는 누구라도 귀한 사람이다. 그래서 우리는 서로를 귀하게 대해야 한다.

> 내가 내 언약을 나와 너 및 네 대대 후손 사이에 세워서 영원한 언약을 삼고 너와 네 후손의 하나님이 되리라 내가 너와 네 후손에게 네가 거류하는 이 땅 곧 가나안 온 땅을 주어 영원한 기업이 되게 하고 나는 그들의 하나님이 되리라 창 17:7,8

"너와 네 대대 후손 사이에"라는 말이 반복된다. 약속은 계승된다. 하나님의 축복은 우리 대에서만 끝나는 것이 아니라 우리 후손 대대로 이어진다. 저주는 삼사 대에 끝나지만 축복은 수천 대에 이른다.

"나를 사랑하고 내 계명을 지키는 자에게는 천대까지 은혜를 베푸느니라"(출 20:6).

만약 당신이 집안에서 처음 믿음을 가진 사람이라면 당신이 집안의 아브라함이다. 당신을 통해 시작된 하나님의 축복이 자자손손(子子孫孫) 갈수록 업그레이드될 것이다. 나의 하나님이 내 아들과 손자의 하나님이 되실 것이다. 비록 물려줄 돈은 없다고 해도 믿음의 유산을 물려주면 후손을 위해 최고의 축복을 주는 것이다. 자손들에게 물려줄 눈물의 기도와 믿음의 삶과 믿음의 유산이 있기를 바란다.

마음으로 하는 언약

언약의 성취를 받기 위해서 우리가 해야 할 책임이 있다. 그것은 순종이다. 하나님과의 언약을 지켜야 한다. 나만 지키는 것이 아니라 자손 대대로 지킬 수 있도록 가르쳐야 한다. 자손 대대로 가르쳐야 하는 순종은 어떤 것인가?

하나님께서는 아브라함에게 언약의 증표(Sign)로써 모든 남자들이 태어난 지 8일 만에 할례를 받게 했다.

> 하나님이 또 아브라함에게 이르시되 그런즉 너는 내 언약을 지키고 네 후손도 대대로 지키라 너희 중 남자는 다 할례를 받으라 이것이 나와 너희와 너희 후손 사이에 지킬 내 언약이니라 너희는 포피를 베어라 이것이 나와 너희 사이의 언약의 표징이니라 너희의 대대로 모든 남자는 집에서 난 자나 또는 너희 자손이 아니라 이방 사람에게서 돈으로 산 자를 막론하고 난 지 팔 일 만에 할례를 받을 것이라 창 17:9-12

이것은 아브라함과 그의 자손이 하나님의 백성이 되었다는 증표다. 하나님은 아브라함과의 약속이 매우 중요했기 때문에 날마다 이 약속을 기억하고 잊지 않도록 하기 위해 사람의 몸에 사인을 주셨다. 그것이 할례. 할례 받은 자신의 몸을 매일 보면서 그들은 세 가지 메시지를 끊임없이 기억해야 했다.

첫째, 하나님의 백성 이스라엘을 주변 국가들로부터 차별화시키는 것. 둘째, 부패한 죄의 옛 모습을 벗어버릴 것. 셋째, 하나님 앞에서 새로운 인생을 살겠다는 결단을 할 것. 할례는 이 세 가지 의미가 포함된 예식이었다. 아브라함의 후손들은 매일 자기 생식기에 새겨진 그 표를 보면서 '나는 세상 사람과 다르다. 나의 옛 사람은 죽었고 나는 이제 하나님의 사람답게 살아야 한다'는 사실을 상기시켜야 했다.

하지만 결혼 예식보다 결혼이 중요한 것처럼, 중요한 것은 할례 예식 그 자체가 아니라 마음이었다.

"오직 이면적(내면, 영혼의) 유대인이 유대인이며 할례는 마음에 할지니 영에 있고 율법 조문에 있지 아니한 것이라 그 칭찬이 사람에게서가 아니요 다만 하나님에게서니라"(롬 2:29).

진짜 할례는 마음으로 하는 것이다. 마음으로부터 깊이 하나님의 사랑을 기억하고 믿는 것이다. 마음으로부터 하나님을 사랑해야 눈으로 보이는 할례 의식이 의미가 있는 것이었다. 형식만 갖춘 껍데기 믿음이 아니라 마음 깊은 곳에서 우러나온 열정적인 믿음이 진실한 믿음이다.

구약 시대의 언약 백성의 증표가 되었던 할례는 신약시대에는 세례로 대치되었다.

"또 그 안에서 너희가 손으로 하지 아니한 할례를 받았으니 곧 육의 몸을 벗는 것이요 그리스도의 할례니라 너희가 세례로 그리스도와 함께 장사되고 또 죽은 자들 가운데서 그를 일으키신 하나님의 역사를 믿음으로 말미암아 그 안에서 함께 일으키심을 받았느니라"(골 2:11,12).

우리가 예수님을 믿고 구원을 받았을 때 하나님께서는 이미 우리에게 '영적 할례(spiritual circumcision)'를 해주신 것이다. 옛 사람을 없이해주시고 성령의 새사람으로 변화시켜 주셨다. 그래서 성령으로 거듭난 우리들은 하나님의 자녀가 되어 세상 사람들과 구별되었다. 죄인이 그리스도를 믿고 성령으로 세례를 받아 그리스도와 한 몸을 이룰 때 영적 할례가 일어나는 것이다.

신약 시대인 오늘날에 마음의 할례는 성령세례이다. 성령의 세례를 받을 때 우리는 하나님의 자녀로서 세상과 구별되고, 하늘의 능력을 받고, 거룩한 인격으로 변하게 된다. 성령께서 우리 안에 계셔서 우리가 흔들릴 때마다 하나님의 약속이 반드시 이뤄질 것을 증거해주신다.

교회도 마음의 할례가 임하는 곳이다. 예배하고 기도하고 교제할 때 우리는 하나님의 약속을 계속 기억하게 된다. 당신이 섬기는 교회가 날마다 하나님의 약속을 기억하게 해주는 곳이 되길 바란다.

약속에만 집중하라

아브라함이 엎드려 웃으며 마음속으로 이르되 백 세 된 사람이 어찌 자식을 낳을까 사라는 구십 세니 어찌 출산하리요 하고 창 17:17

어떤 사람들은 이 구절을 해석하며 아브라함이 하나님의 약속을 믿

지 못해서 기가 차듯이 속으로 불신하는 냉소의 웃음을 지었다고 한
다. 그러나 이것은 불신이나 회의의 웃음이 아니다. 자신에게 주어졌
던 비전이 자신의 아내 사라에게도 똑같이 다시 한 번 주어지고 확인
되었기 때문에 놀랍고 기뻐서 웃은 것이다.

"그가 백 세나 되어 자기 몸이 죽은 것 같고 사라의 태가 죽은 것 같
음을 알고도 믿음이 약하여지지 아니하고 믿음이 없어 하나님의 약속
을 의심하지 않고 믿음으로 견고하여져서 하나님께 영광을 돌리며 약
속하신 그것을 또한 능히 이루실 줄을 확신하였으니"(롬 4:19-21).

아브라함은 그토록 기다리던 하나님의 약속이 마침내 이뤄질 순간
이 다가온 것이 기쁘고 좋아서 웃었다. 그래서 하나님은 그 아들의 이
름을 '이삭(웃음)'이라고 하신 것이다. 만약에 아브라함의 웃음이 하나
님을 불신하는 냉소적 웃음이었다면, 결코 하나님께서 그 아이의 이름
을 이삭이라고 짓지 않으셨을 것이다. 성급한 우회로 인해서 생긴 이
스마엘은 아브라함 가정에 분열을 불러왔지만 하나님이 주시는 아들
이삭은 그의 가정에 기쁨을 가져왔다. 아브라함은 끝까지 믿음을 포기
하지 말아야 했다.

> 아브라함이 이에 하나님께 아뢰되 이스마엘이나 하나님 앞에 살기를
> 원하나이다 창 17:18

아브라함은 이스마엘도 하나님의 축복 아래 살기를 원했다. 약속의
아들은 아니지만, 지난 13년 동안 이스마엘을 키우면서 정이 들었던 것

이다. 사실 어느 순간에는 이 아이가 약속의 씨일 수도 있겠다는 생각도 했을 것이다. 10여 년의 세월이 흐르는 동안 아브라함은 다시금 인간적 편법으로 얻은 아들 이스마엘에 대한 미련을 버리지 못했다. 우리 안에 있는 옛 사람에 대한 미련과 자존심의 잔재는 그렇게 질기다.

그러나 하나님께서 이제 아내 사라까지 복을 주시며 열국의 어미로 삼겠다는 확인을 해주시는 순간, 아브라함은 자신의 생각이 잘못되었음을 깨달았다. 그가 이스마엘에 대해 갖고 있던 생각은 하나님의 생각과 달랐던 것이다. 하나님의 말씀은 항상 우리를 정신 차리게 한다. 우리가 하나님의 뜻이 아닐까 하고 착각했던 생각을 확 깨어버리시고 바로잡아주신다.

이스마엘도 하나님이 버리시는 게 아니다. 그도 하나님이 축복해주신다. 훗날 열두 두령을 낳아 큰 민족을 이루는 축복을 받게 된다. 이 후예들이 바로 오늘날 북아프리카와 중근동 그리고 중앙아시아에 이르기까지 광활한 지역에 사는 아랍인들이다. 하나님께서는 이미 아브라함의 기도를 들으시고 응답하기 시작하셨던 것이다. 이스마엘의 축복도 풍성하고 괜찮은 축복이다. 그러나 이삭을 통해서 이뤄질 영원한 언약, 구세주 예수 그리스도가 태어나고 그를 통해 수많은 열방의 자녀들이 하나님의 자녀가 될 하나님의 엄청난 구원사 계획의 축복은 아니었다. 그러니까 이스마엘은 하나님께 맡기고 아브라함은 이삭을 통해서 이뤄질 영원한 언약에 집중해야 했다.

하나님은 아브라함이 집중력을 가지고 하나님이 준 근본적인 비전을 확실히 붙잡기를 원하셨다. 하나님의 주된 관심은 하갈이 낳은 이스마엘이 아니라 사라가 낳을 이삭이었다. 이스마엘은 하나님의 뜻을 인간의 힘으로 어떻게 이뤄보려는 편법의 결과였으나 이삭은 하나님의 은혜의 결과다. 이스마엘은 아브라함 집안에 분열과 갈등을 가져왔지만 이삭은 기쁨과 소망을 가져다주었다. 이스마엘은 인간의 과거지만 이삭은 하나님이 주실 미래다.

"그런즉 누구든지 그리스도 안에 있으면 새로운 피조물이라 이전 것은 지나갔으니 보라 새것이 되었도다"(고후 5:17).

하나님은 자꾸 우리가 이스마엘을 돌아보길 원치 않으신다. 하나님의 처음 약속인 이삭에게 집중하길 원하신다. 옛것이 아닌 새것, 미래의 비전을 바라보라고 하신다. 과거의 이스마엘에 대한 미련을 버리고 미래의 이삭을 향해 달려가라.

바울도 말했다.

"형제들아 나는 아직 내가 잡은 줄로 여기지 아니하고 오직 한 일 즉 뒤에 있는 것은 잊어버리고 앞에 있는 것을 잡으려고 푯대를 향하여 그리스도 예수 안에서 하나님이 위에서 부르신 부름의 상을 위하여 달려가노라"(빌 3:13,14).

내 언약은 내가 내년 이 시기에 사라가 네게 낳을 이삭과 세우리라 창 17:21

드디어 하나님께서 정확하게 일 년 후에 사라가 아이를 낳을 것이라고 말씀해주셨다. 25년이라는 기나긴 기다림이 끝나는 순간이다. 컴컴하고 축축한 물고기 배 속에서 3일 밤낮을 갇혀 있던 요나가 소망의 바닷가로 나가게 된 것과 같다. 40년 광야생활을 하던 이스라엘 민족이 요단강가에 서서 약속의 땅을 바라보는 것과 같다. 시련과 연단의 과거는 지나고 소망이 이뤄지는 새로운 땅이 보인다.

하나님의 사람들은 심판의 날을 두려워하지 않는다.
처음부터 죄 많은 이 세상은 우리 집이 아니기 때문이
다. 하나님을 믿은 바로 그 순간부터 우리는 하늘나라
시민이다. 그래서 옛 하늘과 옛 땅은 잠시 통과하는
것일 뿐, 거기에 큰 미련을 두지 않는다.

part 3

승리로
뛰는 가슴

09

찾아오시는 하나님

한국이든 외국이든 글로벌기업들에서 중요한 자리에 배치
되어 빠르게 승진해가는 사람들의 공통점 중에 하나는 보스를 보좌하
는 비서실이나 기획실 출신들이 압도적으로 많다는 것이다. 그것은 보
스에게 아부했기 때문이 아니라 그들이 보스에게 있어서 편하고 익숙
한 사람이었기 때문이다. 언제든지 보스가 전화할 수 있고, 의견을 물
어볼 수 있고, 일을 시킬 수 있고, 함께 어디를 가자고 해도 결코 부담
이 없는 사람이기 때문이다.

그렇게 할 수 있는 것은 그의 삶의 우선순위가 철저하게 리더에게 맞
춰져 있고, 준비가 철저해서 어떤 돌발 상황에도 유연하게 대처할 수
있는 능력이 있기에 가능한 일이다. 물론 비서실이나 기획실 출신이라
고 다 그런 것은 아니다. 고집이 너무 세서 보스도 일 시키려면 조심스

러운 사람이 있다. 자기 딴에는 '나는 보스도 함부로 못 하는 사람이야'라고 생각할 수 있겠지만, 그것은 어리석은 생각이다. 십중팔구 그는 시간이 지날수록 보스의 외면 속에 사라져갈 것이기 때문이다.

하나님의 사람은 하나님이 찾아오시기에 편한 사람이어야 한다. 아무리 바빠도 하나님이 말씀하시면 모든 것을 멈추고 기쁘게 그분 앞으로 달려나올 수 있는 사람, 항상 마음이 활짝 열려 있는 까닭에 하나님이 부담 없이 편안하게 찾아오셔서 끝없이 대화할 수 있는 사람, 하나님이 하라 하시면 우직한 황소처럼 즉시로 하는 사람말이다. 이런 사람이 바로 아브라함이었다.

먼저 오시는 하나님

여호와께서 마므레의 상수리나무들이 있는 곳에서 아브라함에게 나타나시니라 날이 뜨거울 때에 그가 장막 문에 앉아 있다가 _창 18:1_

아브라함이 하나님을 먼저 찾은 게 아니고, 늘 하나님이 아브라함을 먼저 찾아오셨다. 하나님은 우리와 교제하기를 원하신다. 로마 바티칸의 시스틴 성당 천정에는 미켈란젤로가 그린 세계적 명화 〈천지창조〉가 있다. 그중에서도 '아담의 창조'라는 그림을 자세히 보면 하나님은 인간을 향하여 온 힘과 정성을 다하여 손을 뻗치고 계신다. 어떻게든 사람에게 가까이 다가가려고 안간힘을 쓰고 계심이 느껴진다.

그러나 이에 비해 아담의 자세는 대단히 건방지고 성의가 없어 보인다. 몸이 축 늘어져서 덤덤한 표정으로 팔을 내밀고 있다. 자세히 보면 손가락 하나만 살짝 들고 있고, 그 손가락을 하나님의 손가락이 온 힘을 다해 터치하고 있다. 사람이 너무 힘들어서 그런 자세를 하고 있는 것인지 아니면 하나님에 대한 별 관심이 없어서인지 잘 모른다. 아마 둘 다일 것이다.

그러나 결론은 우리가 먼저 하나님을 사랑한 것이 아니요, 그분이 우리를 먼저 사랑했다는 것이다(요일 4:19). 우리를 만드신 하나님은 끝없이 우리와 교제하길 원하신다. 우리를 찾아오시고 말을 거신다. 인간이 아무리 건방지고 무관심한 태도를 취해도 하나님은 끝없는 사랑으로 다가오신다. 그런데 사람들이 무례하게 하나님을 무시하고 외면한다.

하지만 어떤 사람들은 하나님께 깊은 애정과 존경을 갖고 있다. 그들은 하나님을 더 깊이 알기 위해 애를 쓴다. 이런 열정을 가진 사람들을 하나님은 더욱 축복하시고 자주 찾아주신다. 나를 사랑해주는 친구 집을 자주 가게 되는 것처럼. 아브라함이 바로 그런 사람이었다. 그래서 하나님께서는 아브라함을 "친구"라고 부르셨다.

"그러나 나의 종 너 이스라엘아 내가 택한 야곱아 나의 벗(my friend) 아브라함의 자손아"(사 41:8).

하나님 입장에서 아브라함이 편하고 좋으니까, 그가 하나님을 기다리니까 자꾸 오시는 것이다. 하나님이 자꾸 찾아오시고 싶은 사람이 되기를 바란다.

"마므레의 상수레나무 수풀"은 아브라함이 조카 롯과 작별한 이후에 줄곧 하나님의 계시를 통해 미래의 비전을 받은 곳이었다. 세상 속에서 지치고 힘든 아브라함이 하나님의 음성을 듣고 영적 재충전을 받는 곳이요, 거룩한 비전을 붙잡았던 곳이다. 이렇게 믿음의 사람이 하나님을 만나고, 그분의 음성을 듣는 특별한 공간이 있다.

진정한 예배

눈을 들어 본즉 사람 셋이 맞은편에 서 있는지라 그가 그들을 보자 곧 장막 문에서 달려나가 영접하며 몸을 땅에 굽혀 이르되 내 주여 내가 주께 은혜를 입었사오면 원하건대 종을 떠나 지나가지 마시옵고 물을 조금 가져오게 하사 당신들의 발을 씻으시고 나무 아래에서 쉬소서 창 18:2-4

아브라함은 세 사람을 보자 즉각적으로 달려나가 그들을 영접했다. 더위에 지친 나그네를 영접하는 것은 고대 유목민들의 일상적인 생활 풍습이었다. 그러나 아브라함은 그 이상의 적극적인 환대를 보였다. 열정적으로 하나님을 맞이했다. 보통 때 같으면 아브라함 정도 되는 어르신 족장이 달려나가기까지는 않는다. 왜 그랬을까?

아브라함에게 하나님을 알아보는 영성이 있었기 때문이다. 그는 나그네들이 보통 사람이 아닌 바로 하나님 자신이심을 알아보았다. 항상 모습은 보이지 않고 환상 속에서 음성으로 말씀하셨던 하나님께서 직접 사람의 육체를 입고 아브라함에게 나타나셨다. 아브라함은 그 하나님을 알아보았기에 "내 주여" 하면서 몸을 땅에 굽힌 것이다.

어떻게 아브라함은 금방 하나님을 알아보았을까? 그것은 그가 전에도 하나님을 많이 만났던, 하나님과 친한 사람이었기 때문이다. 성령 충만한 사람은 하나님을 알아본다. 하나님의 음성을 듣는다. 하나님이 오실 때마다 그의 인생에 감동과 은혜가 있었기 때문에 그는 항상 하나님을 기다렸다. 하나님을 그리워했기에 열정적으로 하나님을 맞으러 달려나간 것이다.

그리고 하나님 일행에게 떡과 고기를 대접하는 과정에서도 흥분과 감격에 가득 찼다. 하나님을 섬길 때 이런 흥분과 감격이 있어야 한다. 신바람이 나서 어쩔 줄을 모르며 내가 가진 모든 것과 내가 아는 모든 사람을 다 동원해서 신나게 일한다. 그러면서 실수도 하고 실패도 하지만 아랑곳하지 않는다.

아브라함은 하나님을 향한 정성이 있었다. 3절에 보면 아브라함은 하나님이 자신의 집을 결코 그냥 지나가시지 않기 원했다. 온 정성을 다하여 하나님이 그의 집으로 들어오시기를 간청한다. 들어오실 테면 오시고 아니면 그만이라는 투가 아니다. 열두 해 혈루병 앓던 여인이 주님을 만진 것 같은 간절함으로 하나님을 집으로 모셔들였다. 하나님은 간절한 마음으로 자신을 환영하는 사람들에게 가까이 오신다.

"여호와께서는 자기에게 간구하는 모든 자 곧 진실하게 간구하는 모든 자에게 가까이 하시는도다"(시 145:18).

4절에서 8절까지는 아브라함이 얼마나 최선을 다하여 하나님과 천사들을 접대하였는지를 보여준다. 아브라함은 하나님을 섬김에 있어서 잠시의 주저함이나 지체함도 없었다. 하나님을 처음 보았을 때부터 "곧" 달려나가 영접했으며, 빵과 고기를 준비하는 것도 "즉시"로 했다. 정말 좋으면 지체하지 않는다. 싫은 사람에게 무언가를 해줄 때 미루고 지체하기 마련인데, 아브라함은 정신없이 바쁘게 움직였다. 이것은 그가 하나님을 섬기는 것을 정말 좋아했다는 뜻이다. 다른 그 어떤 일보다 우선이었다.

믿음의 사람은 하나님에게 최우선 순위를 둔다. 결코 미루지 않는다. 형편이 좀 나아지고 덜 바빠지면 하겠다고 하지 말라. 죽을 때까지 그런 날은 오지 않는다. 바쁘고 힘들더라도 바로 지금 하나님을 맞으러 달려나와야 한다.

"지금은 은혜받을만한 때요 보라 지금은 구원의 날이로다"(고후 6:2).

하나님의 은혜를 받을 기회, 하나님께 예배드릴 기회, 하나님을 섬길 기회를 결코 미루지 말라. 우리는 하나님이 우리 기도에 즉각적으로 응답해주시길 원한다. 그러나 정작 우리는 하나님 말씀에 즉각적으로 반응하지 않는다. 당신에게 기회가 주어졌을 때 즉시 해야 한다. 하나님을 섬기는 일보다 더 급하고 중요한 일은 없다.

아브라함은 자신이 가진 최선을 드려 하나님을 섬겼다. 자신이 공주처럼 귀히 여기는 사랑하는 아내 사라에게 최고의 빵을 만들게 하고, 가장 좋은 송아지를 잡아 대접했다. 값비싼 향유 옥합을 예수님의 발에 부은 여인처럼 아브라함은 그 순간 자신이 가지고 있는 최고의 것으로 하나님께 아낌없이 기쁘게 드렸다. 사랑하는 사람과 식사할 때는 돈을 아끼지 않는다. 사랑은 계산기를 두드리지 않는다. 하나님을 깊이 사랑하면 파격적으로 드린다. 흥분해서 즐겁게 드린다. 거룩한 낭비를 한다. 나는 우리 크리스천들이 항상 하나님께 최고를 드리는 사람이 되기를 바란다.

아브라함은 하나님을 섬길 때 겸손히 섬겼다. "모셔 서매"(창 18:8)라는 말을 주목하라. 아브라함은 엄청난 재산과 무리들을 거느린 대족장이면서도 하나님이 식사하시는 동안 마치 하인처럼 공손히 서 있었다. 최고의 대접을 하면서도 아브라함은 뻐기거나 어떤 대가를 요구하지 않았다. 하나님을 섬길 때 무엇보다 겸손해야 한다. 어떤 사람은 하나님의 일을 하면서도 자기를 과시하려 한다. 눈에 띄는 사역이나 편한 일을 하려 한다. 그러나 진정한 섬김은 겸손한 섬김이다.

우리 모두 겸손하게 하나님의 일을 해야 한다. 네 일, 내 일 따지지 말고, 대접받으려 하지 말고, 바쁘고 힘들다고 핑계대지 말고, 묵묵히 말보다는 행동으로 섬겨야 한다.

하나님께서는 아브라함의 섬김을 기쁘게 받으셨다.

그들이 (하나님 일행) 이르되 네 말대로 그리하라 창 18:5

예배란 내가 드려서가 아니라 하나님께서 받아주심으로 완성된다. 아무리 헌금을 드리고 찬송을 드리고 눈물을 흘려도 하나님께서 받으시지 않는다면 헛수고가 된다. 마음 없이 대충 드린 가인의 예배는 하나님께서 받으시지 않았다. 그런데 하나님께서는 아브라함의 섬김을 받으시겠다고 했다.

하나님을 사랑하는 그의 마음을 아셨기 때문이다. 하나님은 우리의 행위를 받으시기 전에 먼저 우리의 마음을 받으신다. 아브라함은 나름대로 최고의 음식을 대접했겠지만 하늘과 땅을 만드신 하나님의 수준에 비할 바가 못 된다. 그러나 하나님은 아브라함의 대접을 받으셨다. 아마 흡족한 웃음을 지으시면서 그리하라고 하셨을 것이다. 하나님을 기다렸던 마음, 하나님이 오셔서 신이 난 마음, 자신의 최고를 드리고 싶어서 어쩔 줄 모르는 아브라함의 마음을 보셨기 때문이다. 이렇게 하나님이 나의 예배를 받으실 때 인생 최고의 기쁨이 우리 안에 가득 차게 된다.

친밀하고 생생한 교제

사람의 모습을 하고 오신 하나님과 천사들이 아브라함이 준비한 음식을 드셨다.

아브라함이 엉긴 젖과 우유와 하인이 요리한 송아지를 가져다가 그들 앞에 차려놓고 나무 아래에 모셔 서매 그들이 먹으니라 창 18:8

성경에서 하나님과의 깊은 교제는 먹는 것을 통해 많이 이뤄진다. 함께 식사하는 것처럼 사람의 마음을 풀어주고 친해지는 방법도 없다.

예수님께서 이 땅에 계셨을 때 사람들이 멸시하고 어울리지 않으려는 병자와 세리, 나병환자나 가난한 사람들과 늘 함께 식사하고 교제하셨다. 또 십자가에서 못 박히시기 직전에도 제자들을 모으시고 떡과 포도주를 함께 나누셨다. 예수님의 살을 빵으로 먹고, 피를 포도주로 마시라 하시면서 우리에게 하늘의 큰 축복을 누리게 하셨다.

함께 음식을 나누시면서 하나님은 우리를 친구로 대해주신다. 우리의 이야기를 들어주신다. 우리와 웃고 교제하시며 하나가 되어주신다. 하나님이 우리와 식사하시고 나와 교제해주실 때 살아있는 예배가 이뤄진다. 오순절 날 성령이 임한 후에 생겨난 3천 명 교인들이 날마다 모여 말씀을 듣고 함께 먹으며 기도했다. 이때 세상에서 경험할 수 없는 놀라운 기쁨과 새로운 관계가 경험되었다.

"볼지어다 내가 문밖에 서서 두드리노니 누구든지 내 음성을 듣고 문을 열면 내가 그에게로 들어가 그와 더불어 먹고 그는 나와 더불어 먹으리라"(계 3:20).

하나님의 새로운 식탁 공동체는 아브라함에게 깊은 감동과 기쁨을 주었다. 이때까지 하나님은 아브라함에게 여러 번 나타나셔서 말씀하셨으나 이번처럼 직접 사람의 몸을 입고 오셔서 함께 음식도 드시며 친근히 교제하신 것은 처음이다. 존경하지만 멀리 있고 무섭게 여겨졌던 하나님이 갑자기 아주 가까이 친근하게 다가오신 것이다. 아브라함은 전에 없이 새롭고 친밀하게 하나님을 체험하게 되었다.

"내가 주께 대하여 귀로 듣기만 하였사오나 이제는 눈으로 주를 뵈옵나이다"(욥 42:5).

아브라함의 하나님은 로마 그리스 신화에 나오는 고대 이방신들처럼 사람들과 동떨어져 있는 무섭고 포악한 변덕스러운 신(神)이 아니다. 그분은 "말씀하시는 하나님"이시다. 우리가 외롭고 힘들 때 위로해주시고, 절망할 때 격려해주시고, 길을 잃고 헤맬 때 길을 찾아주시는 분이다. 사람의 모습으로 오셔서 우리와 이야기도 하시고 음식도 같이 나누시는 분이다. 아브라함은 그 하나님을 생생히 체험한 것이다. 하나님은 어떤 추상적 개념이나 사상이나 철학이 아니다. 바로 여기에 계셔서 우리와 교제하시는 인격체이시다. 말씀하시는 분이며, 볼 수 있고 만질 수 있는 분이시다.

사람의 육체를 입고 아브라함을 찾아오신 하나님은 바로 예수 그리스도셨다. 예수님을 통해서 인간이 하나님을 만지게 되었다.

"태초부터 있는 생명의 말씀에 관하여는 우리가 들은 바요 눈으로 본 바요 자세히 보고 우리의 손으로 만진 바라"(요일 1:1).

그 주님이 우리 안에 살아계신다. 그 주님이 순간순간 찾아오셔서 말씀하신다. 영적 성장이란 하나님이 내 안에 계실 수 있는 공간을 더 넓게, 더 크게 내어드리는 것이다. 하나님의 사람이라면 하나님의 임재를 느낄 때 모든 일을 내려놓고 아브라함처럼 즉시 그리고 열정적으로 달려나가 반응할 수 있어야 한다.

하나님은 한낮의 태양이 내리쬐는 시간, 아브라함이 장막에서 쉬고 있던 뜻밖의 시간에 찾아오셨다. 오늘날 우리에게도 그렇게 찾아오실 수 있다. 한참 사람들과 떠들썩하게 점심식사를 하고 사무실에서 식곤 중에 비몽사몽 하고 있을 때 주님의 임재가 가득하다면 어떻게 하겠는가? 삶의 모든 순간에서 하나님을 만나는 것이 중요하다. 하나님이 멀리 계시다고 느껴진다면, 그분이 내 삶의 이 순간에 임재하고 있음을 믿지 않기 때문이다.

로렌스 형제(Brother Lawrence)라고 하는 한 중세기의 수사는 하루 종일 부엌에서 음식 만들고 청소하는 일을 하는 사람이었다. 그러나 그는 매순간 하나님의 임재를 체험하며 교제하는 풍성한 삶을 살았다. 그 주위에 있는 사람들은 항상 로렌스 형제로부터 생수의 강이 흘러나오는 듯한 풍성함과 따뜻함을 느꼈다고 한다. 그가 죽은 후 그의 일기와 노트들이 정리되어 《하나님 임재 연습》이라는 작은 책으로 나왔는데, 이 책은 지난 몇 세기 동안 전 세계에서 해리포터 시리즈보다 몇 배나 많이 팔리고 읽힌 최고의 베스트셀러로 사랑받아왔다.

하나님을 사랑하고 그분의 음성 듣기를 갈망하라. 그분과 함께 조용히 침묵하는 시간을 자주 가지라. 아브라함을 찾아오셨던 하나님께서는 우리에게도 찾아오실 것이다.

하늘의 믿음을 소유하라

하나님과 두 천사는 배불리 먹고 난 후에야 비로소 방문 목적을 말씀하신다. 교제를 하고 관계가 형성된 뒤에야 비즈니스로 돌입한다. 먼저 예배가 있어야 사명이 존재한다. 하나님을 깊이 만나야 사역도 할 수 있다. 그런데 우리는 자꾸 이 순서를 거꾸로 뒤집어서 일부터 하려고 한다. 그러면 사고가 난다. 하나님과 깊은 교제를 하고 나서 사역을 하면 쉽게 지치지 않는다. 즐겁고 신이 난다.

> 그가 이르시되 내년 이맘때 내가 반드시 네게로 돌아오리니 네 아내
> 사라에게 아들이 있으리라 하시니 사라가 그 뒤 장막 문에서 들었더라
>
> 창 18:10

이때까지 수도 없이 말씀해오신 약속을 다시금 확인해주신다. 벌써
일곱 번이나 아브라함을 찾아오신 하나님은 아브라함에게 다음 해에
는 마침내 약속이 이뤄져서 사라에게 아들이 태어날 것을 확인해주셨
다. "내가 반드시 네게로 돌아오리라." 하나님께서는 반드시 우리에게
돌아오실 것이다. 그리고 약속대로 복을 주실 것이다.

하나님께서는 아브라함 부부의 가슴속에 있는 안타까운 소원을 잘
알고 계셨다. 그래서 그들이 세월이 흐르는 동안 포기하려 할 때마다
찾아오셔서 끊임없이 격려해주셨다. 그리고 마침내 소원을 성취시켜
주셨다.

"여호와께서는 모든 넘어지는 자들을 붙드시며 비굴한 자들을 일으
키시는도다 모든 사람의 눈이 주를 앙망하오니 주는 때를 따라 그들에
게 먹을 것을 주시며 손을 펴사 모든 생물의 소원을 만족하게 하시나
이다"(시 145:14-16).

문밖에서 이 말을 듣던 사라는 기가 찼다.

아브라함과 사라는 나이가 많아 늙었고 사라에게는 여성의 생리가 끊

어졌는지라 사라가 속으로 웃고 이르되 내가 노쇠하였고 내 주인도 늙었으니 내게 무슨 즐거움이 있으리요 창 18:11,12

그녀는 인간적 기준으로는 임신이 불가능한 몸이었다. 아무리 좋은 믿음도 냉엄한 현실 앞에서는 움츠러드는 법이다. 그래서 사라는 속으로 웃었다. 지난번 아브라함의 웃음과는 달리 사라의 웃음은 불신의 웃음이었다. 남편이 믿음이 있다고 해서 반드시 아내도 그러리란 법은 없다.

사래가 사라로 변했는데도 아직 그녀는 하나님을 믿지 못했다. 아니, 하나님을 믿으면서도 그분의 능력을 믿지 못했다. 현실의 벽이 너무 높았기 때문이다. 믿으려고 하지만 믿어지지 않는 것이다. 그래서 언제나 인간적인 생각으로 돌아가려고 한다. 자꾸 힘든 현실의 문제만 생각하니까 "내게 무슨 즐거움이 있으리요" 같은 부정적이고 패배적인 말만 하고 있다. 힘든 상황을 가지고 묵상하지 말라. 독초는 씹을수록 독만 나오듯이 문제는 씹을수록 더 고통스러워질 뿐이다.

인간 능력의 한계는 주님의 약속을 의심케 한다. 그러나 인간의 한계점이 바로 하나님의 시발점이다. 사실 이번에 하나님이 찾아오신 것은 아브라함도 아브라함이지만, 사라의 믿음을 확고히 해주시기 위함이었다. 그러니까 "네 아내 사라가 어디 있느냐?"라고 하신 것이다. 아브라함은 열정적으로 하나님을 영접할만한 믿음이 있는데, 사라는 아직 그 단계까지는 아니었다.

우리의 영혼을 뚫어 보시는 하나님께서는 사라가 속으로 불신의 웃음을 웃는 것도 아셨다. 사라는 단지 속으로 웃었을 뿐이다. 우리도 겉으로는 주님을 믿는다고 하면서 속으로는 믿지 않는다. 설교 들을 때는 "아멘" 하면서 고개를 끄덕이고 좋은 말씀이라고 하면서도 정작 삶에서는 실천하지 않는다. 경건의 모양은 있으나 경건의 능력이 없다(딤후 3:5). 그러나 하나님은 겉을 보시지 않고 우리의 중심을 보신다 (삼상 16:7).

> 여호와께서 아브라함에게 이르시되 사라가 왜 웃으며 이르기를 내가 늙었거늘 어떻게 아들을 낳으리요 하느냐 여호와께 능하지 못한 일이 있겠느냐 기한이 이를 때에 내가 네게로 돌아오리니 사라에게 아들이 있으리라 창 18:13,14

웃기는 사라가 웃었는데, 하나님은 아브라함에게 왜 사라가 웃었느냐고 말씀하셨다. 그것은 가정의 영적 지도자로서의 책임을 물으신 것이다. 그리고 지난번까지만 해도 하나님의 약속을 굳게 믿던 너도 혹시 믿음이 흔들리고 있지 않느냐고 체크하시는 것이다. 또 하갈 사건 때처럼 사라 책임이라고 도망가서는 안 된다.

"너와 네 집이 구원을 얻으리라"(행 16:31)라는 말씀처럼, 구원과 믿음에 있어서 가족은 공동운명체다. 영적 지도자는 자기 권위 밑에 있는 사람들의 믿음에 대해서 책임을 져야 한다. 남편은 아내의 믿음에 대해서 책임을 져라. 부모는 자식의 믿음에 대해서 책임의식을 가져라. 나는 새로운교회 담임목사로서 우리 교회 성도들의 믿음에 책임의식을 갖는다. 리더라면 기도하고 격려하고 가르치는 등 어떤 방법을 동원해서라도 자신의 리더십 아래 있는 사람들이 다 일심동체로 하나님을 굳게 믿도록 해야 한다.

"여호와께 능하지 못한 일이 있겠느냐?" 하는 것은 하나님께서 반드시 약속을 지키시겠다는 강력한 의사 표명이다. 생리가 끊어진 여성으로서, 아이를 가질 수 없는 자신의 열악한 조건에만 집착하고 있는 사라의 불신앙을 하나님은 깨뜨리기 원하셨다.

"이는 힘으로 되지 아니하며 능력으로 되지 아니하고 오직 나의 영으로 되느니라"(슥 4:6).

하나님께서는 성취될 이삭의 탄생을 다시 한 번 새겨주셨다. 과거의 노예가 되지 않으려면 미래로 나가면 된다. 나쁜 것을 안 하려고 하지 말고 좋은 것을 하면 된다. 진정한 회복은 비전을 붙잡을 때 일어난다. 불신의 생각과 의심의 생각을 하지 않으려면 믿음의 생각과 비전의 생각을 하면 된다. 자신의 절망적 현실을 자꾸 묵상하지 말고 하나님의 약속에 집중하면 된다. 안 되는 이유만 생각하면 아무것도 안 된다. 사람이 무어라 해도 상황이 아무리 힘들어도, 오직 하나님의 약속만을 바라보라. 찬송가 가사처럼 "이 눈에 아무 증거 아니 뵈어도 믿음만을 가지고서 늘 걸으며" 나아가야 한다.

하나님과 아브라함의 대화를 몰래 엿듣던 사라는 나그네가 자신의 생각마저 읽어내는 것을 보고 너무나 놀랐다. 비로소 이 나그네가 하나님이심을 직감하게 된 것이다. 그리고 잠시나마 하나님의 약속을 의심하고 웃은 데 대해 당황하여 얼떨결에 거짓말을 한다. 참으로 코미

디 같은 어이없는 장면이다. 그러나 하나님은 믿음 없는 사라를 심하게 야단치지 않으셨다.

"아니다. 네가 (속으로) 웃었느니라."

이 말은 "네가 겉으로는 믿음이 있는 것 같지만 실제로는 안 믿고 있지 않느냐? 진심으로 믿지 않으니까 불안하고 두려운 것이다"라는 뜻이다. 하나님께서는 사라에게 불신의 웃음을 웃지 말고 어떤 불가능한 상황 속에서도 하나님을 믿으라고 촉구하신다.

믿음이란 겉으로 보이는 현상만 가지고 알 수 없다. 겉으로는 주일예배도 참석하고 성경책도 가지고 다니지만, 삶의 현장에서 위기의 순간과 맞닥뜨렸을 때 믿음으로 행동하지 않는다. 겉에 보이는 모습과 인간적 믿음으로는 소용이 없다. 하나님이 주시는 믿음을 가져야 한다. 속으로부터 불신의 웃음을 웃지 말아야 한다. 마음속으로부터 '예, 하나님 말씀만 믿습니다'라고 외쳐야 한다. 그래야 하나님이 기뻐하시면서 우리의 소원을 속히 이뤄주신다.

"믿음이 없이는 하나님을 기쁘시게 하지 못하나니 하나님께 나아가는 자는 반드시 그가 계신 것과 또한 그가 자기를 찾는 자들에게 상 주시는 이심을 믿어야 할지니라"(히 11:6).

축복의 첩경은 믿음이요 축복의 완성도 믿음이다. 겉과 속이 똑같은 믿음이다. 흔들림이 없는 믿음이다. 포기하지 않는 믿음이다. 어떤 상황 속에서도 초지일관하는 믿음으로 하나님을 기쁘시게 하자.

10

기도로 역사를 움직이다

태평양전쟁이 일본의 패배로 끝나는 것이 거의 확실시되던 1945년 중반에 만주와 중국 등지에 남아 있던 20만이 넘는 일본인들은 두려움에 떨지 않을 수 없었다. 한시라도 빨리 철수하여 본국으로 돌아가고 싶었지만 성난 중국인들이 곱게 보내줄 리 만무했다. 수년간 일본군이 중국과 만주에서 저지른 만행은 실로 끔찍했다. 수십만 명이 넘는 중국인들을 무자비하게 죽이고 겁탈하고 고문했다. 입장이 바뀌었다 해도, 어떻게 보복하지 않고 일본인들을 순순히 그냥 보내줄 수 있겠는가.

그런데 천만 뜻밖에도 중국 국민정부 주석 장제스(蔣介石)는 돌아가는 일본인들을 곱게 보내주라는 명령을 내렸다. 군벌 출신의 강골 장제스의 결정에 많은 사람들이 의아해하자 그가 말했다.

"일본인들이 우리 중국인들에게 저지른 만행을 생각하면 치가 떨린다. 그러나 지금도 일본의 죄를 사죄하며 우리 중국을 위해 기도하고 있을 가가와 도요히꼬 선생을 생각하면 일본인들에게 차마 보복할 수가 없다."

가가와 도요히코(賀川豊彦), 20세기 일본이 낳은 최고의 성자(聖者) 중에 하나로 불리는 그는 고베의 빈민굴에서 가난하고 병든 사람들을 자기 몸처럼 돌보며 복음을 전한 목사님이다. 제2차세계대전이 터지자, 일본의 전쟁 범죄를 규탄하다가 헌병대에 감금까지 당했던 그는 밤낮으로 일본이 저지른 죄를 용서해달라고 눈물로 기도했다. 훗날 이승만 대통령 집권 시절에는 한국을 방문하여 일본인으로서는 처음으로 일본의 한국 침략에 대해서 사죄한 인물이다.

가난하고 병약한 가가와 도요히코 목사님, 그 한 사람의 중보가 서슬이 퍼렇던 중국의 지도자 장제스의 가슴을 녹였고, 20만 일본인 피난민들의 목숨을 살린 것이다. 물론 장제스가 일본인들에게 보복하지 않는 데는 다른 여러 가지 정치적 원인들도 있었을 것이다. 그러나 가가와 도요히코라는 인물의 중보의 힘은 참으로 컸다.

훗날 믿음의 조상으로 불리게 되는 아브라함도 두 도시의 운명을 놓고 목숨을 건 중보자로 나서게 된다.

하나님이 찾으시는 사람

하나님과 천사들이 아브라함을 방문한 첫 번째 목적은 아브라함과 사라에게 이삭을 줄 것이라는 약속을 다시금 확인시켜 주기 위함이었다. 두 번째 목적은 소돔과 고모라를 심판하는 것이었다. 첫 번째 목적을 이룬 하나님 일행은 두 도시를 심판하기 위해 떠날 준비를 한다.

> 그 사람들이 거기서 일어나서 소돔으로 향하고 아브라함은 그들을 전송하러 함께 나가니라 여호와께서 이르시되 내가 하려는 것을 아브라함에게 숨기겠느냐 창 18:16,17

하나님은 항상 하나님의 백성을 축복하시지만, 동시에 하나님을 거역하는 죄의 무리들을 심판하신다.

"내가 하려는 것을 아브라함에게 숨기겠느냐?"라는 말로 미뤄보아 아마 하나님도 처음에는 그냥 가시려고 했다가 마음을 바꾸신 것 같다. '아니지, 아브라함한테는 얘기해야지' 하시며 돌아오셔서 하나님의 속마음을 아브라함에게 털어놓으셨다. 보통 우리가 하나님께 속마음을 털어놓아야 하는데, 하나님이 당신의 속마음을 아브라함에게 털어놓으셨다.

중보자가 되려면 아브라함처럼 하나님과 깊은 교제를 통한 신뢰관계가 구축되어 있어야 한다. 하나님은 자신과 평소에 친한 사람에게 하늘의 비밀을 알려주시기 때문이다.

"주 여호와께서는 자기의 비밀을 그 종 선지자들에게 보이지 아니하시고는 결코 행하심이 없으시리라"(암 3:7).

구약성경에 보면 아람 왕이 치밀한 전략을 가지고 이스라엘의 허점을 찾아서 전광석화처럼 공격하는데, 희한하게도 공격할 때마다 어떻게 알았는지 이스라엘 군이 번번이 지키고 있다가 반격해오는 바람에 낭패를 당한다. 이런 일이 한두 번도 아니고 계속 반복되니까 왕은 자신의 고위 참모들 중에 스파이가 있다고 단정하며 그들을 무섭게 추궁했다. 그러자 참모 중에 지혜로운 자가 왕에게 말했다.

"왕이여, 우리 중에 스파이가 있는 것이 아닙니다. 저 이스라엘에는 하나님의 선지자 엘리사가 있는데, 이스라엘의 하나님께서 우리가 은밀히 계획하는 일을 그에게 미리 말씀해주시고, 그는 그것을 이스라엘 군에 말해주기 때문에 우리가 성공하지 못하는 것입니다."

이 말을 듣고 아람 왕은 기가 질릴 수밖에 없었다(왕하 6:8~13 참조).

살면서 우리는 끊임없이 중요한 결정의 순간에 서게 된다. 이 사람과 결혼해도 되는지, 이 사람과 동업해도 되는지, 이 일을 해도 되는지 등 나의 경험과 지식 혹은 다른 사람들의 조언만 가지고는 판단이 안 서는 경우가 많다. 그런 때일수록 열심히 기도해야 한다. 우리 뒤에서 사람들이 어떤 무서운 정치적 음모를 꾸미고 악한 소문을 내든지 두려워하거나 불안해할 필요 없다. 하나님을 믿고 기도하는 사람에게는 하나님께서 그때마다 하늘의 은밀한 지혜를 주심으로써 위기를 비켜가게 하실 것이다.

그렇다고 현실을 무작정 무시하는 환상주의자가 되라는 것은 아니다. 하나님의 비밀은 내가 알려고 노력해서 되는 게 아니라 하나님이 필요한 때에 내게 보여주시는 것이다. 친한 사람에게는 마음에 있는 비밀을 털어놓듯 하나님은 당신과 친하고 지속적으로 교제하고 있는 사람에게 하늘의 비밀을 열어주신다.

하나님과 친하다는 것은 단순히 교회 다니는 수준을 넘어서는 것이다. 말씀과 기도생활이 깊어서 하나님의 음성을 듣고 그분의 인도하심을 느끼고, 그분의 지혜와 능력을 다운로드 받는 것이다.

하나님의 사람은 보통 사람들이 절망이라고 여기는 상황, 아무것도 안 일어나는 상황에서도 하나님의 환상을 본다. 그 환상의 범위는 단순히 개인이나 가족에 국한된 것이 아니라, 소돔과 고모라처럼 우리가 살고 있는 도시와 나라와 세계의 운명에 관한 하나님의 계획일 수도 있다.

밧모섬에 귀양을 가 있던 사도 요한에게 주님께서는 하늘을 열고 마지막날의 인류 역사의 종결을 보여주셨다. 악한 세력들의 최후 심판과 그 뒤에 임할 새 하늘과 새 땅, 그리고 흰옷을 입은 수많은 사람들이 모든 백성과 종족, 방언에서 나와서 하나님을 예배하는 엄청난 하늘의 영광을 보여주셨다. 하늘의 영광을 보고 난 사도 요한은 더 이상 로마 제국의 강대함에 주눅 들지 않았다. 하나님은 우리가 역사를 하나님의 눈으로 해석할 수 있는 영적 분별력을 갖기를 원하신다. 그래서 세상에 기죽지 않고, 불안해하지 않고, 하나님의 마음으로 세상을 위해 중보하기를 원하신다.

눈에 보이는 현실을 넘어 하늘의 영광을 볼 수 있게 해달라고 기도하자. 예배를 드리거나 기도하거나 잠자는 중에 하나님의 음성을 듣고, 하나님의 환상을 보게 해달라고 말이다. 그래서 눈에 보이는 세상의 현실을 보고 주눅 들거나 두려워하지 말고 담대하게 나아가자.

하나님께서 아브라함에게는 소돔과 고모라의 멸망 계획을 알려주어야겠다고 생각하시면서, 그에게 주신 비전을 다시금 되새기시는 이유는 무엇일까? 하나님은 자신의 뜻에 순종하는 사람들과 그 자손들을 통해 전 세계를 다스리고 축복하시는 큰 계획을 펼쳐나가실 것이다. 아브라함과 그 자손들이 하나님의 말씀을 순종하는 한 진정한 축복과 번영을 누리게 될 것이다.

이 위대한 하나님의 계획을 실현하는 데 있어서 필수적으로 따라오게 되는 것이 악인에 대한 심판이다. 하나님나라의 건설은 죄악을 없애는 것으로부터 시작한다. 우리의 옛 사람이 십자가에서 죽어야 성령의 새사람이 태어나듯, 새 하늘과 새 땅은 옛 하늘과 옛 땅이 사라지고 난 뒤에 세워진다. 하나님의 나라는 죄의 무덤 위에 결코 세워질 수 없다. 죄악에 대한 심판은 하나님의 새로운 약속 성취의 전주곡이다.

하나님의 역사에서 악인은 결코 땅을 오래 차지하지 못한다. 약속의 땅에서 가장 기름지고 좋았던 땅을 차지했던 소돔과 고모라가 불의 심판으로 멸망당한 것은 시작에 불과했다. 여호수아가 이끄는 이스라엘 백성들이 약속의 땅에 들어와서 그 무서운 가나안 족속들을 몰아낼 수 있었던 것도 그들의 죄를 하나님이 심판하셨기 때문이다.

"네가 가서 그 땅을 차지함은 네 공의로 말미암음도 아니며 네 마음이 정직함으로 말미암음도 아니요 이 민족들이 악함으로 말미암아 네하나님 여호와께서 그들을 네 앞에서 쫓아내심이라 여호와께서 이같이 하심은 네 조상 아브라함과 이삭과 야곱에게 하신 맹세를 이루려 하심이니라"(신 9:5).

훗날 이스라엘 백성들의 죄가 극에 달하자 하나님께서 다른 이방민
족들의 군대에 멸망당하게 하시고 약속의 땅에서 쫓아내셨다. 약속의
땅을 받고 싶고 그 축복을 오래 갖기를 원한다면 순종하라.

간절한 중보

"소돔과 고모라와 그 이웃 도시들도 그들과 같은 행동으로 음란하
며 다른 육체를 따라가다가 영원한 불의 형벌을 받음으로 거울이 되었
느니라"(유 1:7).

소돔과 고모라는 특히 성적인 타락, 동성애가 극심했다. 그 패역한
죄로 인해 그 이웃 도시들에까지 악한 영향이 미쳤다. 이로 인한 의인
들의 고통스런 부르짖음이 하나님께 들린 것이다.

사람들은 세상의 폭력과 음란, 폭정과 악행의 소식을 들을 때마다
한탄한다.

"하늘도 무심하지지, 어찌 저런 악한 자들을 그냥 놔두시나."

그러나 그냥 놔두시는 게 아니다. 죄는 소리를 낸다. 원통한 자와 무
고히 핍박을 당한 자들의 신음 소리를 하나님은 다 듣고 계신다. 죄는
하나도 남김없이 하나님의 저울에 쌓이고 있다. 어느 시점에 이르면
하나님의 심판이 반드시 터지게 되어 있다.

여호와께서 또 이르시되 소돔과 고모라에 대한 부르짖음이 크고 그
죄악이 심히 무거우니 내가 이제 내려가서 그 모든 행한 것이 과연

내게 들린 부르짖음과 같은지 그렇지 않은지 내가 보고 알려 하노라

창 18:20,21

하나님은 심판하시기 전에 오셔서 확인하신다. 하나님께서 타락한 소돔과 고모라의 실상을 자세히 알지 못하셔서가 아니다. 직접 내려가서 한 번 더 회개의 기회를 주시겠다는 의미이다. 죄악된 세상을 향한 하나님의 심판은 반드시 임한다. 주님이 다시 오시는 그날은 하나님의 백성들에겐 축제의 날이지만 하나님을 무시하고 함부로 죄를 지으며 살아온 사람들에게는 심판의 날이다. 세상이 갈수록 험해지고 죄악이 번성할수록 "왜 주님이 이렇게 더디 오시는가?" 하고 크리스천들은 개탄한다. 그러나 하나님의 마음은 죄인들이 최대한 많이 회개하고 돌아오는 것이다.

"주의 약속은 어떤 이들이 더디다고 생각하는 것같이 더딘 것이 아니라 오직 주께서는 너희를 대하여 오래 참으사 아무도 멸망하지 아니하고 다 회개하기에 이르기를 원하시느니라 그러나 주의 날이 도둑같이 오리니 그날에는 하늘이 큰 소리로 떠나가고 물질이 뜨거운 불에 풀어지고 땅과 그중에 있는 모든 일이 드러나리로다"(벧후 3:9,10).

하나님은 언제까지나 이 죄악된 세상의 악함을 좌시하시지 않을 것이다. 심판은 반드시 온다. 다만 하나님의 자비하심으로 한 영혼이라도 더 회개하고 돌아오기를 기다리시느라 심판의 시계 바늘이 조금 늦춰지고 있는 것뿐이다.

그 사람들이 거기서 떠나 소돔으로 향하여 가고 아브라함은 여호와
앞에 그대로 섰더니 아브라함이 가까이 나아가 이르되 주께서 의인을
악인과 함께 멸하려 하시나이까 _{창 18:22,23}

소돔과 고모라를 멸하시겠다는 하나님의 계획을 듣고 아브라함은
너무나 놀라고 충격을 받았다. 그리고 비통한 심정에 사로잡혔다. 소
돔과 고모라에 살고 있는 조카 롯 때문이었다. 자신을 배신하고 떠나
긴 했지만 아브라함은 아직도 조카를 사랑했다. 그래서 소돔과 고모라
에 전쟁이 일어나서 롯이 포로로 잡혀가자 위험을 무릅쓰고 사병들을
끌고 가 구해왔었다. 그래도 롯은 정신을 못 차리고 죄악의 땅 소돔과
고모라에 그대로 눌러살고 있었다.

아브라함은 하나님의 심판으로 롯의 가족이 꼼짝없이 도시와 함께
멸망당할 생각을 하니 눈앞이 캄캄했다. 어떻게든 하나님을 붙잡고 사
정해서 롯을 살려내야 했다. 그래서 천사들은 먼저 가고 아브라함만
여호와 앞에 그대로 섰다. 하나님께서도 아브라함이 할 말이 있는 것
을 아시고, 가시는 것을 미루고 아브라함의 말을 듣기로 하신 것이다.

23절을 보면 "아브라함이 하나님께 가까이 나아가 가로되"라고 되
어 있다. 아브라함은 하나님께 가까이 나아왔다. 정말 중요한 일을 말
씀드리려는 것이다. 하나님은 당신과 친밀한 사람들에게 하나님의 마
음에 있는 것들을 말씀해주시지만, 동시에 그 사람들의 마음에 있는
것들도 듣기를 원하신다. 하나님과 친밀한 사람들의 의견을 존중하시
고 큰 결정을 실행하시기 전에 그들과 대화하신다.

"여호와의 친밀하심이 그를 경외하는 자들에게 있음이여 그의 언약을 그들에게 보이시리로다"(시 25:14).

"여호와의 친밀하심이 그를 경외하는 자들에게 있다"라는 표현을 영어성경으로 보면 "하나님께서 하나님을 경외하는 자들과 의논해주신다"는 뜻이다. 친밀한 사람들에게 하실 일을 의논해주실 뿐 아니라 그들의 의견을 존중해서 마음을 바꾸기도 하신다. 이스라엘 백성들이 광야에 있었을 때 하나님을 거역하고 패역하자 하나님께서는 그들을 멸하고 모세만 남겨서 새로운 민족을 시작하시고자 하셨다. 그러나 모세가 눈물로 하나님께 호소하며 기도하여 진노의 심판을 막았다. 하나님의 사람의 소리는 하나님이 그토록 존중하신다.

아브라함은 눈물로 하나님께 빌기 시작한다.

> 그 성 중에 의인 오십 명이 있을지라도 주께서 그곳을 멸하시고 그 오십 의인을 위하여 용서하지 아니하시리이까 주께서 이같이 하사 의인을 악인과 함께 죽이심은 부당하오며 의인과 악인을 같이 하심도 부당하니이다 세상을 심판하시는 이가 정의를 행하실 것이 아니니이까
>
> 창 18:24,25

아브라함의 애절한 마음이 느껴진다. 그는 어떻게든 롯을 살려달라고 하고 싶은데, 대놓고 "롯을 좀 살려주세요!"라고 할 수는 없으니까 간접적으로 돌려서 하나님의 공의에 호소한다. 소돔과 고모라는 죄악으로 인해 멸망당해 싸다는 것을 아브라함도 인정한다. 그러나 어찌

의인을 악인과 함께 멸하실 수 있느냐는 것이다. 소돔과 고모라에 의인이 50명이라도 산다면 그들이 악인들과 같이 멸망당하는 것은 하나님의 정의에 어긋나는 일이 아니냐는 것이다. 그러니 50명의 의인들을 봐서 도시 전체를 심판으로부터 면해주실 수 있지 않느냐는 것이다.

하나님은 아브라함의 제안에 너무 쉽게 응낙하시면서 의인 50명만 있으면 소돔과 고모라를 멸망시키지 않겠다고 하셨다. 아브라함은 하나님이 쉽게 자신의 첫 번째 안을 받아들여주시자 속으로 정말 좋았다.

하나님은 우리가 생각하는 것보다 훨씬 더 은혜로운 분이다. 그분의 은혜는 항상 파격적이다. 우리가 괜히 속으로 하나님이 무서운 분일 거라고 생각해서 그렇지 실은 하나님은 참으로 좋은 분이며 은혜로우신 분이다. 실제로 하나님을 만나보면 하나님은 듣던 것보다 훨씬 자비로우신 분임을 알게 된다. 아무리 무거운 죄가 있어도 주님께 고백하면 용서함을 받고 아무리 힘든 일이 있어도 주님께 고하면 해결함을 받을 것이다. 내가 좋아하는 찬송가 〈죄짐 맡은 우리 구주〉 가사처럼.

"주께 고함 없는 고로 복을 얻지 못하네. 사람들이 어찌하여 아뢸 줄을 모를까."

하나님의 파격적인 은혜에 놀라면서도 아브라함은 순식간에 불안해졌다. 죄악된 도시 소돔과 고모라에 과연 의인이 50명이라도 있을지 자신이 없어졌던 것이다. 그래서 허겁지겁 어린아이처럼 다시 하나님 앞에서 의인의 숫자를 좀 깎기 시작한다.

"의인 45명만 있으면, 아니 40명만 있으면, 아니 30, 아니 20명, 아니 10명만 있으면…."

하나님 앞에서 이렇게 말하는 아브라함의 모습을 생각하면 얼마나 측은한가. 엄청난 재산과 부하들을 거느린 백 살이나 된 중후한 대족 장의 위신과 체면 따위는 다 팽개쳐버렸다. 자신을 티끌이나 재와 같다고 하면서 겸손히 낮추었다. 그것도 자신을 배신하고 떠난 조카 롯과 죄악에 가득 찬 소돔과 고모라 사람들을 위해서 하나님 앞에 자존심을 다 버리고 사정하는 그의 모습에서 우리는 십자가에서 돌아가신 중보자 예수 그리스도의 모습을 본다. 하나님을 버리고 죄의 길로 가버린 우리를 구원하기 위해 십자가에서 돌아가신 주님, 십자가에 못 박히서도 자신을 못 박은 무리들을 용서해달라고 기도하시던 주님을 말이다.

"우리는 다 양 같아서 그릇 행하여 각기 제 길로 갔거늘 여호와께서는 우리 모두의 죄악을 그에게 담당시키셨도다"(사 53:6).

우리 모두가 그 사랑의 희생으로 인해 죄 사함을 얻고 하나님의 자녀가 되었다. 그 주님의 영이 아브라함에게서 느껴진다.

기도를 기다리시는 하나님

아브라함이 계속 의인의 숫자를 조절해가며 하나님을 설득한 것처럼 보이지만, 사실은 하나님 안에 죄인을 향한 자비의 마음이 있었기에 설득당해주신 것이다.

"너는 그들에게 말하라 주 여호와의 말씀이니라 나의 삶을 두고 맹세하노니 나는 악인이 죽는 것을 기뻐하지 아니하고 악인이 그의 길에서 떠나 사는 것을 기뻐하노라 이스라엘 족속아 돌이키고 돌이키라 너희 악한 길에서 떠나라 어찌 죽고자 하느냐 하셨다 하라"(겔 33:11).

하나님께서는 오히려 하나님의 친구 아브라함의 중보기도를 기다리셨던 것이다. 롯을 향한 아브라함의 사랑의 마음은 실은 하나님이 주신 것이요, 죄인을 사랑하는 하늘 아버지의 마음을 닮은 것이다.

중보기도를 하면서 우리는 하나님의 마음을 더욱 깊이 알게 된다. 그러면서 하나님을 더욱 사랑하게 되고, 사람을 더욱 사랑하게 된다. 바로 이것이 하나님이 원하시는 것이며 세상을 변화시키는 크리스천의 경쟁력이다.

소돔과 고모라가 멸망당하게 된 것은 그 안에 가득한 죄악 때문이기도 하지만 결정적으로 그 안에 10명의 의인도 없었기 때문이다. 의인은 완벽하게 죄 없는 사람이 아니다. 의인은 죄를 회개하고 하나님을 믿어 하나님의 백성이 된 사람을 말한다.

아무것도 아닌 것 같지만 의인의 존재 자체가 얼마나 큰 차이를 만드는가. 그 지역에 심판과 생명의 차이를 만든다. 하나님의 사람인 당신이 어떤 시대, 어떤 지역에 존재한다는 그 자체가 얼마나 축복인지 모른다. 그래서 하나님의 백성들은 썩어져가는 세상 속으로 힘들어도 자꾸 들어가 살아야 하는 것이다.

10명이면 롯의 직계가족들보다 조금 많은 숫자다. 아브라함은 롯이 적어도 자기 가족들과 주위 친구들 몇 명에게는 영적 영향력을 미쳤으리라 생각했을 것이다. 그러나 다음 장에 보면 알겠지만 롯은 자기 사위들에게도 전혀 영적 영향력을 못 주고 있었다. 하나님의 사람은 적어도 자기 주위 사람들에게 거룩한 영향력을 끼치고 있어야 한다. 그런데 롯은 간신히 자기만 구원받을만한 믿음, 그것도 삼촌 아브라함의 중보 덕분에 살아날만한 믿음만 가지고 있었다.

롯이 자기 주위 사람들만 제대로 전도했어도 소돔의 멸망을 막을 수 있었다. 아무것도 아닌 것 같아도 한 사람이 정말 중요하다. 진정한 하나님의 사람이라면 적어도 자기 주위 사람들에게는 확실한 복음의 증인이 되어야 한다.

미국의 유명한 전도 프로그램의 창설자는 한 젊은 사업가였는데, 어느 날 식당에 갔다가 너무나 우울한 표정을 하고 있는 여종업원을 만났다고 한다. 그때 '저 아가씨에게 복음을 전하라'는 하나님의 음성을 들었는데 많은 사람들이 지켜보고 있는 고급 식당에서 전도하는 것이 민망해서 그냥 있었다는 것이다. 한 시간 정도의 식사가 끝나고 그가 식당을 나서는데 갑자기 화장실 쪽에서 총성이 들렸다. 바로 그 아가씨가 권총으로 자살을 한 것이다.

이 사업가는 뒤통수를 망치로 얻어맞은 듯했다. 하나님 말씀대로 복음을 전했더라면 그녀가 비참한 최후를 맞지 않았을 거라는 생각에 너무나 미안하고 가슴 아파서 다시는 자기 같은 사람이 없어야 한다는 마음으로 삶의 현장에서 실천하는 전도 프로그램을 창설하게 됐다.

"인자야 내가 너를 이스라엘 족속의 파수꾼으로 삼음이 이와 같으니라 그런즉 너는 내 입의 말을 듣고 나를 대신하여 그들에게 경고할지어다 가령 내가 악인에게 이르기를 악인아 너는 반드시 죽으리라 하였다 하자 네가 그 악인에게 말로 경고하여 그의 길에서 떠나게 하지 아니하면 그 악인은 자기 죄악으로 말미암아 죽으려니와 내가 그의 피를 네 손에서 찾으리라 그러나 너는 악인에게 경고하여 돌이켜 그의 길에서 떠나라고 하되 그가 돌이켜 그의 길에서 떠나지 아니하면 그는 자기 죄악으로 말미암아 죽으려니와 너는 네 생명을 보전하리라"(겔 33:7-9).

우리 주위에 있는 하나님을 모르는 모든 사람들에게 반드시 한 번은 복음을 전해야 한다. 그래야 훗날 주님 앞에 설 때 부끄러움이 없을 것이다. 결코 이 문제로 영원한 후회를 남겨선 안 되리라.

롯과 같은 이기적인 사람들, 배신하는 사람들, 사랑받을 자격이 없는 사람들을 위해서 열심히 중보하는 아브라함. 우리같이 못난 죄인들을 위해 십자가에서 죽으시고 지금도 하나님 앞에서 중보하시는 예수님. 우리도 아브라함과 예수님의 마음을 품고 살자. 서울은 현대판 소돔과 고모라와 같다. 너무나 물질적이고 무정하고 음란하다. 심판이 눈앞에 이르렀는데도 그것을 알지 못하고 함부로 살아가는 사람들이 하나님을 믿고 돌아오도록 매일 눈물로 중보해야 한다.

11

피할 수 없는 심판

인류의 종말, 지구 최후의 날에 대해서 많은 학설들이 있었고
그것들을 소재로 영화도 많이 만들어졌다. "인류는 핵전쟁으로 망할
것이다. 컴퓨터들이 인간을 멸망시킬 것이다. 바이러스가 퍼져 다 죽
을 것이다. 외계에서 혜성이 와서 지구와 충돌하며 대멸망이 일어날
것이다. 환경 파괴로 인해 빙하기가 다시 도래할 것이다" 등 수많은 상
상들이 있다. 영화 〈2012〉 또한 그런 맥락에서 만들어진 인류 최후의
날을 상상한 재난영화다(고대 마야인들의 달력이 2012로 끝나며, 그때는 태양과
모든 행성들이 직렬하면서 땅이 갈라지고, 그 속에 있던 마그마와 유황이 흘러나와 사
방이 불바다가 된다. 대륙과 대륙을 연결하는 지각 대변동이 일어나며 거대한 쓰나미
가 밀려오면서 지구가 멸망한다는 내용).

　나는 이 영화를 보면서 속으로 섬뜩했다.

'2012년이면 얼마 남지 않았는데?'

성경은 분명히 말한다. 우리가 살고 있는 이 하늘과 땅은 반드시 종말을 맞이할 것이라고. 하나님이 새 하늘과 새 땅을 세우실 것이며 종말은 우리가 전혀 생각지도 못한 때 돌연히 임할 것이라고. 수천 년 전의 소돔과 고모라 멸망 사건은 장차 다가올 지구 마지막날의 심판의 작은 모형이라고 할 수 있다.

세상적 크리스천의 비극

롯이 소돔에 있었다는 사실 자체보다 그가 왜 거기에 있었는가가 중요하다. 다니엘이 살았던 바벨론과 요셉이 살았던 애굽과 에스더가 살았던 페르시아도 음란하고 물질적이고 폭력적인 죄악의 땅이었다. 그러나 그들은 하나님의 사명을 받고 거기에 보내진 것이다. 그리고 그들은 죄악된 세상 속에서 빛과 소금으로 거룩한 영향력을 끼침으로써 하나님의 사명을 완수했다.

그러나 롯은 하나님의 사명을 받고 간 것이 아니라 욕심 때문에 소돔으로 갔다. 당시 가장 기름지고 세련된 도시 소돔에 반해서 삼촌 아브라함을 버리고 이사했으며, 전쟁을 만나 모든 것을 다 잃어버렸으면서도 정신을 못 차리고 거기에 머물러 있었다.

롯이 처음부터 세상적인 사람은 아니었다. 삼촌 아브람과 함께 하나님의 부르심에 순종하여 갈대아 우르를 떠나 머나먼 약속의 땅까지 비전의 모험을 함께한 사람이었다. 그러나 중간에 소돔과 고모라의 매력에 취해 약속의 땅을 떠나버렸다. 소돔과 고모라는 겉으로는 풍요하고 세련되고 문화적으로 앞서가는 최첨단 도시였지만, 그 속은 말할 수 없이 도덕적으로 타락한 죄의 도시, 하나님 보시기에 악한 곳이었다. 그러나 사람들은 돈과 명예와 재미를 준다면 악해도 그런 곳에 가서 살고 싶어 한다. 크리스천들도 그렇다. 롯도 그랬다. 그래서 처음엔 아브라함과 비전의 인생을 가다가 중간에서 포기하고 세상으로 돌았다.

"사람은 환경의 노예"라는 말이 있다. 언제, 어디에 사느냐에 따라서 어쩔 수없이 겪어야 하는 아픔들이 있다. 북한에 태어나면 누구나 예외 없이 무서운 굶주림을 경험해야 한다. 미국 대도시에 살면 밤에 밖에 다니지 못할 정도로 마약과 범죄의 위험에 노출된다. 서울 시내에 살면 어쩔 수 없이 자동차 매연과 나쁜 공기를 마시고 살아야 한다. 롯도 소돔에 살기로 선택했기 때문에 어쩔 수 없이 소돔과 고모라의 죄악에 그대로 노출될 수밖에 없었다.

"무법한 자들의 음란한 행실로 말미암아 고통당하는 의로운 롯을 건지셨으니 이는 이 의인이 그들 중에 거하여 날마다 저 불법한 행실을 보고 들음으로 그 의로운 심령이 상함이라"(벧후 2:7,8).

롯은 구원받은 사람이었다. 그래서 성경이 롯을 '의롭다'고 한 것이다. 그러나 그는 중간에서 욕심 때문에 죄인들의 땅으로 가서 그 쾌락을 적당히 함께 누리며 살았다. 그 과정에서 날마다 양심의 가책이 있었다. 환경이 좋으니까 처음엔 좋았지만 갈수록 괴로워졌다. 하나님의 사람은 아무리 육체적인 환경이 편해도 영적으로 불편하면 견디기 어렵다. 영적인 회색지대에 있으면 영혼이 탈진된다. 자신이 있어야 할 곳이 그곳이 아님을 은연중에 깨달은 롯은 떠나야 한다는 생각도 했을 것이다. 하지만 그러기엔 너무 늦어 있었다. 그의 사업 기반과 인간관계가 거기에 다 있었기 때문이다.

이것이 세상적인 크리스천의 문제다. 잘못된 줄 알면서도 고치지를 못한다. 그래서 세상에 대한 미련으로 소돔과 고모라를 떠나지 못하고 타협하는 크리스천의 삶을 계속 살았다. 세상 사람들과 그럭저럭 잘 지내며 세상의 단물을 먹으며 그냥저냥 살았다. 그런데 그 이중적인 삶이 하나님의 심판 앞에 무너지는 날이 온 것이다.

> 저녁 때에 그 두 천사가 소돔에 이르니 마침 롯이 소돔 성문에 앉아 있다가 그들을 보고 일어나 영접하고 땅에 엎드려 절하며 창 19:1

롯은 소돔 성문에 앉아 있었다. 이것은 그가 도시의 유력자였음을 의미한다. 당시에는 성읍의 지도자격 인물이 성문에 앉아서 사람들의 분쟁을 해결해주곤 했다. 아마 지난번 전쟁 때 롯의 삼촌 아브라함이 소돔 사람들을 구해낸 후에 조카 롯도 그 후광을 입고 소돔성의 유력자로 부상했는지도 모른다.

하나님과 천사들을 알아본 아브라함처럼 롯도 단번에 하나님의 천사들을 알아보았다. 그렇지 않고서야 나그네를 영접하면서 롯같이 돈도 있고 지위도 있는 어른이 땅에 엎드려 절까지 했겠는가. 롯의 인생에 처음으로 직접 하나님의 사자(使者)를 만난 순간이다. 생각해보면 아브라함과 롯의 차이는 하나님을 만나 직접 그분의 음성을 들었는가에 있었다. 단순히 교회만 나오는 게 아니라 아브라함처럼 하나님을 직접 만나고 그분의 음성을 들어야 한다.

왜 하나님께서 롯에게는 아브라함을 찾듯이 찾아주지 않으셨을까? 물론 하나님의 주권적 선택이었겠지만, 롯이 하나님을 믿는다 하면서도 세상을 열심히 바라보고 있었기 때문이다. 세상을 너무 열심히 바라보고 있는 사람에게는 하나님의 음성이 잘 들리지 않는다. 하나님을 향한 목마름이 없는 사람에게 하나님은 잘 오시지 않는다. 그러나 소돔에서 이중적인 삶을 살면서 롯도 마음에 갈등이 많았다. 영적으로 목마름이 생겼다. 그래서 방문한 두 천사들에게서 하나님의 체취(體臭), 뭔가 거룩한 느낌을 받은 것이다.

롯은 처음엔 거절하는 하나님의 천사들을 간곡히 설득하여 자기 집으로 모신다. 하나님을 만나고 알아본 사람은 결코 하나님을 그냥 보내지 않는다. 자기 집으로 모셔서 최고의 음식을 대접하는 롯처럼 미루지 않고 자신의 최고를 드린다. 아직 백퍼센트 하나님의 천사들이란 확신을 갖진 못했지만 그는 나그네들을 극진히 대접한다.

롯의 집에 손님들이 왔다는 뉴스가 어떻게 된 셈인지 순식간에 소돔 성내에 다 퍼졌다. 요즘 같으면 휴대폰 문자메시지나 페이스북이나 트위터로 순식간에 소문이 쫙 퍼진 것이다. 그리고 믿기지 못할 일이 벌어졌다. 인근 각지에서 노인과 청년, 어린아이 할 것 없이 다 몰려와서 그에게 손님들을 내놓으라고 했다. "우리가 그들을 상관하리라"라는 말은 동성애를 포함한 난잡한 성관계를 갖겠다는 것이다. 처음 보는 나그네들을 집단 성폭행하겠다는 것이다. 노소를 막론하고 몰려와서 이 난리를 피웠다는 것은 당시 소돔의 죄악이 얼마나 극에 달했는가를 보여준다.

간신히 구원 얻는 믿음

롯은 하나님의 천사들을 보호하기 위해 자신의 두 딸까지 내어놓으며 최선을 다했다. 그러나 흥분한 군중들은 오히려 롯에게 더욱 폭언을 퍼부었다. 음란과 폭력은 동전의 앞뒷면과 같다.

특히 이들은 평소에 롯에 대한 감정이 좋지 않았다. 아무리 소돔성 내에서 재산도 모으고 유력자가 되었어도 외부인은 영원한 이방인인 것이다. 미국이나 유럽에 사는 교포들은 이것을 피부로 자주 체험한다. 그곳에서 아이를 낳고, 언어를 배우고, 직장을 잡고, 집을 사고 살면 그 나라 사람일 것 같은데, 불경기가 터지거나 문제가 생기면 소수민족을 향한 인종차별이 노골적으로 가해진다. 구조조정의 최우선순위가 되고 테러와 차별의 대상이 된다.

1992년에 미국 LA에서 터진 4·29 폭동 때 나는 그곳에 살고 있었는데, 그때 이민자의 설움이 어떤 것인지 똑똑히 보았다. 분명히 사건의 발단은 백인 경찰이 한 흑인을 이유 없이 폭행한 것이었는데, 그 피해는 애꿎은 한인들 가게에 집중되어 수많은 피와 땀의 결정체들이 잿더미로 변해버렸다. 남의 땅에 와서 사는 이방인이란 그런 것이다. 평소에는 별 차이 없는 것 같다가 위기 상황이 발생하면 가장 먼저 희생양이 된다.

특히 롯이 처한 상황을 영적으로 해석하면 이렇다. 하나님의 사람이 세상과 어울리고 살면 영원히 세상이 친구가 되어줄 것 같지만 결코 그렇지 않다. 세상이 우리에게 잘해주는 것은 우리가 이용 가치가 있을 때까지다. 탕자가 돈이 있는 한 세상이 살기 괜찮았다. 그러나 돈이 떨어지는 순간 지옥이 찾아왔다. 결정적인 순간에 세상은 당신을 버릴 것이다. 몰려드는 성난 군중 앞에서 롯 자신의 안전도 장담할 수 없게 되었다. 그러나 하나님의 천사는 악한 세상의 공격 앞에서도 하나님의 사람들을 능히 보호하신다.

하나님의 천사들은 즉시 롯을 집안으로 끌어들이고 문을 닫으며, 순식간에 군중의 눈을 어둡게 해버렸다. 경악한 그들은 패닉 상태에 빠져 헤매었다. 그 순간 롯은 자신을 방문한 나그네들이 의심할 여지가 없는 하나님의 사자들임을 깨닫게 되었다. 이들이 자신을 방문한 데는 뭔가 중요한 목적이 있다는 것을 알고, 천사들의 명령에 절대 순종해야겠다는 결심이 굳어졌을 것이다.

천사들은 롯뿐 아니라 "롯에게 속한 모든 자들", 즉 그의 영향권 안에 있는 모든 사람들을 다 구하려고 했다. 그러면서 하나님께서 이 도시를 곧 멸망시키실 것이라는 무서운 소식도 전해주었다. 이제 롯은 자신에게 속한 모든 사람들에게 이 소식을 전해서 데리고 나갈 일이 남았다. 그것도 얼마 안 되는 짧은 시간에!

구원은 시급한 것이다. 머뭇거릴 시간이 없다. 우리에게 시간이 많은 것 같지만 그렇지 않다. 심판의 날은 순식간에 눈앞에 닥쳐올 것이다. 돈도 명예도 순식간에 없어진다. 바로 지금이 하나님을 믿을 때요,

전도할 때이며, 헌신할 때이다.

롯에게는 엄청난 특권이 주어졌다. 그는 누구든지 자신이 원하는 사람은 다 데리고 갈 수 있었다. 우리에게도 하나님께서 그런 특권을 주셨다. 누구든 복음을 전해서 훗날 천국에 갈 때 함께 데려갈 수 있는 특권 말이다. 롯의 처와 딸들은 직계가족이니 일단 롯의 말을 따랐지만 딸과 결혼할 사위들이 문제였다. 그들은 이 땅을 하나님이 멸하실 것이라는 롯의 말을 듣고 피식 웃으며 농담으로 여겼다. 이 중요한 말을 하는데도 그들이 농담으로 여겼다는 것은 롯이 평소에 그들에게 전혀 영적인 영향력을 주지 못했다는 얘기다.

어쨌든 하나님의 구원의 손길을 거부한 사위들에게는 더 이상 기회가 주어지지 않았다. 이미 심판날의 해가 떠오르고 있었다. 천사들은 롯과 식구들을 성 밖으로 이끌어내라고 했다. 심판을 피하는 유일한 길은 죄악의 늪에서 빠져나오는 것이다. 죄악된 과거와 단절해버려야 한다. 성경은 "그러나 롯이 지체했다"(16절)라고 했다. 그 긴박한 순간에도 그는 마지막까지 소돔을 떠나기를 꺼려했다. 그곳 사람들이 자신과 가족을 해하려고 하는데도, 하나님의 심판이 임한다고 하는데도 그는 소돔을 떠나기를 망설였다. 그 땅에 쌓아놓은 재물이 많고, 그 땅이 주는 재미가 너무 좋았기에 미련을 떨칠 수가 없었던 것이다. 하나님의 관심은 롯의 생명과 그 영혼의 구원에 있었는데 정작 당사자인 롯의 관심은 금방 잿더미가 될 세상의 돈과 쾌락에 있었던 것이다.

세상과 하나님을 동시에 섬기려는 타협적 크리스천의 갈등이다. 하나님의 명령대로 움직이는 발걸음을 세상에 대한 애착이 붙잡는 것이다. 지금 당신으로 하여금 하나님을 따라나서는 것을 지체하게 하는 것은 무엇인가?

롯의 우유부단한 신앙에도 불구하고 하나님의 천사는 강권적으로 그의 가족의 손을 붙잡고 성 밖으로 끌어냈다. 사실 하나님이 뭐가 아쉬워서 싫다는 롯을 이렇게 억지로라도 살려내셔야 했겠는가. "평안 감사도 저 싫으면 그만"이라는데 죽음에서 구원해주겠다는데도 세상에 대한 미련을 못 버리는 롯. 우리 같으면 "그럼 관둬라. 못된 녀석, 고마운 줄도 모르고" 하면서 포기했을 것이다. 그러나 하나님은 끝까지 그를 끌어내셨다.

성경은 이것이 '하나님의 자비'라고 말한다. 자비(慈悲)는 불교의 고유 용어가 아니다. 자비의 극치는 하나님이시다. 가만 두면 우리 인간은 끝까지 세상에 대한 미련을 못 버리고, 우왕좌왕하다가 세상과 함께 멸망당한다. 오직 하나님의 은혜로 우리는 죄악의 땅을 떠날 수 있다.

롯의 가족을 소돔 땅 밖으로 이끌어낸 뒤에 천사들은 계속 도망하라고 했다. 도망할 때 돌아보지 말라고 했다. 이것은 하나님의 거룩한 심판을 호기심에 찬 육신의 눈으로 바라보지 말라는 것이며, 소돔에 두고 온 재물과 쾌락에 미련을 갖지 말라는 것이다. 그러나 하나님의 그 엄중한 경고에도 불구하고, 이를 어긴 롯의 아내는 순식간에 소금 기둥으로 변해버렸다. 롯이 얼마나 놀라고 비통했겠는가. 그녀는 소돔에 대한 미련이 너무 강했다. 두고 온 재산에 대한 미련이 너무 강했다.

하나님의 사람은 이미 과거로 돌아갈 수 없는 사람들이다. 과거가 아무리 좋고 화려했다 해도 과거로 돌아가면 죽는다. 우리는 죄의 땅에서, 사탄의 권세로부터 빠져나왔다. 이제 푯대를 향하여 전진해야 한다. 그런데 자신도 모르는 사이에 과거로 돌아가려 한다. 과거로 돌아가지 마라. 뒤를 돌아보면 소금기둥이 된다. 마비되어버린다.

하나님께서 왜 도망가는 롯에게 들에 머물지 말라고 했을까? 하나님의 심판은 소돔과 고모라뿐 아니라 사해 연안의 물과 초장이 풍부한 평원 도시 모두를 덮을 것이었다. 당시 소돔과 고모라가 위치한 지역은 사연성 아스팔트와 유황이 풍부했다. 지진이 발생하면 가스가 섞인 뜨거운 유황불이 분출하고, 거기에 번개가 내리면 도시 전체가 불바다가 되어버린다. 그래서 불의 심판을 피하기 위해서는 낮은 평야지대가 아닌 높은 산으로 올라가야만 했다.

지금은 다 사막이 되었지만 당시의 소돔과 고모라가 위치한 지역은 물과 숲, 푸르른 들판으로 이뤄진 최고의 풍요로운 지역으로 요즘 같으면 부동산 가격이 제일 높은 땅이었다. 그러나 하나님의 불 심판이 임할 때는 평소에 좋았던 곳이 오히려 최악의 심판지로 변해버린다. 그러니 이 땅의 것들을 너무 사랑하지 말라.

롯은 소돔과 고모라만 간신히 벗어나는 것이 아니라 아주 완전하게 죄의 지역을 벗어나야만 했다. 그래야 살 수 있었다. 옛 사람을 완전히 벗어버려야 한다. 죄의 땅에서 완전히 나와야 한다.

하나님의 사람들은 심판의 날을 두려워하지 않는다. 처음부터 죄 많은 이 세상은 우리 집이 아니기 때문이다. 하나님을 믿은 바로 그 순간부터 우리는 하늘나라 시민이다. 그래서 옛 하늘과 옛 땅은 잠시 통과하는 것일 뿐, 거기에 큰 미련을 두지 않는다.

"하나님의 날이 임하기를 바라보고 간절히 사모하라 그날에 하늘이 불에 타서 풀어지고 물질이 뜨거운 불에 녹아지려니와 우리는 그의 약속대로 의가 있는 곳인 새 하늘과 새 땅을 바라보도다"(벤후 3:12,13).

세상이 아무리 크고 화려해보여도 주눅 들지 말라. 다 순식간에 사라질 것이다. 땅에 살지만 우리의 영원한 집은 천국임을 항상 기억하라!

18절부터 20절까지를 보면, 허겁지겁 도망 나오느라고 지치고 공포에 사로잡힌 롯이 도저히 산악 지역까지 도망갈 힘이 없다고 천사에게 하소연한다. 자기가 가는 길에 재앙이 덮칠 것 같다고 했다. 눈앞에 보이는 가까운 작은 성읍으로 도망하게 해달라고 했다. 정말 롯은 하나님의 은혜로 가까스로 구원받았다. 그런데 자기 생명이 경각에 달렸는데 엄살을 떨고 있다. 하나님이 분명히 갈 수 있는 능력을 주실 터인데도 그는 엄살을 떨면서 주저앉아버린다. 하지만 하나님은 참 좋은 분이셔서 그런 한심한 롯을 있는 그대로 받아주셨다. 그 수준에 맞춰주신다.

"내가 이제까지 네 소원을 다 들어주고 구원해주었는데, 그걸 못 들어주겠느냐? 산에까지 갈 힘이 없다면 그 작은 성으로라도 들어가라. 너 때문에 그 성을 멸하지 않겠다. 빨리 가라. 네가 그리로 들어가야 내가 심판을 내릴 것이다."

이것이 하나님의 사랑이다. 롯의 형편없는 믿음, 엄살 부리는 믿음을 야단치지 않으시고 구원해주신다.

심판을 준비하는 삶

심판은 정확하게 임했다. 소돔과 고모라의 지각이 터지며 유황이 가득한 마그마가 흘러나오고, 하늘에서 번개와 불비가 내리며 생지옥이 되었다. 그 지역 전체가 완전히 잿더미가 되어버렸다. 소돔과 고모라의 멸망을 보면서 우리는 심판의 돌연성에 충격을 받지 않을 수 없다. 심판은 갑자기 임했다. 평범한 일상을 시작하던 소돔과 고모라 사람들은 하루아침에 자신들의 운명이 끝나리라고는 생각지도 못했을 것이다.

"그러나 주의 날이 도둑같이 오리니 그날에는 하늘이 큰소리로 떠나가고 물질이 뜨거운 불에 풀어지고 땅과 그중에 있는 모든 일이 드러나리로다"(벧후 3:10).

당시 소돔과 고모라는 겉으로 보기에는 최고의 경제적 문화적 도시였다. 소위 잘나가는 사람들이 최고급 패션을 구가하며 멋있게 살아가는 뉴욕의 맨해튼, 프랑스의 파리, 아시아의 홍콩이나 서울 같은 도시였다. 사람들은 그날도 여느 때처럼 일어나 바쁜 일상을 시작하려고 했을 것이다. 요즘 서울로 표현해보면 전날 밤새도록 파티하고 즐기며 잠들었다가, 다음날 아침에 출근하러 일어나려고 했을 것이다. 일찍 일어난 사람들은 해장국을 먹거나 맥도날드나 스타벅스에서 간단한 커피와 샌드위치로 아침을 때우며, 조간신문을 읽거나 인터넷을 검색하거나 텔레비전 아침뉴스를 들으며 하루를 시작했을 것이다. 좀 부지런한 사람들은 헬스클럽에서 아이팟 이어폰을 귀에 꽂고 열심히 땀을 흘리면서 하루를 시작했을 것이다.

그런데 아침 햇살이 그날따라 유달리 눈부시다 했더니 번쩍 하면서 엄청난 마그마 같은 불물이 덮쳐온다. 앞에 선 사람들이 비명과 함께 순식간에 잿더미가 되는 광경을 보면서 사지가 마비되어 버린다. 눈앞이 캄캄하고 숨이 막힌다 싶었는데 온몸이 찢어지는 것 같은 뜨거움이 느껴지는 순간 모든 상황이 끝난다. 그날 소돔과 고모라 사람들의 운명은 그렇게 끝이 났을 터이다. 이것은 장차 다가올 마지막 심판 때도 마찬가지다.

"노아의 때에 된 것과 같이 인자의 때에도 그러하리라 노아가 방주에 들어가던 날까지 사람들이 먹고 마시고 장가들고 시집가더니 홍수가 나서 그들을 다 멸망시켰으며 또 롯의 때와 같으리니 사람들이 먹고 마시고 사고팔고 심고 집을 짓더니 롯이 소돔에서 나가던 날에 하늘로부터 불과 유황이 비 오듯 하여 그들을 멸망시켰느니라 인자가 나타나는 날에도 이러하리라"(눅 17:26-30).

마지막 때는 항상 준비되어 있어야 한다. 그날이 바로 내일일 수도 있다.

롯이 잘나서 구원받은 것이 아니라 아브라함의 중보기도로 인해 하나님께서 그를 구원하신 것이다. 그러나 그는 몰랐다. 우리도 마찬가지다. 우리가 잘나서가 아니라 중보자 예수 그리스도의 은혜로 구원받았다. 예수님의 십자가 사랑으로 우리는 죽음에서 구원받았다.

"우리가 아직 죄인 되었을 때에 그리스도께서 우리를 위하여 죽으심으로 하나님께서 우리에 대한 자기의 사랑을 확증하셨느니라 그러면 이제 우리가 그의 피로 말미암아 의롭다 하심을 받았으니 더욱 그로 말미암아 진노하심에서 구원을 받을 것이니"(롬 5:8,9).

우리를 위해 돌아가신 예수 그리스도의 사랑을 늘 묵상하면서 살아야 한다. 주님께서 갈보리 십자가에서 하나님의 진노의 심판을 대신 받지 않았다면 우리는 영원히 죽었을 것이다. 주님께서 지금도 날마다 하나님 앞에서 우릴 위해 중보해주시지 않는다면 우린 한시도 버텨낼 수 없을 것이다. 우리는 오직 주님의 은혜로 살아났고, 현재도 오직 주님의 은혜로 살고 있으며, 앞으로도 오직 주님의 은혜로 살 것이다.

하나님이 두 천사를 소돔으로 보내신 것은 그곳 사람들에게 심판을 경고하거나 회개케 하기 위함이 아니었다. 천사들의 방문은 하나님의 벗이었던 아브라함의 조카 롯을 구출하기 위함이었다. 비록 소돔과 고모라의 죄악이 극에 달하여 심판을 늦출 수는 없었지만, 그 심판에 앞서 택한 백성들은 구원하셔야 했다. 하나님은 죄로 가득 찬 이 세상을 심판하셔야 하지만 당신의 택한 백성들을 모두 구원하시기까지 오래 참으신다.

소돔과 고모라의 멸망은 단순히 몇천 년 전에 일어났던, 우리와 아무 상관이 없는 옛날 일이 아니다. 그것은 자연현상이 아니라 죄악에 대한 하나님의 심판이었다. 지구는 환경 파괴로 멸망하는 것이 아니라 사람들의 죄악 때문에 멸망할 것이다. 스스로 망하는 것이 아니라 하나님의 심판으로 망할 것이다. 뜻하지 않은 때에 순식간에 하늘과 땅에 불이 임하며 멸망하게 될 것이다.

그러나 그 전에 하나님께서는 전 세계에 전무후무한 하나님의 부흥을 부어주시겠다고 약속하셨다. 하나님의 부흥은 하나님의 영을 하나님의 사람들에게 부어주심으로써 시작한다.

　"하나님이 말씀하시기를 말세에 내가 내 영을 모든 육체에 부어주리니 너희의 자녀들은 예언할 것이요 너희의 젊은이들은 환상을 보고 너희의 늙은이들은 꿈을 꾸리라 그때에 내가 내 영을 내 남종과 여종들에게 부어주리니 그들이 예언할 것이요 또 내가 위로 하늘에서는 기사를 아래로 땅에서는 징조를 베풀리니 곧 피와 불과 연기로다 주의 크고 영화로운 날이 이르기 전에 해가 변하여 어두워지고 달이 변하여 피가 되리라 누구든지 주의 이름을 부르는 자는 구원을 받으리라 하였느니라"(행 2:17-21).

　하나님께서 내게 교회 개척의 꿈을 주셨을 때, 바로 이 마지막날의 부흥의 전초기지가 될 것임을 약속해주셨다. 이 교회는 단순히 숫자만 많은 교회가 아니라 아시아의 부흥과 이슬람과 이스라엘의 선교를 감당하며 지상명령을 완수하는 교회가 될 것이라는 확신을 주셨다.

　세계 도처에서 지진과 전쟁과 환난과 기근의 소식들이 점점 더 많이 들려온다. 주님이 다시 오실 날이 가까워지고 있다. 우리가 보는 옛 하늘과 옛 땅이 송두리째 사라질 그날이 가까워지고 있다. 그러나 심판 전에 하나님께서는 성령을 온 세계 곳곳에 부으셔서 엄청난 영적 추수를 하겠다고 하셨으니, 그 추수의 일꾼으로 우리를 사용해달라고 기도하자.

진정한 축복은 예수 그리스도의 십자가를 통과한 자
만이 누릴 수 있다. 적당히 믿는 것이 아니다. 나의
옛 사람이 예수님의 십자가에 완전히 못 박혀 죽어야
한다. 내 쓸 것 다 쓰고 하고 싶은 거 다하고 남은 것
을 드리는 것이 아니라, 나의 가장 귀한 것을 내려놓
는 데까지 가보라.

part 4

축복으로
뛰는 가슴

12

연약함을 덮는 은혜

사람이 실수하거나 무너지는 것이 전혀 뜻밖의 새로운 분야
에서 일어나는 게 아니다. 비슷한 문제로 계속 실패한다. 예를 들어서
음란 사이트에 한번 중독된 사람은 컴퓨터 앞에만 앉으면 자연스럽게
그런 사이트를 클릭한다. 세월이 가도 참 고치기 어렵다. 음주와 불륜
과 도박도 아주 강력한 습관성 죄이다. 어디에 가든지 권위에 대해 반
항하는 사람은 학교에서나 직장에서나 계속 상사들과 부딪치다가 자
기 인생을 망가뜨린다. 욱하는 성미 때문에 인생 내내 실수하고 고생
하는 사람들도 있다. 남의 말을 하고 다니는 버릇을 가진 사람들은 항
상 말 때문에 실수한다.

그것 때문에 혼쭐이 났으면서도 세월이 흘러 조금 경계심을 늦추고
있으면 또 같은 패턴의 잘못을 저지른다. 멀쩡하게 살다가 어느 순간

툭 튀어나온다. 매번 알면서도 어쩔 수가 없으니 당사자나 주위 사람
도 어이가 없을 정도다. 아브라함의 실수 또한 그의 삶에서 계속 반복
되는 패턴의 실수였다.

반복하는 실수

지난 20년 동안 아브라함은 약속의 땅, 즉 마므레 평지의 헤브론에
머물며 신실하게 살았다. 하나님께 예배하는 제단도 쌓고, 하나님의
음성을 들으며 경건하게 살았다. 그런데 갑자기 아브라함은 왜 남쪽인
그랄로 이주하기로 결심한 것일까?

아브라함이 거기서 네게브 땅으로 옮겨가 가데스와 술 사이 그랄에

거류하며 창 20:1

첫째는 소돔과 고모라의 멸망이 준 충격 때문이었을 것이다. 아브라
함이 있는 곳에서는 소돔과 고모라 멸망 때의 연기가 다 보일 정도였
다. 당시 상권의 중심이던 소돔과 고모라 일대의 멸망으로 인해 주변
도시들도 상대적으로 인구도 줄고 분위기도 침체되어 장사 환경이 말
이 아니었을 것이다. 무엇보다도 롯이 살던 곳의 멸망을 지켜본 아브
라함의 심리적 충격이 컸을 것이다.

둘째는 보다 좋은 비즈니스 환경으로 움직여야겠다는 생각이 있었
을 것이다. 그랄은 애굽 국경 근처에 있는 블레셋 영토다. 약속의 땅의

남쪽 지역 바깥쪽에 위치한 국경도시로 애굽과 팔레스타인 간의 무역로에 위치해 있어 많은 상거래가 이뤄지는 도시였다. 그래서 아브라함은 사업을 위한 새로운 시장인 그랄로 이주를 결심했을 것이다. 이전에 애굽으로 갔다가 큰 고생을 한 경험이 있는 아브라함이 애굽으로는 못 가고, 애굽 가까이에 있는 목축 환경과 사업 환경이 좋은 곳을 택한 것이다. 환경을 바꿀 때에는 아무리 좋아 보여도 기도해보아야 한다.

시련을 겪고 나서도 인간은 잘 변화되지 않는다. 옛날 애굽 이주 때처럼 하나님께 기도해보지도 않고 단행한 이 그랄 이주 때문에 아브라함은 다시 한 번 이전과 똑같은 시련을 겪게 된다.

> 그의 아내 사라를 자기 누이라 하였으므로 그랄 왕 아비멜렉이 사람
> 을 보내어 사라를 데려갔더니 창 20:2

나이가 들고 사회적 지위가 높아졌다고 그 사람의 고질적인 문제가 해결되는 것이 아니다. 물론 나이가 들어서 좀 나아지는 것도 있지만, "시간이 약"이라는 것도 항상 통하는 말은 아니다. 나이가 들수록 오히려 인간은 더욱 욕심이 많아지고 교활해지기 쉽다. 마음도 더 예민해지고 약해진다. 아브라함은 그동안 많은 재산을 모으고, 따르는 사람들도 많아져 아주 큰 부족의 대족장이 되었다. 그럼에도 불구하고 25년 전에 했던 실수를 백 세가 가까워서 또 반복한다.

그가 약속의 땅으로 와서 얼마나 많은 시련과 아픔들을 겪었던가. 믿었던 조카 롯한테도 배신당하고, 전쟁도 치렀고, 하갈과 이스마엘

문제로 집안 내부의 진통도 겪어보았다. 그 정도 했으면 그의 인격이 많이 성숙해졌을 것 같은데도 같은 실수를 반복한다.

교회를 다니고 보기에 괜찮은 신앙생활을 해도 안심할 수 없다. 아브라함은 "하나님의 벗"이라고 불릴 정도로 하나님이 자주 찾아주시던 사람이다. 가는 곳마다 예배 제단을 쌓았고 하나님의 음성을 몇 번씩 들었다. 요즘으로 치면 주일예배 출석하면서 설교도 열심히 듣고, 기도도 하고, 성경공부도 비교적 성실히 한다는 얘기다. 그런데도 어느 순간에 옛날의 못된 습성이 확 머리를 치켜들고 튀어나오면 속수무책이다.

몰라서 실수하는 것이 아니다. 자기 약점은 자신이 가장 잘 알고 있다. 알면서도 잘 안 고쳐지고 노력해도 잘 안 된다. 죄는 사고나 실수가 아니다. 나의 결심과 의지와 노력으로 고치는 데는 한계가 있다. 죄는 어떤 힘이다. 어떤 무서운 영적 힘과 어둠의 권세가 뒤에서 불을 지르고 있다.

"내 속 곧 내 육신에 선한 것이 거하지 아니하는 줄을 아노니 원함은 내게 있으나 선을 행하는 것은 없노라 내가 원하는 바 선은 행하지 아니하고 도리어 원하지 아니하는 바 악을 행하는도다 만일 내가 원하지 아니하는 그것을 하면 이를 행하는 자는 내가 아니요 내 속에 거하는 죄니라 그러므로 내가 한 법을 깨달았노니 곧 선을 행하기 원하는 나에게 악이 함께 있는 것이로다 내 속사람으로는 하나님의 법을 즐거워하되 내 지체 속에서 한 다른 법이 내 마음의 법과 싸워 내 지체 속에 있는 죄의 법으로 나를 사로잡는 것을 보는도다"(롬 7:18-23).

하나님을 믿고 거듭난 뒤에 예수의 보혈로 죄의 뿌리는 뽑혔는데 우리 안에 죄의 잔재들이 아직 남아 있다. 그래서 마음은 하나님의 뜻을 좇아 살고 싶은데 아직도 남아 있는 옛 사람의 잔재와 죄의 본성이 자꾸만 이를 가로막고 빗나가게 한다.

적극적인 하나님의 개입

그러나 이때 하나님이 전격적으로 개입하셔서 약속의 씨앗 이삭의 어머니가 될 사라의 순결을 지켜주신다.

> 그 밤에 하나님이 아비멜렉에게 현몽하시고 그에게 이르시되 네가 데려간 이 여인으로 말미암아 네가 죽으리니 그는 남편이 있는 여자임이라 창 20:3

하나님께서는 실로 우리가 생각지도 못하는 신비한 방법으로 하나님의 백성을 보호하신다. 나는 새도 떨어뜨리는 무서운 권력자도 하나님은 문제없이 통제하신다.

아비멜렉의 꿈에 주어진 하나님의 계시는 사라는 남편이 있는 여자니 그녀를 건드리면 죽을 것이라는 무서운 경고였다. 당시 일부다처제는 정상적인 관행이었다. 특히 힘있는 권력자의 경우는 자기 영토 안에 있는 여인들은 욕심껏 마음대로 취할 수 있었다. 그러나 하나님의 법은 분명했다. 왕이라고 해서 마음대로 원하는 것을 취할 수 있는 것은 아니라는 왕의 왕이신 하나님의 경고다. 세상의 권력자들은 다 하나님 무서운 줄 알고 함부로 살지 말아야 할 것이다.

아비멜렉은 소스라치게 놀랐다. 아닌 밤중에 홍두깨도 유분수지 이게 무슨 일인가. 다행히 그는 아직 사라와 잠자리를 같이 하지 않았다. 그래서 더듬더듬 하나님께 변명을 올린다.

> 아비멜렉이 그 여인을 가까이 하지 아니하였으므로 그가 대답하되 주여 주께서 의로운 백성도 멸하시나이까 그가 나에게 이는 내 누이라고 하지 아니하였나이까 그 여인도 그는 내 오라비라 하였사오니 나는 온전한 마음과 깨끗한 손으로 이렇게 하였나이다 창 20:4,5

아비멜렉은 소돔과 고모라가 그 죄악으로 인해 하나님의 진노로 멸망당한 사실을 염두에 두고 하는 말일 것이다. 아비멜렉은 하나님의 경고에 너무나 놀란 나머지 자기뿐 아니라 자기 백성 모두가 멸망당한다고 생각했다(실제로 사라로 인하여 아비멜렉과 백성들 모두에게 이미 큰 재앙이 임하고 있었다).

아비멜렉은 허겁지겁 자기 변명을 한다. 5절은 그의 처절한 변명이다. 이것은 자기 잘못이 아니라 처음부터 작심하고 아내를 누이라고 하며 자기를 속인 아브라함에게 책임이 있다는 것이다. "온전한 마음과 깨끗한 손"은 사라를 취한 아비멜렉의 내적 동기와 외형적인 조치가 아무런 결점이 없다는 것이다. 그러나 이것은 아비멜렉 자신의 합리화다. 아까도 언급했듯이 비록 누이인줄 알고 사라를 취했다고는 하나 힘으로 자기 영토 안에 있는 아름다운 여인들을 마음대로 취하는 세상 권력자들의 오만함은 경고를 받아 마땅했다.

비록 아비멜렉이 모르고 했다고 해도 죄는 죄다. 결과적으로 이 일은 아브라함과 사라를 통해 이루시고자 했던 하나님의 거룩한 계획에 반하는 일이었다. 그래서 하나님이 개입하셔서 상황을 바로잡으셨다.

하나님께서 아비멜렉을 막으셔서 사라와 동침하지 못하게 하셨다. 이것은 아비멜렉의 의지로 된 것이 아니라 더 큰 비극을 막기 위해 하나님이 통제하신 것이다. 아무리 사정을 잘 몰랐다고는 해도 그가 사라의 순결을 더럽히면 아브라함의 씨를 통해 선택받은 민족을 만들겠다는 하나님의 거룩한 계획을 깨는 것이 된다. 그러면 그의 가문은 멸망당할 수밖에 없었다. 그러므로 사라와 동침하지 못하게 한 것은 결과적으로 아비멜렉을 하나님이 보호하신 것이다.

그는 즉시 사라를 아브라함에게 돌려보내야 했다. 몰랐을 때는 할 수 없었다 해도 안 이상 삶을 고쳐야 한다. 행동이 뒤따르지 않는 회개는 아무 의미가 없다.

고질적인 죄를 극복하는 길

반복되는 죄를 이기려면 첫째, 하나님 앞에 인정하고 맡겨야 한다. 자신의 약점과 반복되는 자신의 그 어떤 죄성을 정직하게 하나님 앞에 인정하는 것이다. 쓸데없는 자만감은 금물이다. 미국의 한 대형교회에서 불륜에 빠지는 죄를 범한 사람들을 상담한 결과를 분석했더니 그중

대부분이 평소에 "나는 결코 그런 죄는 짓지 않는다. 어떻게 사람의 탈을 쓰고 그런 불륜을 저지를 수 있느냐?"라며 자신을 과신하던 사람들이었다는 것이다. 겸손해야 한다. 남에게 손가락질을 하며 펄펄 뛰는 사람이 기회가 생기면 오히려 더한다. 항상 겸허한 자세를 가져야 한다.

"저도 그럴 수 있는 죄인입니다. 하나님의 은혜가 없으면 저도 장담을 못합니다. 주님, 저를 도와주세요. 한순간도 당신 없이는 살 수 없습니다."

문제를 감추거나 합리화시키려 하면 결코 근본적인 해결이 안 된다. 어느 정도 부끄럽고 창피하더라도 인정하고 고백해야 한다.

"자기의 죄를 숨기는 자는 형통하지 못하나 죄를 자복하고 버리는 자는 불쌍히 여김을 받으리라"(잠 28:13).

하나님 앞에 인정하고 고백하면 그때부터 그분이 개입하셔서 도와주신다. 내 힘으로는 극복하기 힘든 죄성도 그분이 함께하시면 극복할 수 있다.

둘째는 상황을 통제하는 것이다. 애초에 아브라함이 기근을 피해 애굽 땅으로 이주한 것이 문제였고, 헤브론을 떠나 그랄 땅으로 이주한 것이 문제였다. 그는 그 땅에 하나님을 두려워하지 않는 음란하고 폭력적인 군주(君主)들이 있음을 알고 있었다. 알고 있으면서도 욕심 때문에 그곳에 갔다. 그래서 문제가 시작된 것이다. 반복되는 죄의 패턴, 묻혔던 죄의 본성이 다시 튀어나오게끔 하는 상황을 피해버려야 한다.

해외 출장을 갈 때마다 호텔방에서의 음란물을 시청하는 버릇을 못

고치던 장로님이 계셨다. 자신도 모르게 반복적으로 저지르는 이 습관 때문에 괴로워하던 이 장로님에게 어떤 분이 조언을 했다. 가족사진을 호텔 텔레비전 위에 딱 올려놓으라는 것이다. 그리고 될 수 있는 대로 저녁시간에 늦게 들어오고, 격렬한 운동을 해서 몸이 지치게 하여 방에만 들어오면 샤워하고 바로 곯아떨어지게 했다. 할 수 있는 한 유혹이 들어올 틈이 없도록 미리부터 최대한 상황을 통제하는 것이다.

세 번째는 생각을 잘 관리하는 것이다. 아브라함의 문제는 잘못된 생각에서 비롯되었다.

> 아브라함이 이르되 이곳에서는 하나님을 두려워함이 없으니 내 아내
> 로 말미암아 사람들이 나를 죽일까 생각하였음이요 창 20:11

우발적으로 튀어나온 실수가 아니라 아내와 사전에 치밀하게 계획한 거짓말임을 고백한다. "수틀리면 부부가 함께 말을 맞추어 거짓말을 하자"는 한심한 인생관을 수립해놓고 행동한 것이다.

죄는 단순한 실수가 아니다. 어떤 어둠의 권세에 굴복하여 미리 마음으로 패배를 인정한 것이다. 패배적인 행동 패턴을 정해놓고 살다가 어느 순간 상황만 생기면 그 패배적 결심이 화약처럼 표면 위로 터져버리며 현실이 되어버리는 것이다.

"정직하게 살아봤자 손해만 보더라. 힘든 상황에 부딪치면 적당히 둘러대서 그 상황을 빠져나오고 보겠다"라는 기회주의적 지침을 정해놓고 사는 사람은 위기 상황만 닥치면 거짓말을 할 것이다. 혹은 "하는

데까지 해보고 힘들면 관두지 뭐!" 하는 나약한 지침을 정해놓고 사는 사람은 평생 이곳저곳 옮겨 다니다가 볼일 다 본다. "기회만 오면 꼭 한번 본때를 보여주겠다"라는 생각을 하고 사는 사람은 언제든 남을 공격하고 싸울 준비를 해놓는 시한폭탄이다. 당신의 생각 속에 있는 모든 부정적이고 악한 행동지침을 다 뽑아내버리길 바란다.

아브라함의 잘못된 생각은 두려움에서부터 비롯되었다. 하나님을 두려워하지 않고 도덕적으로 타락하고 사나운 사람들이 아름다운 아내를 탈취하기 위해 남편인 자신을 죽이지 않을까 두려워했다. 하나님이 능력을 주셔서 단 300명의 사병만을 이끌고 4개국 연합군을 공격하여 승리할 정도의 용사 아브라함이 왜 이렇게 되었을까? 큰일에서 담대하던 사람도 세월이 지나서 영적으로 느슨해지면 오히려 작은 일에 예민하고 더 두려워하는 수가 있다. 작은 여우가 포도원을 허무는 법이다. 하나님의 사람은 자기 생각을 잘 관리해야 한다.

아브라함은 아직 일어나지도 않은 최악의 가능성을 생각했다. 이미 마음으로 패배한 것이다. 아마 20년 전 아름다운 아내 사라를 바라보던 애굽 사람들을 기억했을 것이다. 사탄은 항상 우리로 하여금 과거의 나쁜 기억을 떠올려서 부정적인 생각을 하게 만든다. 무엇을 생각하는가에 따라서 우리의 인생이 결정된다.

"육신을 따르는 자는 육신의 일을, 영을 따르는 자는 영의 일을 생각하나니 육신의 생각은 사망이요 영의 생각은 생명과 평안이니라 육신의 생각은 하나님과 원수가 되나니 이는 하나님의 법에 굴복하지 아니할 뿐 아니라 할 수도 없음이라"(롬 8:5-7).

잠깐 방심하니까 믿음의 조상 아브라함도 순식간에 두렵고 부정적인 과거의 실패의 기억에 사로잡혀 심각한 죄를 저지르고 말았다.

성령께서 우리의 생각을 붙잡아주시도록 늘 기도해야 한다. 모든 생각을 사로잡아 그리스도 예수께 복종하게 해야 한다(고후 10:5). 과거의 실패가 준 상처를 되새기지 말라. 사람에 대한 두려움과 아직 오지도 않은 미래의 실패에 대한 두려움을 떨쳐버리라. 나쁜 것을 생각하지 않기 위해서는 좋은 것을 생각해야 한다. 세상적인 생각과 두렵고 부정적인 생각을 하지 않으려면 하나님께 생각을 맞추면 된다.

넷째는 예수님의 리더십을 붙잡는 것이다. 내 안에 무섭게 꿈틀거리는 반복되는 죄의 습성에 대한 근본적 해결책은 예수님이다.

"오호라 나는 곤고한 사람이로다 이 사망의 몸에서 누가 나를 건져내랴 우리 주 예수 그리스도로 말미암아 하나님께 감사하리로다 그런즉 내 자신이 마음으로는 하나님의 법을 육신으로는 죄의 법을 섬기노라"(롬 7:24,25).

예수 그리스도의 보혈의 피로 내 약함을 덮어달라고 기도해야 한다. 예수님께 내 약점을 악용하려는 사탄의 세력을 막아달라고 기도해야 한다. 죄는 영적 싸움이기 때문에 예수의 이름을 붙잡아야 한다. 예수의 이름을 선포해야 한다. 예수님께서 어둠의 권세를 억제시켜 주시는 것이 제일 중요하다.

나쁜 친구를 사귀지 않으려면 좋은 친구를 사귀면 된다. 죄는 인생에 목표가 없고 시간이 많을 때 저지르게 된다. 그러므로 인생의 공백속에 예수님을 가득 채워야 한다. 죄의 습관을 끊으려고 하지 말고 예수님을 사랑하려고 하라. 예수님을 생각하고, 예수님과 교제하고, 예수님의 일을 하려고 하라. 그분이 내 인생 모든 분야의 주인이심을 선포하고 순간순간 내 삶에 간섭하시게 하라. "이거 하면 지옥 간다"는 무서운 율법주의가 아닌, 예수님의 리더십에 나를 온전히 맡기는 것이다.

"수고하고 무거운 짐 진 자들아 다 내게로 오라 내가 너희를 쉬게 하리라 나는 마음이 온유하고 겸손하니 나의 멍에를 메고 내게 배우라 그리하면 너희 마음이 쉼을 얻으리니 이는 내 멍에는 쉽고 내 짐은 가벼움이라 하시니라"(마 11:28-30).

마지막으로 정말 중요한 것이 있다. 자신의 연약한 부분을 정직하게 인정하는 것은 중요하지만 너무 위축되어서 자신의 장점까지도 죽여 버려선 안 된다. 자신의 약점을 고치려고 예민하게 반응하거나 기죽지 말라는 것이다. 약점 없는 사람이 누가 있는가. 하나님은 우리의 연약함을 감싸 안으시고 채워주신다. 같은 문제로 두 번이나 실수한 아브라함이었지만 하나님은 그의 단점을 보는 대신 우직한 순종으로 지금껏 하나님을 따라온 믿음을 보시고 모든 것을 덮어주셨다.

하나님은 아브라함에게 주신 엄청난 비전의 약속을 그의 약점 때문에 결코 취소하지 않으셨다. 겸손해야 하지만 기죽을 필요는 없다. 이 모든 일에 우리는 우리 주 예수 그리스도의 은혜로 넉넉히 이길 것이기 때문이다.

자녀의 특권

보통 상황 같았으면 아비멜렉 같은 막강한 권력자를 속인 대가를 단단히 치렀겠지만, 오히려 아브라함은 아내 사라 외에 다른 많은 선물까지 받았다. 그리고 그랄 지역의 아름답고 비옥한 땅 중 원하는 곳은 어디서든 거주해도 좋다는 파격적인 특혜를 받았다(창 20:14-16). 비록 아브라함이 거짓된 행위로 불신자 이방인 앞에서 하나님의 영광을 훼손했지만 하나님께서는 변함없는 은혜를 베푸셔서 사태를 덕스럽게 마무리지어 주셨다. 우리는 일을 저질러놓고 수습을 못한다. 그러나 하나님께 회개하고 의지하면 하나님께서 기가 막히게 수습해주신다. 하나님의 수습이 얼마나 훌륭한지 우리는 이전보다 더한 축복을 받게 된다.

아비멜렉은 은 천 개를 아브라함에게 주었다. 당시 노비 한 사람의 가치가 은 20개였음을 감안할 때 엄청난 액수의 선물이다. 그것은 사죄의 표요, 화해의 선물이었다. 또한 사라가 겪었던 모든 수치와 당혹감과 두려움에 대한 보상금이었다. 비록 불신자였지만 아비멜렉은 하나님 앞에서 자신의 죄를 고백하고 그 대가를 치르는 데 인색하지 않았다.

9절을 보면 아비멜렉은 아브라함을 불러서 왜 자신을 속였느냐고 책망한다. 자신의 잘못이 너무나 분명하기에 아브라함은 꼼짝없이 이 책망을 들어야 했다. 20년 전에 애굽 바로 왕으로부터 들었던 똑같은 질책을 아브라함은 아비멜렉으로부터 다시 듣고 있다. 하나님은 불신자 아비멜렉의 질책을 통하여 아브라함이 다시금 뭔가 느끼기를 원하셨다.

하나님의 사람은 원래 주위 사람들에게 축복의 통로가 될 사명을 받았다. 그러나 하나님의 사람이 하나님을 의지하지 않고 잘못된 선택을 하면 주위 사람들에게 축복의 통로가 아닌 재앙의 통로가 된다.

비록 모르고 지은 잘못이라 하나 아비멜렉은 하나님의 놀라운 구원사 계획에 재를 뿌릴 뻔했으므로 죄 사함의 중보가 필요했다. 그리고 희한하게도 그 중보기도를 드릴 수 있는 유일한 사람이 바로 아브라함이었다. 아비멜렉은 기가 찼을 것이다. 자기 안위를 위해서 아내를 누이라고 거짓말하는 형편없는 도덕성을 가진 아브라함에게 자기와 자기 부족의 생사가 달렸다니! 어찌 보면 하나님의 편애라고 할 수 있다. 잘못은 분명 아브라함이 했는데 하나님께서는 아비멜렉이 아닌 아브라함 편을 들어주셨다. 그것이 하나님의 신비한 구원의 역사요, 은혜의 섭리다.

도덕적으로 실수가 많고 여러 면으로 부족해도 우리는 세상을 위해 중보기도를 할 수 있다. 우리가 기도하면 하나님이 듣고 세상을 축복하신다. 우리가 그분의 자녀이기 때문이다. 롯도 하나님의 자녀였기 때문에 그가 원하는 사람은 누구든지 심판에서 구해낼 수 있었다. 하나님의 자녀되었다는 것이 얼마나 큰 축복인가! 부모는 자녀가 옳고 그름을 떠나 결과적으로 자녀 편을 든다. 하나님은 세상 권력자 앞에서 아브라함이 모욕당하게 하지 않으셨다. 오히려 아브라함의 중보기도를 받지 않으면 아비멜렉 죽는다고 하심으로써, 그가 아브라함을 함부로 대하지 못하게 하셨다. 이것이 하나님의 사랑이다. 하나님 안 믿는 사람의 입장에서는 불공평하게 들릴지 모른다. 나라면 아마 아비멜렉에게 이렇게 말해주었을 것이다.

"아비멜렉, 억울하면 당신도 아브라함처럼 하나님 믿으면 되지 않는가?"

택함을 받은 자란 이처럼 무서운 것이다. 그래서 하나님의 택함을 받은 자의 중보기도가 중요하다. 우리의 기도가 가정과 직장과 민족을 살릴 수 있다. 세상은 우리의 기도를 받아야만 살아난다. 아브라함의 기도를 듣기 원하신 것처럼 하나님은 우리의 기도를 듣기 원하신다. 우리가 기도할 때에만 비로소 움직이신다. 그래서 우리는 기도를 해야만 하는 책임이 있다.

13
기다림의 끝

오랫동안 꿈꿔왔던 소원이 마침내 이뤄졌던 경험이 있는가? 남들에게나 일어나는 것 같았던 꿈같은 일이 내게도 현실로 닥쳐오는 순간 말이다. 그토록 오래 사랑해왔던 여인과 마침내 결혼하게 된 순간, 청년은 하늘로 날아오를 듯할 것이다. 그토록 오랜 시절 가난과 고독과 싸우며 공부하던 고시생이 마침내 사법고시에 합격하는 날, 그 기쁨을 세상 무엇과 비교할 수 있을까. 미국 역사상 최초의 흑인 대통령 오바마는 당선이 확정되던 날, 꿈인가 생시인가 하며 좋아서 밤새 잠을 못 이뤘다고 한다.

백 살이나 된 늙은 아버지 아브라함에게 있어서 이삭이 탄생하던 날이 바로 그런 날이었다. 오랜 기다림에 종지부를 찍고 마침내 약속의 아들이 태어나던 날, 아브라함은 기뻐서 울었을 것이다.

약속을 지키시는 하나님

하나님의 약속은 반드시 이루어진다.

여호와께서 말씀하신 대로 사라를 돌보셨고 여호와께서 말씀하신 대로 사라에게 행하셨으므로 사라가 임신하고 하나님이 말씀하신 시기가 되어 노년의 아브라함에게 아들을 낳으니 창 21:1,2

"여호와께서 말씀하신대로 (하셨다)"가 두 번 반복되고 있다. 하나님의 말씀은 하나도 빈말이 없다. 말씀 하나하나가 모두 내 삶에 임하여 현실이 된다. 하나님께서 말씀을 주실 때 이미 축복은 시작된 것이다. 말씀은 축복의 전주곡이다. 하나님의 말씀을 붙잡고 믿어 의심치 말아야 한다.

"내 입에서 나가는 말도 이와 같이 헛되이 내게로 되돌아오지 아니하고 나의 기뻐하는 뜻을 이루며 내가 보낸 일에 형통함이니라"(사 55:11).

하나님이 당신에게 말씀하셨는가? 그러면 하나님이 돌보시고 그대로 행하실 것이다. 하나님은 상황에 따라 말씀을 바꾸시지 않는다. 오히려 말씀대로 상황이 바뀐다. 그리고 하나님의 말씀은 그분의 때에 이루어진다. 2절을 보면 하나님이 말씀하신 시기가 되어 노년의 아브라함에게 아들이 태어났다고 했다. 하나님은 시간의 주인이시요 역사의 주인이시며 우리 인생의 주관자이시다.

믿음이 없는 사람은 인생살이가 다 팔자요 우연이라고 생각한다. 그러나 하나님을 믿는 사람은 이 모든 것이 하나님의 계획과 섭리임을 고백한다. 우리는 우연히 태어나서 아무렇게나 살다 가는 사람들이 아니다. 하나님의 섭리 가운데 하나님의 때에 태어나서 하나님의 사명을 다하고 사는 사람들이다.

또 한 가지, 하나님이 말씀하신 시기에 사라가 임신하여 아이를 낳았다는 부분에서 믿음은 기다리는 것임을 알 수 있다. 축복은 인내하는 자의 것이다. 기다림은 사람을 겸손하게 한다. 인생을 주관하는 것이 내가 아니고 하나님인 것을 철저히 인식하게 되기 때문이다. 하나님이 나를 기다리게 하는 시간은 바로 하나님께서 나의 마음을 겸손하게 준비시키는 과정이다.

불가능한 일이 현실이 되었다. 하나님의 약속은 인간적 소망이 완전히 끊어져 마음이 가난하고 겸손해졌을 때 이뤄진다. 아브라함이 노년이 되기까지 하나님이 기다리셨다. 축복을 받을만한 믿음의 그릇으로 만드신 것이다. 소원이 빨리 이뤄지지 않는다고 조급해하지 말자. 기도하면서 이 시간을 통해서 하나님이 나의 어떤 점을 좀 더 다루시길 원하는지 잠잠히 묵상해보라.

결코 중간에서 낙담하고 포기해선 안 된다. 운동을 할 때도 죽을 것처럼 힘든 순간부터 근육이 생기고 진짜 운동이 된다고 한다. 영적 근육도 그렇다. 포기하고 싶을 만큼 힘든 시점부터 영적으로 강해진다. 바로 그때, 하나님의 약속이 이뤄질 시간에 훨씬 가까이 접근해 있음을 믿으라.

"우리가 선을 행하되 낙심하지 말지니 포기하지 아니하면 때가 이르매 거두리라"(갈 6:9).

주변 사람들의 말에 너무 신경 쓰지 말라. 사람들은 결코 아흔이 넘은 사라가 자식을 낳아 젖을 먹일 거라는 이야기를 하지 않는다.

"에휴, 자식 있어서 뭐 해요. 자식이라도 다 원수 같은데. 그저 무자식이 상팔자죠."

이게 어디 위로라고 할 수 있는가. 사람들은 위로하는 것 같지만 실은 속을 뒤집어놓는 말만 한다. 그러나 하나님은 인간의 상식을 뛰어넘는 기적을 이루신다. 다 안 된다고 하는데 그분은 되게 하신다. 초자연적인 인생을 사는 믿음의 사람은 사람들의 말에 결코 억눌려서는 안 된다. 사탄은 항상 사람들의 말을 통해서 우리에게 불안과 불신과 두려움을 심는다. 하지만 개가 짖어도 기차는 간다. 누가 뭐라고 하든 하나님이 이루실 것은 반드시 이루어진다.

기쁨을 주는 아이

"이삭"이라는 이름은 '웃는 자'란 뜻이다.

사라가 이르되 하나님이 나를 웃게 하시니 듣는 자가 다 나와 함께 웃으리로다 창 21:6

사라는 하나님이 자신을 웃게 하셨다고 했다. 하나님의 약속이 이뤄질 때 기쁨이 내 안에 넘친다. 그토록 아름다웠고, 잘나가는 남편을 만나 평생 잘살았던 사라에게도 상처가 있었다. 자신은 오랜 세월 아이를 갖지 못하는데 여종 하갈은 금세 아기를 가졌다. 아기를 갖자 하갈은 주인도 무시했다. 그래서 너무 화가 나서 남편을 압박하여 임신한 하갈을 내쫓았지만 하나님이 다시 데려오셨다. 10여 년 동안 온 집안의 사랑과 관심이 여종의 아들 이스마엘에게 집중되는 것을 무기력하게 지켜보아야만 했던 사라의 마음고생이 얼마나 컸을까.

그러나 이삭이 태어나는 순간에 모든 열등감과 상처가 순식간에 사라졌다. 너무 오랜 시간 교회가 성장하질 않아서 상처 많던 목사님도 교회가 부흥하기 시작하니까 거짓말처럼 상처가 없어지는 것을 봤다. 하나님의 축복이 임하면 거룩한 기쁨이 넘치면서 우리 안의 상처가 없어질 것이다. 약속이 이뤄지는 것이 최고의 치유다.

또한 하나님의 약속이 이뤄지면 자신뿐 아니라 주위 모든 사람들에게 기쁨을 준다.

"듣는 자가 다 나와 함께 웃으리로다."

아브라함 장막에 있는 모든 사람들이 한 번씩 이삭을 구경하러 와서 이삭을 안아보고 만져보며 좋아했다. 정말 이삭은 기쁨의 아기, "그대 내게 행복을 주는 사람"이었다.

우리 삶에도 이렇게 기쁨을 주는 분이 계시니 바로 예수 그리스도이시다. 이삭의 탄생은 여러 면에서 예수 그리스도의 탄생을 예표한다.

첫째, 이삭도 예수님도 모두 불가능한 상황에서 잉태되었다. 사라가 너무 늙어 아이를 가질 수 없는 나이에 이삭을 가졌고, 마리아가 남자를 알지 못한 처녀이면서 성령으로 잉태하여 예수를 가졌다. 둘째, 이삭도 예수님도 정확히 하나님이 준비하신 기간이 차매 이 세상에 태어났다. 셋째, 이삭과 예수님의 탄생이 주위 모든 사람들에게 큰 기쁨을 주었다.

"지극히 높은 곳에서는 하나님께 영광이요 땅에서는 하나님이 기뻐하신 사람들 중에 평화로다"(눅 2:14).

이삭의 탄생이 아브라함과 모든 사람들에게 기쁨을 준 것처럼 예수님의 탄생은 하나님께 영광이요 땅의 모든 사람들에게 기쁨과 평안을 주었다. 예수님을 믿으면 말할 수 없는 기쁨이 우리에게 임한다. 예수님을 만나라. 삶에 웃음과 위로를 주실 것이다. 우리도 이삭처럼 어딜 가든지 사람들에게 거룩한 기쁨과 활기를 불어넣어주는 존재가 될 수 있다. 하나님은 우리를 통하여 가정과 직장과 나라에 기쁨과 희망을 불어넣길 원하신다.

"우리는 구원받는 자들에게나 망하는 자들에게나 하나님 앞에서 그리스도의 향기니"(고후 2:15).

깊은 근심

빛이 강할수록 그림자가 짙다고 했던가. 그토록 바라던 것을 얻었을 때, 꿈에도 그리던 어떤 것을 이루었을 때 오랜 시간 노력하고 고생해서 원하던 자리에 올랐을 때의 기쁨은 말로 설명할 수가 없다. 그러나 그 축복의 순간으로 인하여 뜻하지 않은 고통과 어려움이 닥쳐오기도 한다. 1945년 8월 15일 해방이 되었을 때, 온 나라가 만세를 부르며 얼마나 좋아했던가. 그러나 그 기쁨이 채 가시기도 전에 일제가 물러간 자리에 소련과 미국이 들어오고 무서운 이데올로기 대립이 벌어지면서 남과 북으로 나뉘고, 동족끼리 피나는 전쟁까지 치러야 했다. 살다 보면 성공 뒤에 따라오는 뜻밖의 고통이 있다.

아브라함에게도 바로 그런 상황이 발생했다. 꿈에 그리던 약속의 아들 이삭이 태어나자 새로운 가족 내부의 갈등이 찾아온다. 하나님을 믿고 기다리지 못하고 아브라함과 사라가 육체적 욕심으로 여종 하갈을 통해 낳은 아들 이스마엘이 문제였다. 이삭보다 14년 먼저 태어나 그 즈음에는 감수성 예민한 10대 중반의 청소년이었던 이스마엘, 이삭이 태어나기 전까지 온 집안의 관심과 사랑을 독차지해오던 그는 자기에게로 집중되던 사랑이 이삭에게로 다 쏠리는 것을 견딜 수가 없었다. 그의 속에 질투와 분노가 쌓여가던 어느 날 기어이 일이 터지고 말았다.

아이가 자라매 젖을 떼고 이삭이 젖을 떼는 날에 아브라함이 큰 잔치를 베풀었더라 창 21:8

여기서 이삭이 젖을 떼었다는 것은 실제로 젖 뗀 나이가 아니고, 유대인들의 관습으로 젖먹이 아기 때는 지났다고 판단되는 약 세 살 정도를 말한다. 우리로 치면 돌잔치 비슷한 것으로 아이가 건강히 자랐다는 것을 축복하며 하나님께 감사하는 큰 잔치를 치르곤 했다. 하필이 좋은 날 사고가 터지고 말았다.

사라가 본즉 아브라함의 아들 애굽 여인 하갈의 아들이 이삭을 놀리
는지라 창 21:9

17세 이스마엘이 세 살 난 이삭을 놀렸다. 여기서 '놀렸다'는 말은
희롱하고 괴롭혔다는 뜻이다. 원래 어른들끼리는 나이 차이가 별로 안
느껴진다. 40대와 50대는 별 차이가 없어 보인다. 그러나 아이들의 경
우는 다르다. 세 살짜리와 열일곱 살짜리는 하늘과 땅 차이다.

얼마 전에 길에 지나가던 일곱 살짜리 어린아이를 중학생 아이가 다
짜고짜 뒤에서 발로 차버린 동영상이 인터넷에 올라 화제가 됐다. 중
학생들끼리 장난 삼아 서로 제비를 뽑아 지나가는 어린아이를 차버리
기로 했다는 것이다. 얼마나 세상이 잔인해졌는지. 아마도 이스마엘이
이삭을 핍박한 상황도 비슷했을 것이다. 상당히 심하게 학대했을 수도
있다.

자신의 어린 아들이 여종의 자식에게 희롱당하는 것을 지켜본 사라
의 감정이 폭발했다. 당장 이스마엘과 그 어미 하갈을 내쫓아달라고
남편에게 요구했다. 17년 전 이스마엘을 임신하고 기고만장해진 하갈
을 핍박하던 모습이 다시 살아났다. 그래도 수십 년간 자신과 동거동
락한 여종인데 화가 나니까 그토록 모질게 내치려 하는 사라가 참 무
섭다. 하지만 가만히 생각해보면 사라가 한 번의 사건으로 그렇게 한
것 같지는 않고, 3년 내내 이삭이 독차지하는 사랑을 질투한 이스마엘
이 틈만 나면 이삭을 희롱하고 핍박하는 모습을 참고 있었던 것 같다.

사라 생각에는 잔치 자리에서까지 이삭을 희롱하는 이스마엘이면

나중에 상속권까지 요구할까봐 두려워서 더 싹이 크기 전에 조치를 취해달라고 아브라함에게 요구한 듯하다. 이 모든 상황은 애초에 사라가 하나님을 기다리지 못하고, 남편 아브라함과 자기 몸종 하갈을 동침시킴으로써 파생한 일이었다. 어렵더라도 처음부터 참고 한눈을 팔지 말았어야 하는데 하나님을 못 기다리고 급한 김에 택한 선택이 두고두고 아픔을 준다.

11절을 보면 아브라함은 이 일로 말미암아 깊은 근심에 잠겼다. 영어 성경에 보면 "엄청나게 스트레스 받았다(greatly distressed)"라는 말로 표현되어 있다. 비록 몸종에게서 태어났지만 이삭이 없던 지난 세월 동안 이스마엘을 상속자로 여기며 온갖 정성을 다 쏟았던 까닭이다.

갈등은 항상 파괴적이고 고통스러운 것이다. 나와 별 상관없는 제삼자와의 갈등은 피해버리고 안 보면 그만인데 가장 가까이에서 항상 있어야 하는 가족간의 갈등은 도망갈 수도 없고 너무 힘들다.

위로하시는 하나님

하나님께서 아브라함을 위로하신다.

하나님이 아브라함에게 이르시되 네 아이나 네 여종으로 말미암아 근심하지 말고 사라가 네게 이른 말을 다 들으라 이삭에게서 나는 자라야 네 씨라 부를 것임이니라 그러나 여종의 아들도 네 씨니 내가 그로 한 민족을 이루게 하리라 하신지라 창 21:12,13

하나님은 참 좋으신 분이셔서 우리가 괴로워하고 있으면 꼭 찾아오셔서 위로하고 힘을 주신다. 비록 우리의 잘못으로 비롯된 근심이라 할지라도 우리가 괴로워하고 있을 때 외면하지 않으시고 친절하게 찾아오셔서 개입해주신다. 우리 힘으로는 해결할 수 없기 때문이다.

"두려워하지 말라 내가 너와 함께함이라 놀라지 말라 나는 네 하나님이 됨이라 내가 너를 굳세게 하리라 참으로 너를 도와주리라 참으로 나의 의로운 오른손으로 너를 붙들리라"(사 41:10).

하나님의 말씀은 항상 우리의 근심과 슬픔을 덜어주시며 심령에 위로를 주신다. 또 항상 우리에게 용기를 주시며 가야 할 길을 보여주신다. 아브라함이 하나님의 말씀으로 힘을 얻었듯이 우리도 하나님 말씀으로 힘을 얻는다.

표현은 부드럽게 하셨지만 내용상으로는 비정한 말씀이었다. 하나님께서는 사라의 말대로 하갈과 이스마엘을 내쫓으라고 하셨다. 사라가 비록 지금 분노의 감정에 사로잡혀 있긴 하지만 결국은 사라가 제시한 해결책이 하나님 보시기에도 옳았다. 이스마엘이 미워서가 아니라 이삭의 상속권을 굳건히 지키는 것이 중요했기 때문이다. 아브라함은 다시 한 번 하나님이 자신에게 주신 비전을 새롭게 들었다. 이스마엘은 구세주 예수 그리스도를 낳을 혈통이 아니었다. 그것은 오직 이삭을 통해서만 가능했다.

그런데 정(情) 때문에 이스마엘을 같이 키우면 갈수록 더 힘들어질 것이었다. 아무리 여종의 자식이라 하나 10여 년간 정이 든 큰아들이기 때문에 아브라함은 아무래도 이것저것 신경을 써야 할 일이 많았을 것이다. 계속해서 형제간의 갈등을 조정하느라 이삭을 하나님의 말씀으로 양육하고, 하나님의 비전을 심어주는 일에 전념하기 어려웠을 것이다. 또 이삭은 부모의 건강한 사랑을 받고 하나님의 은혜를 먹고 자라는 건강한 인격체가 되어야 했는데, 이복형으로부터 핍박을 받으며 자라면 얼마나 상처가 많고 인격이 병들겠는가. 그래서 하나님께서는 당장은 좀 매정한 것 같아도 과감히 이스마엘을 떠나보내게 하셨다.

착한 아브라함은 그동안 이스마엘에게 정이 많이 들어서 떠나보내기가 어렵고 안쓰러웠을 것이다. 그러나 하나님이 말씀하셨기 때문에 떠나보낼 수 있었다. 그는 이스마엘도 하나님의 손에 맡기면 더 잘 돌보실 것을 믿어야 했다.

아브라함의 가장 큰 장점은 순종이 빠르고 분명하다는 것이다. 하나님의 뜻을 받은 다음날 아침 일찍 일어나 떡과 물 한 가죽부대를 하갈 모자(母子)에게 안겨주고 집을 나서게 했다. 하나님의 뜻이 내려오면 즉각 순종하는 게 좋다. 오래 생각하고 고민하면 마음이 흔들릴 수가 있기 때문이다.

하갈은 다시 한 번 정처 없이 광야로 내쫓겨야 했다. 브엘세바는 헤브론 남방에 있는 성읍인데, 이곳에서 길을 잃고 방황했다는 것은 그녀가 고향 애굽으로 돌아가려 했음을 뜻한다. 그러나 오랜 객지생활로 그만 광야에서 길을 잃고 말았다. 광야에서 헤매다가 물이 떨어지자 한창 자랄 때인 십대 이스마엘이 먼저 기진하여 쓰러진 것 같다. 아들이 기진하여 죽어가는 것을 보는 어머니 하갈은 피눈물이 솟았을 것이다. 그래서 통곡을 하며 울었다. 그런 어머니를 보며 그도 울었다.

17년 전에는 어머니 하갈의 오만과 방자함이 원인이었다면 이번엔 아들 이스마엘의 방자함이 원인이었다.

"너희 허물이 이러한 일들을 물리쳤고 너희 죄가 너희로부터 좋은 것을 막았느니라"(렘 5:25).

그러나 선하신 하나님께서는 이스마엘과 하갈을 불쌍히 여기셨다.

> 하나님이 그 어린 아이의 소리를 들으셨으므로 하나님의 사자가 하늘
> 에서부터 하갈을 불러 이르시되 하갈아 무슨 일이냐 두려워하지 말라
> 하나님이 저기 있는 아이의 소리를 들으셨나니 창 21:17

하나님은 그들의 울음소리를 들으시고 천사를 보내 위로하셨다. 하나님은 약한 자의 기도를 들으신다. 하나님은 먼저 비전의 말씀과 소망의 말씀을 주셨다.

> 일어나 아이를 일으켜 네 손으로 붙들라 그가 큰 민족을 이루게 하리
> 라 하시니라 창 21:18

이 모자에게 가장 급한 것은 육체적 필요가 아닌 정신적 불안감과 미래에 대한 두려움이었다. 하나님께서는 17년 전에 들려주었던 이스마엘의 미래를 위한 축복을 다시금 확인해주셨다.

하나님은 우리의 먼 미래도 보장해주시는 분이지만 당장 내 눈앞의 문제도 도와주시는 분이다. 19절을 보면 하나님께서 당장 급한 식수

문제를 해결해주시는 장면이 나온다. "하나님이 하갈의 눈을 밝히셨으므로." 하갈이 물을 찾아 아들과 함께 마시고 살아났다. 물은 있었다. 그러나 하나님께서 물을 찾을 수 있는 눈을 주셨을 때에만 물을 찾을 수 있었다. 황량한 광야에도 하나님이 예비하신 은혜의 샘물은 곳곳에 흩어져 있다. 절망한 영혼은 먼저 하나님의 말씀으로 위로를 받고 기력을 회복한 뒤 그 축복의 샘물을 발견할 수 있다.

영과 육의 충돌

20절과 21절을 보면, 그후 이스마엘이 어떻게 되었는지를 설명해준다. 하나님은 그와 그 후손에게도 약속하신 대로 축복을 주셨다. 그런데 그들이 살아갈 인생은 약속의 씨앗인 이삭의 후손이 살아갈 인생과는 너무나 달랐다. 그는 '활 쏘는 자'가 되었고 애굽 땅에서 아내를 얻었다. 전쟁을 선택하고 애굽 여자와 결혼함으로 인해 이스마엘의 후예들은 약속의 후손에서 더더욱 멀어지게 되었다.

이스마엘과 이삭의 갈등은 보통 가정에서 일어나는 단순한 사건이 아니었다. 이것은 다가올 세계의 모든 하나님의 백성들에게 있어서 큰 영적 메시지를 담고 있는 비유적 사건이다. 바울은 이스마엘과 이삭을 비유로 들어 크리스천 안에 있는 영적인 갈등을 설명했다.

"기록된 바 아브라함에게 두 아들이 있으니 하나는 여종에게서, 하나는 자유 있는 여자에게서 났다 하였으며 여종에게서는 육체를 따라 났고 자유 있는 여자에게서는 약속으로 말미암았느니라"(갈 4:22,23).

여종 하갈에게서 난 이스마엘은 육(肉)의 아들이요, 자유 있는 여자 사라에게서 난 이삭은 영(靈)의 아들이다. 이 둘은 영원한 긴장과 충돌 관계다.

"형제들아 너희는 이삭과 같이 약속의 자녀라 그러나 그 때에 육체를 따라 난 자가 성령을 따라 난 자를 박해한 것같이 이제도 그러하도다"(갈 4:28,29).

우리 안에는 육체를 따라 난 자의 모습과 영으로 난 자의 모습이 있다. 이 둘이 서로 싸운다. 육체는 전투적이고 폭력적이어서 영으로 난 자를 싫어하고 공격하게 되어 있다. 이스마엘이 어린 이삭을 희롱한 것처럼 육의 생각이 영의 생각을 박해할 것이다. 그리고 이스마엘은 크고 사나운데 반해서 이삭은 작고 어렸듯이, 우리 안에 하나님을 쫓고자 하는 믿음은 아직 어린데, 남아있는 육체의 잔재는 아직 너무 강하고 사납다. 예수님의 도우심이 없이는 승리할 수가 없다.

"육체의 소욕은 성령을 거스르고 성령은 육체를 거스르나니 이 둘이 서로 대적함으로 너희가 원하는 것을 하지 못하게 하려 함이니라" (갈 5:17).

이 영과 육의 충돌에서 확실히 선택하지 않으면 무기력한 크리스천의 삶을 살게 된다. 이것은 결코 하나님이 원하시는 모습이 아니다. 그래서 로마서 8장 7절을 보면 "육신의 생각은 하나님과 원수가 된다"고 했다. 그럼에도 불구하고 우리는 자꾸 육신의 생각과 옛 죄의 습성을 붙잡고 가려 한다. 예수님 믿고 구원받고 성령님을 체험했으면서도 나의 옛 자아를 포기하지 않고 신앙생활하려 한다. 그래서 육의 생각이 영의 생각을 지배하고, 육신의 일이 영의 일을 간섭하며 희롱하는 일들이 자꾸 생기는 것이다. 능력있는 크리스천의 삶을 살고 싶다면 결단하고 육신의 생각을 내쫓아야 한다. 어둠의 세력과 타협하지 말아야 한다.

"그러나 성경이 무엇을 말하느냐 여종과 그 아들을 내쫓으라 여종의 아들이 자유 있는 여자의 아들과 더불어 유업을 얻지 못하리라 하였느니라 그런즉 형제들아 우리는 여종의 자녀가 아니요 자유 있는 여자의 자녀니라"(갈 4:30,31).

하나님께서는 우리 안에 있는 이스마엘을 내쫓으라고 하신다. 정이 들고 습관이 되어서 감정적으로 너무 힘들다. 이른 아침에 두 모자에게 차비를 주면서 눈물로 이별하는 아브라함의 모습이 바로 나의 옛 사람을 끊는 고통이다. 생각만큼 쉽지 않다. 그러나 아무리 힘들고 어려워도 옛 사람을 끊어버려야 한다.

내 안에 지금 내보내야 할 이스마엘이 있다. 친하게 지내던 한 목회자의 간증이 기억난다. 대학시절에 크리스천이 된 그는 교회 대학청년부 활동을 열심히 하려고 했다. 그러나 예수 안 믿던 시절의 오랜 세월 정든 친구들과의 관계를 끊지 못했다. 정 때문에 어영부영 그들과 적당히 어울리다 보니 몇 년간 하나님과의 관계가 정말 힘들었다. 그래서 어느 날 하나님의 은혜로 결단하고 매정하다는 욕을 먹으면서도 옛 친구들과의 관계를 정리해버렸다. 그랬더니 인생이 너무나 단순해지고 마음에 자유함이 왔다고 한다. 그후에 하나님께서 믿음의 새 친구들을 붙여주셨을 뿐 아니라 옛날 친구들 중의 상당수도 하나님을 믿게 되었다고 한다. 확실한 선택은 당장은 어려워도 시간이 지날수록 내게 이익이다.

기쁨을 가져다준 이삭과는 달리 이스마엘은 잉태될 때부터 지금까지 항상 갈등과 근심을 안겨주었다. 많은 사람들이 구원을 받았지만 구원의 기쁨을 누리지 못한다. 이스마엘 같은 내 옛 사람과 옛 죄의 습관을 끼고 살기 때문이다. 이스마엘을 이삭과 함께 키우면 둘 사이의 갈등 때문에 아브라함이 갈수록 괴로워질 뻔했듯이 육체의 정욕을 방치해두면 항상 우리에게 갈등과 근심을 안겨줄 것이다. 그것은 고통을 주는 재미요, 나를 가라앉게 만들 정이다. 시간이 갈수록 남모를 갈등과 근심은 더할 것이다.

그리고 이스마엘을 같이 키우면 이스마엘도 화나지 않게 여러 가지로 신경 써주느라 이삭에게 집중할 수가 없었을 것이다. 마찬가지로 우리 안에 육체를 영과 같이 방치해두면, 육체의 정욕을 달래느라 영적 성장에 집중할 수가 없을 것이다. 바로 그것이 사탄의 전략이다. 육체를 끊어내는 일은 빠르면 빠를수록 좋다.

이삭이 태어나는 순간부터 이스마엘이 사납게 날뛰었다. 하나님의 사람이 진짜 은혜를 받고 하나님께 헌신하려고 하면 우리 안의 옛 사람, 이스마엘이 사납게 날뛰기 시작한다. '이거 내가 하나님 잘 믿어보려고 하는데 왜 이러나?' 할 정도로 무섭게 영혼이 소용돌이친다. 이걸 잘 이겨내야 한다. 그리고 과대평가하고 있던 내 자신의 영적 수준을 다시금 돌아봐야 한다.

새로운교회를 개척하고 나서 초창기, 함께 교회를 섬겨온 나와 우리

교회 목회자 및 평신도 리더들의 간증을 들어보면 확실히 그랬다. 교회를 통해서 은혜와 도전을 받고, 새로운 인생으로 변화함과 동시에 이제껏 몰랐던 내면의 이스마엘이 기승을 부렸다. 갑자기 부부싸움도 하게 되고, 자신도 모르고 있던 연약하고 어두운 모습들이 확 드러나면서 고통스러웠다. 은혜가 넘치는 곳에 죄가 더했다.

이것은 영적 체질이 바뀌는 데서 오는 피할 수 없는 과정이다. 진짜 크리스천이 되려고 하는 것이다. 이제 세상과 하나님 사이에 양다리 걸치고 더 이상 어영부영 살 수 없다. 굳게 결심하고 이스마엘을 내보내고 영적 자유함과 순결함을 얻기를 바란다. 그때부터 진짜 능력있는 크리스천의 삶을 살게 될 것이며 더 큰 도전과 시험도 이겨낼 수 있을 것이다.

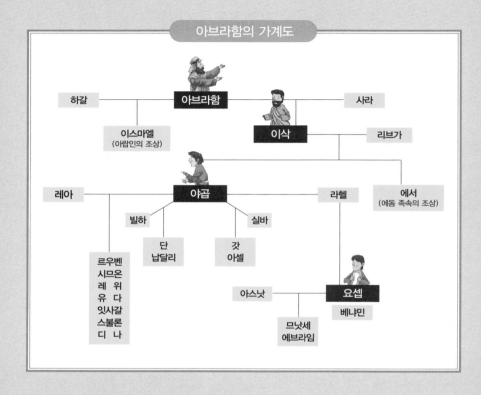

아브라함의 가계도

하갈 — 아브라함 — 사라

이스마엘
(아랍인의 조상)

이삭 — 리브가

레아 — 야곱 — 라헬

빌하   실바

에서
(에돔 족속의 조상)

단
납달리

갓
아셀

르우벤
시므온
레 위
유 다
잇사갈
스불론
디 나

아스낫 — 요셉

베냐민

므낫세
에브라임

*《성경 익스프레스》(규장 간)에서 발췌.

14

세상이 놀랄 축복

이 세상에서 살아가면서 모두에게 가장 어려운 도전 중에 하나
가 바로 인간관계이다. "남이야 어떻든 나만 잘하면 되지"라고 하는
사람은 아직 인생을 제대로 살아보지 않은 철부지다. 내가 아무리 열
심히 노력하고 자기 관리를 철저히 한다고 해도 다른 사람들과 관계를
제대로 맺어가지 못한다면 결코 풍성한 인생을 살 수가 없다. 누구와
어떻게 관계를 맺고, 어떻게 만나고 헤어지느냐에 따라서 너무 많은
것들이 결정된다. 성공과 실패, 기쁨과 슬픔이 인간관계에 따라 왔다
갔다 한다.

군대생활에서도 어떤 고참과 동료들을 만나느냐에 따라서 그리고
그들과 어떻게 지내느냐에 따라서 하늘과 땅 차이가 있다. 어떤 배우
자를 만나고 또 그 사람과 어떻게 부부관계를 지속하느냐에 따라서 가

정은 천국과 지옥으로 나뉜다. 어떤 상사와 동료와 부하, 고객을 만나서 어떻게 지내느냐에 따라서 직장생활이 완전히 달라진다.

꼭 나이가 들고 많이 배웠다고 인간관계를 잘하는 것이 아니다. 타고난 처세술과 싹싹한 매너도 도움은 된다. 그러나 원숭이가 나무에서 떨어진다고 사람을 잘 다룬다는 사람이 오히려 사람에게 당한다. 인맥이 넓은 사람도 결정적인 때에는 도와주는 사람이 없어 당황한다. 그리고 그렇게 믿었던 사람에게 배신당하기도 한다.

목회를 하면 할수록 내가 인간관계에 대해서 너무나 모르는 것이 많음을 절감하게 된다. 좋은 인간관계는 하나님의 은혜다. 하나님의 축복과 돌보심 없이는 좋은 인간관계도 결코 안심할 수 없다. 하지만 하나님의 은혜가 임하면 예민하기 짝이 없는 관계도 아름답고 굳건한 축복으로 변한다. 아비멜렉과 아브라함이 맺은 아름다운 언약이 바로 그것을 보여준다.

빛나는 인생

아비멜렉과 아브라함의 첫 만남은 결코 아름답지 못했다. 아브라함이 자신의 아내를 누이라고 거짓말함으로써, 아비멜렉은 사라를 아내로 삼으려고 데려갔고, 그 일로 그의 부족 전체가 하나님의 노여움을 사서 태(胎)가 닫히는 재앙을 받았다. 하나님은 아비멜렉의 꿈에 나타나서서 그를 무섭게 꾸중하셨고, 이에 놀란 아비멜렉은 많은 재물과 함께 사라를 돌려보냈다. 그리고 아브라함의 중보기도를 받고 나서야 자신의 부족의 태가 다시 열릴 수 있었다. 그때 아브라함의 하나님의 무서움에 너무 충격을 받은 아비멜렉은 가장 좋은 땅을 아브라함에게 떼어주고 물러났었다. 그리고 몇 년이 흘렀다.

그때에 아비멜렉과 그 군대 장관 비골이 아브라함에게 말하여 이르되 네가 무슨 일을 하든지 하나님이 너와 함께 계시도다 창 21:22

어느 날 갑자기 자신의 군대장관, 즉 자기의 최측근 간부와 함께 아브라함을 방문한 아비멜렉. 상당히 이례적인 방문이다. 애굽과 국경을 마주한 그랄은 소돔과 고모라 멸망 이후에 새로운 국제 무역도시로 각광받는 곳이었으며 군사력도 강했다. 그런 곳의 최고 권력자가 아브라함을 직접 찾아와 상호불가침 조약을 맺자고 제의한 것이다. 객관적인 시각에서 보면 있을 수 없는 일이다. "목마른 사람이 우물을 판다"라는 말도 있듯이 원래 힘없는 자가 힘있는 자를 찾아오는 것 아닌가? 작은 자가 큰 자를, 을이 갑을, 힘이든 돈이든 인기든 없는 쪽이 있는 쪽으로 찾아오는 것이 정상이다. 그런데 어찌 된 셈인지 강한 자가 약한 자를 먼저 찾아왔다. 큰 자가 작은 자를 찾아왔다. 그 땅의 최고 권력자가 이민자 이방인 족장에 불구한 아브라함에게 찾아온 것부터가 하나님의 신비한 은혜였다.

"네가 무슨 일을 하든지 하나님이 함께 계시도다"라는 말은, "네가 하는 모든 일들을 우리가 다 알고 있었다"는 얘기다. 첫 만남 이후에 아비멜렉은 지난 몇 년 동안 아브라함의 일거수일투족을 살폈음이 분명하다. 아브라함의 하나님에 대한 두려움 때문에 아브라함에게 최고의 땅을 선물로 주고 자기 땅 안에서 살게 했지만, 적어도 몇 년 동안은 아비멜렉에게 있어서 아브라함은 경계의 대상이었다. 그래서 자신의 정보 조직을 총동원해서 아브라함 가문에 일어나는 모든 일들을 다 살피게 했을 것이다.

인간적으로 불가능하다고 생각되던 이삭의 탄생과 그 뒤로 일어났던 이스마엘과 이삭의 갈등을 해결하는 아브라함의 모습을 다 지켜보았을 것이다. 그 와중에 아브라함이 하는 목축업과 농사 등이 크고 풍성하게 성장하는 것도 지켜보았을 것이다. 자기 땅의 사업 환경이라야 손바닥 보듯 훤히 읽고 있는데 이민자 아브라함이 어떤 어려움도 잘 이겨내며 자리를 잡는 것을 보고 충격을 받았을 것이다. 아브라함이 가족 내부에 갈등도 있고 나이도 많아 새로운 땅에 적응하기 쉽지 않을 상황인데도 불구하고 잘되는 것을 보고 아비멜렉은 더욱 감동을 받았다.

처음 아브라함을 만났을 때는 아내를 누이동생이라고 속인 거짓말쟁이로 치부했는데 '하나님이 어떻게 이런 사람을 계속 편들어주시나' 의아한 생각이 들었을 것이다. 그래서 아브라함을 오랜 세월 살펴보았는데 첫인상과는 다르게 보면 볼수록 뭔가 확실히 달랐다. 무슨 일을 하든지 어떤 역경을 만나든지 희한하게 뚫고 나오며 성공해가는 것이다. 뭔가 보이지 않는 큰 힘이 그를 돕고 있다는 것을 확연히 알 수 있었다. 하나님의 사람은 꼭 똑똑하고 유능한 사람을 의미하는 것은 아니다. 다만 그가 어디 가서 무슨 일을 하든지 하나님이 함께하시는 사람이다. 그것을 타인도 알고 본인도 안다. 시간이 갈수록 더 그렇다. 그 사람의 능력과 배경으로는 상상할 수도 없는 일을 해내는 것을 볼 때 하나님이 그와 함께하는 것을 안다.

그렇다고 자기는 두 손 놓고 놀기만 하는데 하나님이 축복해주시는 것은 아니다. 열심히 일해야 한다. 그러나 세상일이 어디 열심히 하기만 한다고 다 되던가. 똑같이 열심히 일했는데 신비하게도 아브라함이 더 잘되는 것이다. 아브라함의 양떼들이 더 새끼를 잘 번식시키고, 아브라함이 우물을 파면 항상 풍성한 물이 흘러나오고, 아브라함이 투자를 하면 같이 일하는 상인들이 더 잘되는 일들이 계속된다. 우연이라고 하기엔 놀라운 일들이 반복되는 것이다. 교회도 그렇다. "저 교회는 건물이 좋구나, 잘나가는 사람들이 모이는구나"라는 말보다는 "저 교회는 정말 하나님이 함께하시는구나"라는 말을 들어야 한다.

아비멜렉은 생각했다.

'하나님이 아브라함과 함께하지 않고는 불가능한 축복을 누리고 있다. 이런 사람과는 결코 적이 되어선 안 되겠다. 서로 친구가 되어야 나도 안전하고 축복을 받겠다.'

여기서 우리는 중요한 사실을 두 가지 배운다.

첫째, 주위의 사람들은 안 보는 것 같아도 우리의 삶을 열심히 바라보고 있다. 겉으로는 잘해주는 것 같지만 한동안은 의심의 눈길을 풀지 않고 과연 우리의 삶이 자신들과 어떻게 다른지를 뚫어지게 살피고 있다. 우리의 삶과 말이 일치하지 않으면 세상을 변화시키기 어렵다. 그리고 그것이 시간이 지나도 퇴색하지 말아야 한다. 아비멜렉이 몇 년을 지켜보다가 비로소 아브라함에게 조약을 맺자고 했다는 사실을 보면 세상 사람들이 얼마나 무서운지 알 수 있다. 한때 반짝했다가 끝나는 믿음과 축복이 아니라 세월이 가도 변함없는 믿음과 축복이 우리의 삶에 나타나야 한다.

그러므로 크리스천의 삶은 세상 사람들 앞에 완전히 공개된 삶으로 존재해야 하는 사명이 있다. 어렵고 부담스러워도 그것이 하나님이 우리에게 주신 사명이다. 하나님은 우리의 삶이 세상 사람들에게 주는 하나님의 메시지가 되길 원하신다. 세상 사람들은 성경을 읽지 않고 또 하나님을 알 수가 없으므로 우리의 삶으로 하나님이 살아계시다는 것을 그들에게 알려야 하는 것이다.

"너희는 세상의 빛이라 산 위에 있는 동네가 숨겨지지 못할 것이요 사람이 등불을 켜서 말 아래에 두지 아니하고 등경 위에 두나니 이러므로 집 안 모든 사람에게 비치느니라 이같이 너희 빛이 사람 앞에 비치게 하여 그들로 너희 착한 행실을 보고 하늘에 계신 너희 아버지께 영광을 돌리게 하라"(마 5:14-16).

둘째, 하나님이 함께하시는 자에게는 하나님의 향기가 난다.

"항상 우리를 그리스도 안에서 이기게 하시고 우리로 말미암아 각처에서 그리스도를 아는 냄새를 나타내시는 하나님께 감사하노라 우리는 구원 받는 자들에게나 망하는 자들에게나 하나님 앞에서 그리스도의 향기니"(고후 2:14,15).

이것은 세상 사람들이 감히 범접할 수 없는 거룩한 아름다움이다. 또한 하나님의 특별한 돌보심과 권위가 느껴진다는 뜻이기도 하다. 사람의 힘으로 쌓아올린 성공이 아니라 하나님이 주신 성공이 갖게 되는 권위다. 상식적으로 이해가 되고 원인 분석이 되는 성공에는 세상 사람들도 별 감동을 받지 않는다. 자기들도 그런 방법으로 하면 되기 때문이다. 그러나 도대체 논리적으로 상식적으로 이해가 안 되는 성공을 보면 그들은 두려움을 느낀다. 그 두려움은 하나님이 주시는 것이다.

"그들의 자손을 뭇 나라 가운데에, 그들의 후손을 만민 가운데에 알리리니 무릇 이를 보는 자가 그들은 여호와께 복 받은 자손이라 인정하리라"(사 61:9).

그렇다고 꼭 부자가 되고 권력자가 되어야만 세상 사람들이 우리에게서 하나님의 영광을 보는 것은 아니다. 크리스천들도 가난할 수 있고, 시험에 떨어질 수도 있고, 직장에서 명퇴를 당할 수 있으며, 집안의 갈등도 있을 수 있다. 아비멜렉은 하갈과 사라의 갈등과 이스마엘과 이삭의 갈등으로 아브라함이 힘들었던 때도 보았을 것이다. 중요한 것은 항상 잘되는 모습뿐 아니라 어렵고 힘든 상황 속에서도 하나님을 붙잡고 그 위기를 잘 헤쳐나오는 것이다. 그것 자체도 큰 메시지다. '그리 아니하실지라도 감사하는 믿음'도 믿는 사람을 세상과 다르게 만드는 확실한 경쟁력이다.

내가 존경하는 한 장로님은 IMF 시절에 건실하게 경영하던 사업이 흑자도산 하는 어려운 상황에 직면했다. 그런데 회사 문을 닫고 난 뒤 회사 경리부장이 집으로 찾아오더니 느닷없이 말했다.

"사장님, 저 예수 믿기로 했습니다."

깜짝 놀란 장로님이 말했다.

"아니, 그동안 내가 그렇게 전도해도 안 믿는다더니 왜 갑자기 그런 생각을 하게 됐어요?"

"제가 이 회사 오기 전에 몇 군데 중소기업에서도 경리 담당으로 일했거든요. 회사가 망할 낌새가 보이면 대부분의 사장님들은 어떻게 해서든 자기 먹고살 것을 챙겨놓느라고 정신없어요. 회사는 빚더미에 앉았는데 챙길 수 있을 만큼 챙겨서 야반도주를 하는 사람들도 많고요. 그런데 사장님이 직원들 최대한 퇴직금을 받고 갈 수 있게 챙겨주시고, 정직하게 장부 정리를 다 끝내고 회사 문을 닫으시는 모습을 보고 정말 깊은 감동을 받았습니다. 그래서 사장님이 믿으시는 예수님을 저도 믿으려고 합니다."

경리부장이 돌아간 뒤에 장로님은 이런 생각을 했다고 한다.

'하나님 믿는 사람은 망할 때도 은혜롭게 잘 망해야겠구나. 그래야 하나님께 영광 돌리겠구나.'

지금 생각해도 그 깨달음은 만고의 진리인 것 같다.

지혜로운 조약

아비멜렉은 아브라함과 평화조약을 체결하길 원했다. 특별히 자신의 군대장관을 대동하고 와서 이 조약을 맺자고 한 것으로 보아 군사적 상호불가침 조약의 성격이 강했던 것으로 보인다. 그는 아브라함의 힘이 두려웠던 것이다. 보다 엄밀히 말하면 아브라함의 하나님이 두려웠다. 오래 전에 단 300여 명의 사병만 이끌고 4개국 연합군을 격파한

이야기도 들었고, 소돔과 고모라를 멸망시킨 하나님의 손이 함께하는 아브라함의 세력이 두려웠을 것이다. 전쟁은 하나님께 속한 것을 이방인인 아비멜렉도 알고 두려워한 것이다.

또한 아비멜렉은 당대에서 끝나는 것이 아니고 앞으로 3대에 이르기까지 유효한 조약을 체결하자고 제안했다.

> 그런즉 너는 나와 내 아들과 내 손자에게 거짓되이 행하지 아니하기를 이제 여기서 하나님을 가리켜 내게 맹세하라 내가 네게 후대한 대로 너도 나와 네가 머무는 이 땅에 행할 것이니라 창 21:23

아비멜렉은 아브라함의 성공이 당대에만 그치는 것이 아니고, 아들과 손자 대에 이르기까지 계속될 것이라고 믿었다. 하나님이 주시는 축복은 우리 당대에만 그쳐서는 안 될 것이다. 우리의 자손 대로 갈수록 더 잘될 것이다. 그것을 불신자인 아비멜렉도 믿었으니 놀라운 일 아닌가!

그의 제안에 선뜻 동의하는 아브라함의 모습에서 우리는 성숙한 신앙인의 유연한 자세를 본다. 아브라함은 하나님의 선택받은 자이고 아비멜렉은 이방인이다. 그러나 아브라함은 함께 평화조약을 맺자는 아비멜렉의 제안을 선뜻 받아들였다. 이것은 크리스천이 세상과 타협하라는 의미는 아니다. 우리가 세상 속에 살면서 세상과 결코 타협해서는 안 되지만 동시에 세상을 정죄하거나 세상으로부터 도피해서도 안 된다.

아브라함은 이방인인 아비멜렉을 배척하지 않고 받아들여 그의 손을 잡아줌으로써 그 땅에서 하나님나라를 이루어간다. 우리도 그렇다. 세상의 죄에 물들어서는 안 되지만 그렇다고 우월한 입장에서 세상 사람들을 지옥 갈 죄인으로 정죄하는 태도를 취해서도 안 된다. 혼자 고고한 척하며 세상을 배척하고 직장이나 학교에서 자기만 하나님 은총을 받은 사람인 것처럼 행동해선 안 된다. 일부 크리스천들의 그런 비인격적인 모습들이 많은 사람들이 하나님을 믿지 않게 하는 원인 제공을 한다.

우리가 이 땅에 사는 이상은 하나님을 안 믿는 사람들과 사업 계약도 맺고, 반상회도 하고, 사회봉사도 같이하고, 학교도 같이 다닐 수밖에 없다. 우리는 세상 사람들을 대할 때 비둘기처럼 순결하나 뱀처럼 지혜로와야 한다(마 10:16). 그들을 인격적으로 대하고 겸손히 섬겨주어야 한다. 함부로 성질부리지 말고 따뜻하고 친절하게 대해야 한다. 그러면서도 합리적이고 분명하게 해야 한다. 그들과 사업을 할 때 정직하고 약속을 잘 지켜야 한다. 그래야 그들이 우리의 삶을 통하여 하나님을 느끼게 된다. 하나님은 우리가 세상 속에 살면서 그런 거룩한 영향력을 미치기 원하신다.

진리를 이야기해야 할 때

우호조약을 맺기에 앞서 아브라함은 우물 소유권을 둘러싸고 그동안 아비멜렉의 종들이 저지른 일에 대한 문제 제기를 한다. 우리가 아비멜렉 같은 세상 권력자를 대할 때 겸손하고 유연해야 하지만 그래도 진리를 말할 때는 해야 한다.

> 아비멜렉의 종들이 아브라함의 우물을 빼앗은 일에 관하여 아브라함
> 이 아비멜렉을 책망하매 아비멜렉이 이르되 누가 그리하였는지 내가
> 알지 못하노라 너도 내게 알리지 아니하였고 나도 듣지 못하였더니
> 오늘에야 들었노라 아브라함이 양과 소를 가져다가 아비멜렉에게 주
> 고 두 사람이 서로 언약을 세우니라 창 21:25-27

아비멜렉의 종들이 아브라함의 우물을 빼앗았다는 것은 심각한 일이었다. 목축업이 핵심 주력 산업이던 당시에 물이 잘 나오는 우물을 확보하는 것은 유전(油田)을 발견하는 것만큼 중요했다. 좋은 우물들은 이미 힘있는 자들이 다 차지했기 때문에 새로 시작하는 사람들은 자기가 직접 우물을 파야 했는데, 수맥이 있는 곳을 잘 짚어서 어떨 때는 수십 미터 이상씩 파고 내려가야 했다. 그렇게 해서 얻은 우물 주위로 그 부족 사람들과 가축들이 장막을 치고 마을을 이루는 것이다.

그래서 당시 우물은 재산목록 1호였다. 남의 땅에 와서 뿌리를 내리기 위해서 아브라함도 열심히 우물을 팠는데 아비멜렉의 부하들이 물리적 힘을 동원하여 텃세를 부리며 갑자기 그 우물을 빼앗았던 것 같다. 그 땅의 권력자 아비멜렉의 부하들이었기 때문에 이방인인 아브라함으로서는 전쟁을 할 마음이 없는 이상 어떻게 해볼 도리가 없어서 가슴만 태우고 있었다.

그런데 하나님의 은혜로 아비멜렉이 직접 찾아와서 우호조약을 체결하자고 하니 이런 좋은 기회가 없었다. 어떻게 이 우물 소유권 문제를 풀어야 하나 고민하는 아브라함에게 하나님이 최고 권력자 아비멜렉에게 직통으로 대화할 수 있는 기회를 주신 것이다. 좋은 기회가 이렇게 쉽게 올 줄은 아브라함도 몰랐을 것이다. 하나님께서는 우리를 괴롭게 하는 어떤 일이 있을 때, 뜻하지 않게 난국을 타개할 수 있는 기회를 주신다. 하나님을 의지하는 자에게는 모든 것이 합력하여 선을 이룬다(롬 8:28).

26절을 보면, 아브라함이 우물 강탈 문제를 들고 나오자 아비멜렉은 깜짝 놀라서 자기는 전혀 몰랐던 일이라고 부인한다. 왜 진작 그런 일이 있었으면 자기에게 알리지 않았느냐고 한다. 나는 아비멜렉의 말이 진심이라고 생각된다. 만약에 그가 알고 있었거나 부하들에게 은근히 지시한 일이었다면 우호조약을 체결하자고 찾아오지는 못했을 것이다. 그것도 아브라함의 하나님이 얼마나 무서운지를 잘 알면서 말이다.

아마도 아비멜렉의 부하들이 보스(boss, 우두머리)도 모르게 오버한 것 같다. 항상 최고 권력자의 권력을 등에 업고, 보스도 모르게 힘을 휘두르는 부하들이 있게 마련이다. 어느 날 갑자기 남의 땅에 들어와서 그것도 제일 좋은 땅을 하사받아서 쑥쑥 커가는 아브라함을 보면서 심사가 뒤틀린 그의 부하들이 있었을 것이고, 그들이 군사들을 동원해서 아브라함이 판 우물을 빼앗았을 것이다. '이방인 주제에 감히 어쩔 거냐?' 싶었을 것이다.

자기는 모르는 일이라고 펄쩍 뛰는 아비멜렉을 아브라함은 더 이상 추궁하지 않는다. 오히려 양과 소를 가져다가 그에게 선물로 준다. 그리고 아비멜렉이 제안한 우호조약에 서명을 한다.

여기서 우리는 아브라함의 사려 깊은 마음을 본다. 아브라함은 아비멜렉이 정말로 몰랐던 일이었다는 것을 확인했다. 그리고 더 이상 이 문제로 아비멜렉을 압박하지 않고 거기서 멈춘다. 오늘날 세상 사람들의 대화가 단절되고 분쟁이 해결되지 못하는 것은 어느 선에서 멈추지 않기 때문이다. 알면서도 적당한 선에서 모른척 넘어가주는 아량이 없다. 오히려 "기(氣)싸움에서 지면 안 된다. 밀리면 안 된다. 이왕 시작한 것 갈 때까지 가보자. 이판사판이다" 하며 사납게 달려드니까 갈등과 반목이 해결이 안 된다. 때로는 자존심보다 더 중요한 것이 있는 법이다. 우리가 옳다 해도 상대를 너무 끝까지 구석으로 몰아붙이면 안 된다.

아브라함은 어느 선에서 멈출 줄 아는 사람이었다. 이 문제의 심각성을 아비멜렉이 인식하게 된 것만으로도 충분하다고 생각했다. 여기서 더 밀어붙여서 아비멜렉의 자존심에 상처를 줄 필요가 없다고 생각했다. 분명히 메시지를 전달했으면 어느 선에서 멈춰야 한다. 그러면 말하지 않아도 상대가 알아서 해결한다. 그렇게 할 수 있는 여유를 주는 것이다(모르긴 몰라도 오버했던 아비멜렉의 부하들은 나중에 큰 벌을 받았을 것이다. 그리고 아브라함의 우물을 되돌려줬을 것이다. 17년 전에 사라를 되돌려주면서 많은 선물까지 줬던 아비멜렉이기 때문에 충분히 그러고도 남을 것이다).

거기다가 아브라함은 양과 소를 가져다가 아비멜렉에게 주면서 우호조약을 체결한다. 조약을 맺자고 찾아온 것은 아비멜렉 쪽이었고 우물 문제로 피해를 입은 것은 분명히 아브라함이었다. 그러므로 당연히 뭔가를 받아야 한다면 아브라함이 받아야 했는데 오히려 아브라함이 선물을 주었다. 당연히 줘야 될 사람이 주고 받아야 될 사람이 받을 때는 감동이 없다. 그러나 받아야 될 사람이 오히려 줄 때는 눈물 나는 감동이 흐른다. 이것이야말로 작은 것을 주고 큰 것을 받는 놀라운 지혜가 아닐 수 없다.

아브라함은 현재보다는 미래를 생각하는 사람이었다. 게다가 아비멜렉에게는 17년 전 사라 사건 때 많은 선물을 받은 빚도 있었다. 아마도 아브라함은 상당히 많은 양과 소를 선물로 주었을 것이다. 하나님의 사람은 칼같이 이해득실을 따져가며 찬바람이 나선 안 된다. 한 치도 손해보지 않으려 하는 사람과 누가 친구가 되려 하겠는가. 사랑으로 넉넉하게 베풀어야 한다.

내가 아는 성공적인 사업가 한 분은 젊은 시절부터 계약을 할 때 항상 6 대 4 정도로 조금 손해본다 싶게 한다고 한다. 그러면 당장은 손해보는 것 같아도 상대의 마음을 얻어 장기적으로는 더 큰 이익이라는 것이다. 짚어야 될 문제점을 짚되 어느 정도 선에서 상대의 자존심을 세워주며 손해볼 줄도 알아야 한다. 자기의 것을 나눌 줄 아는 사람에게 하나님은 축복하시고 나눈 것 이상을 되돌려주신다.

"주라 그리하면 너희에게 줄 것이니 곧 후히 되어 누르고 흔들어 넘치도록 하여 너희에게 안겨주리라 너희가 헤아리는 그 헤아림으로 너희도 헤아림을 도로 받을 것이니라"(눅 6:38).

그렇게 아비멜렉의 마음을 풀어주며 우호조약을 체결한 다음에 아브라함은 놀라운 지혜로 우물 소유권 문제를 마무리했다.

> 아브라함이 일곱 암양 새끼를 따로 놓으니 아비멜렉이 아브라함에게 이르되 이 일곱 암양 새끼를 따로 놓음은 어찜이냐 아브라함이 이르되 너는 내 손에서 이 암양 새끼 일곱을 받아 내가 이 우물 판 증거를 삼으라 하고 창 21:28-30

아비멜렉에게 준 가축들 외에 일곱 암양 새끼를 따로 놓은 것이다. 아비멜렉은 이미 뜻밖의 선물을 많이 받아 송구한 마음인데 아브라함이 일곱 암양 새끼를 그에게 특별선물로 더 주었다.

그가 이 선물의 의미를 묻자 아브라함은 "이것으로 이 우물이 내가 판 우물, 즉 나의 우물임을 분명히 하자"고 한다. 분쟁 상태에 있는 우물의 소유권 문제를 확실히 한 것이다. 아마 처음부터 이 카드를 내밀었으면 서로 감정만 상해서 협상은 결렬될 수 있었을 것이다. 그러나 이미 아브라함의 겸손한 태도와 뜻밖의 풍성한 선물에 마음이 열린 아비멜렉은 아브라함의 제의를 수락했다. 희생과 겸손은 상대의 마음을 열게 한다. 마음이 열리고 나면 껄끄러운 일도 잘 받아들일 수 있다.

"마음의 쿠션, 감정의 쿠션"이란 용어를 책에서 읽은 적이 있다. 쿠션은 자동차 에어백과 같아서 부딪쳐도 충격을 줄여주는 역할을 한다. 인간관계에서 이 감정적 쿠션의 지혜가 필요하다. 본론으로 진입하기 전에 먼저 이 사람과 나 사이에 신뢰 관계가 구축되어 있는가를 생각해보라. 어려운 말을 하기 전에 평소 이 사람에게 내가 사랑과 격려의 말을 얼마나 해주었나를 생각해보라. 상대에게 얼마나 베풀고, 그를 위해서 얼마나 손해를 보았는가를 생각해보라.

평소에 성실하게 대하고 사랑과 격려를 많이 해주었다면 어려운 이야기도 쉽게 받아들여질 수 있다. 무엇을 말하느냐 보다 중요한 것은 누가, 어떻게 말하느냐이다. 아브라함은 아비멜렉의 마음에 쿠션을 쌓아놓았기에 이 껄끄러운 문제를 해결할 수 있었다.

아비멜렉과 아브라함이 거기서 맹세하였다 하여 이름을 "맹세의 우물" 혹은 "일곱 우물"이란 뜻의 "브엘세바"라 했다.

함께하심의 축복을 구하라

우호조약을 맺고 아비멜렉은 떠났지만 아브라함에게는 한 가지 더 마무리할 일이 있었다.

> 아브라함은 브엘세바에 에셀 나무를 심고 거기서 영원하신 여호와의 이름을 불렀으며 그가 블레셋 사람의 땅에서 여러 날을 지냈더라
>
> 창 21:33,34

아브라함은 아비멜렉과 언약을 맺은 그 자리에 에셀나무를 심었다. 그리고 거기서 영원하신 하나님의 이름을 불렀다.

에셀나무는 시내반도에 서식하는 상록수이다. 재질이 단단하고 키

가 커서 넓은 그늘을 형성하는 나무인데 생명력도 강해서 사막 지방에서도 장수하는 나무다. 주변 상황이 아무리 험해도 그 푸르름을 잃지 않기 때문에 변치 않으시는 하나님의 은혜를 상징한다.

아브라함이 아비멜렉과 우호조약을 체결한 그 자리에 에셀나무를 심고 영원하신 하나님의 이름을 불렀다는 것은 깊은 영적 의미가 있다. 사람은 변하고 상황도 변한다. 그래서 인간끼리 맺은 조약은 언제 어떻게 깨질지 모른다. 그러나 하나님은 변하지 않으신다. 오직 영원하신 하나님이 함께하셔야 사람과의 관계도 온전히 지켜질 수 있음을 아브라함은 알고 있었다. 그는 아비멜렉의 맹세를 믿은 것이 아니라 하나님의 함께하심을 믿은 것이다.

"사람이 마음으로 자기의 길을 계획할지라도 그의 걸음을 인도하시는 이는 여호와시니라"(잠 16:9).

아브라함은 에셀나무를 심고 하나님을 부르면서 이렇게 기도했을 것이다.

'하나님, 아비멜렉이 지금은 저와 우호조약을 맺고 갔지만, 저는 아비멜렉을 믿는 것이 아니고 하나님을 믿습니다. 그는 언제든 이해관계가 바뀌면 손바닥 뒤집듯이 이 언약을 깰 것입니다. 그러나 하나님은 불변한 분이시니 하나님께서 그의 죄성을 억제해주십시오. 그는 저보다 강한 사람이니 마음을 바꿔도 제가 어쩔 수 없지만, 하나님께서는 아비멜렉보다 강하시니 저를 지켜주십시오. 하나님께서 함께해주시지 않는 이 우호조약은 아무것도 아님을 아오니 주님, 축복해주옵소서.'

우리도 아브라함처럼 세상 사람들과 부대끼며 일하지만 사람을 믿지 말고 하나님을 믿어야 한다. 사람은 사랑의 대상이지 믿음의 대상이 아니다. 사람과 좋은 관계를 맺으라. 그러나 그것이 영원히 갈 것이라고는 믿지 말라. 아비멜렉은 언제든지 약속을 뒤집을 수 있다. 하지만 하나님이 지켜주시면 아비멜렉도 함부로 못한다.

아브라함은 "블레셋 사람의 땅", 즉 사나운 이방인의 땅에서 계속 살아야 했다. 그곳은 한시도 방심할 수 없는 거친 땅이었다. 그러나 영원하신 하나님이 함께하시기에 아브라함은 결코 기죽지 않고 강인하게 살아갈 수 있었다.

우리는 어디서 무엇을 하든지 그곳에 축복의 에셀나무를 심고 하나님의 임재를 선포해야 한다. 학교에 입학할 때나 군대에 갔을 때나 결혼해서 새 가정을 시작할 때 그리고 직장에 취직했을 때나 개업을 할 때나 정치를 할 때도 마찬가지다. 무슨 일을 누구와 하든 하나님이 함께하신다는 사실을 믿고, 그곳에 하나님의 임재를 선포하라. 매일 그곳에서 하나님의 이름을 부르며 하루를 시작하라. 그것이 바로 그곳에 하나님의 에셀나무를 심는 일이다.

15
믿음의 시험을 넘다

내가 꾸는 악몽 중에 하나는 학창 시절로 되돌아가 시험을 보는데, 공부를 전혀 못한 채로 보는 것이다. 내 영혼은 마흔이 훨씬 넘은 중년이라 수학 공식이니 역사적 사실이니 하는 것은 다 잊어버린 상태인데 몸만 중고등학생으로 돌아가서 시험을 보고 있는 것이다. 꿈속이지만 얼마나 마음이 쿵쾅거리고 힘이 드는지 모른다. 우리가 어릴 때부터 가장 싫어하지만 어쩔 수 없이 직면해야 하는 것이 시험이다. 학창 시절 누구나 다 힘든 시험의 추억들이 있을 것이다.

믿음의 세계에서도 시험이 있다. 아브라함의 인생에서 가장 힘들고 어려운 시험이 다가왔다. 이 시험을 통과함으로 아브라함은 믿음의 조상으로서의 자격을 확고히 하게 된다.

마지막 시험

> 그 일 후에 하나님이 아브라함을 시험하시려고 그를 부르시되 아브라
> 함아 하시니 그가 이르되 내가 여기 있나이다 창 22:1

"하나님이 아브라함을 시험하시려고"라고 되어 있다. 그러니까 이
것은 백퍼센트 하나님이 의도하시고 계획하신 사건이다. 하나님은 믿
음의 사람을 반드시 시험하신다. 겉으로 나타나는 현상만 볼 때는 모
든 시험이 다 동일한 것처럼 보이지만, 실은 서로 다른 두 가지 시험이
있다. 사탄이 주는 시험과 하나님이 주는 시험이다. 사탄이 주는 시험
은 육신의 정욕과 안목의 정욕과 이생의 자랑으로 사람들을 유혹하여
하나님으로부터 멀어지게 한다.

그러나 하나님이 주시는 시험은 다르다. 야고보서 1장 3절에 보면
하나님이 주시는 시험을 '믿음의 시련(test of faith)'이라고 표현했다. 사
탄이 주는 시험은 우리를 하나님으로부터 멀어지게 하는 것이 목적이
지만 하나님이 주시는 시험은 우리를 하나님께로 더 가까이 가게 하
는 것이 목적이다. 학창 시절에는 시험이라면 몸서리를 쳤지만 그래
도 시험이 없었으면 우리가 그만큼 공부했겠는가. 운동은 힘을 빼기
위해서 하는 게 아니라 힘을 기르기 위해서 하는 것이다. 믿음의 시험
은 우리의 믿음을 앗아가기 위한 것이 아니라 더 강하게 하기 위해서
허락된다.

사탄의 시험은 우리 안에서 최악을 끌어내려 한다. 그러나 하나님이

주시는 시험은 우리 안에서 최선을 끌어내려 한다. 하나님의 시험은 우리의 믿음을 강하게 하며 '인내와 성숙'을 만들어간다.

사탄이 주는 시험은 논리적이고 상식적이다. 예를 들면, "돈이 되는 거면 무슨 일이든 해라. 수단과 방법을 가리지 마라. 일단은 성공하고 보는 거다"라는 매력적인 제안들을 우리 마음속에 마구 퍼붓는다. 그러나 하나님이 주시는 시험은 때로는 도저히 앞뒤가 맞지 않는다. 25년을 기다리게 하시어 불가능한 상황에서 아들을 주시더니 이제는 그 아들을 제물로 바치라니 말이 되는가.

모든 크리스천들은 동일한 사탄의 유혹에 노출된다. 우리 모두가 다 돈과 섹스와 권력과 인기의 시험을 계속 받는다. 그러나 하나님이 주시는 믿음의 시험은 사람마다 다르다. 하나님이 각 사람에게 허락하시는 믿음의 시험은 우리의 믿음의 정도와 기질과 상황에 따라서 독특하다.

하나님은 아브라함에게 주신 믿음의 시험을 롯에게 주지는 않으셨다. 롯은 그 정도 시험을 감당할만한 믿음이 없기 때문이다. 톱클래스 수준이 되니까 맨체스터 유나이티드 같은 최고 명문 구단 입단 테스트 받아보라고 하지, 아마추어 축구팀 수준도 안 되는 사람에게 그런 제안을 하겠는가. 모든 믿음의 시험은 하나님이 우리의 믿음의 수준을 인정하시기에 그 다음 단계로 올라가게 하려고 주시는 축복의 통로다.

하나님은 아브라함을 한꺼번에 자신의 수준으로 끌어올리시지 않고, 그를 조금씩 성장시키셨다. 그래서 시간이 많이 걸린다. 하나님은 우리의 영적 수준에 맞게 다루신다. 시험을 받지 않는 사람은 한 사람도 없다. 시험은 극복하고 이겨야 한다. 다만 사탄의 시험과 하나님의 시험은 이기는 방법도 다르다.

사탄의 시험을 받을 때는 먼저 사탄이 시험할만한 요인을 제거해야 한다. 사탄은 우리가 가장 넘어지기 쉬운 취약점을 이용하여 시험하기 때문에 그런 상황을 애초부터 피해버려야 한다. 그러고 나서 하나님의 말씀을 사용하여 사탄을 물리쳐야 한다. 그러나 하나님이 주시는 시험을 이기는 방법은 정면 돌파다. 결코 회피하거나 도망가거나 좌절해서는 안 된다. 아브라함처럼 이삭을 제물로 바치라 해도 순종하고 나가는 것이다. 그러면 시험을 이길 수 있다.

뺄셈의 믿음

여호와께서 이르시되 네 아들 네 사랑하는 독자 이삭을 데리고 모리아 땅으로 가서 내가 네게 일러 준 한 산 거기서 그를 번제로 드리라

창 22:2

하나님은 아브라함에게 무엇을 주기 위해 오신 것이 아니라 **빼앗기** 위해서 오셨다. 모두 다 주었기 때문에 이제 가장 소중한 것을 **빼앗아** 보려는 것이다. 덧셈에서 **뺄셈**의 단계로 발전한 것이다. 믿음이 어릴 때는 덧셈이다. "믿습니다"와 "주시옵소서"를 반복한다. 사람들은 시험에 합격하고 돈을 벌고 권력을 쥐는 데 관심이 있다. 그를 위해서 믿

음이 필요하다고 생각한다. 그러나 하나님께서는 아브라함에게 원하는 것을 주겠다가 아니라 빼앗겠다는 것이다.

믿음이 성숙해지면 하나님이 내 인생에서 뺄셈을 시작하신다. "믿습니다"와 "나를 받으옵소서"를 고백하게 하신다. 하나님은 아브라함에게 내려놓음의 시험을 주시고 있다. 내가 가장 좋아하고 사랑하는 것을 포기하는 것이 신앙이다. 포기의 강도가 높아지면 믿음의 강도가 높아진다. 그러나 훗날 하나님께서 우리 인생에서 뺄셈을 통해서 덧셈을 하셨다는 걸 알게 된다. 얼핏 보면 잔혹하게 아들을 빼앗아가는 것 같지만 결국은 다시 돌려주시고 더한 축복까지 주신다.

"네 아들, 네 사랑하는 독자 이삭"이라고 하신다. 하나님은 아브라함에게 이삭이 얼마나 소중한 존재인지를 아셨다. 그 이삭을 태어나게 하기 위해 하나님은 얼마나 많이 아브라함을 찾아오셔서 확인해주시고 격려해주셨던가. 그 아들을 달라는 것은 아브라함의 모든 희망과 존재 의미를 송두리째 달라는 것이나 마찬가지임도 아셨다.

그런 이삭을 번제로 드리라고 하신다. 번제(burned offering)는 대속의 의미가 있다. 다른 사람의 죽음을 대신하는 제물의 의미다. 여기에는 아브라함이 알지 못하는 영적 비밀이 숨어 있다. 먼 훗날에 이 땅에 하나님의 아들 예수 그리스도가 온 인류의 죄를 대속하는 번제로 바쳐질 것이라는 뜻이다.

이삭은 스스로 죽어선 안 되었다. 아버지인 아브라함이 직접 죽여서 제물로 드려야 했다. 아들을 달라고 하면 그저 주고 도망갈 수 있다. 그러나 아버지가 직접 칼을 들어 아들의 심장을 찔러야 한다. 이것이 바로 이 시험의 무서운 점이다. 아들을 죽이기 전에 속으로 자신의 심장을 찔러 죽이는 고통 없이는 결코 할 수 없는 일이다. 바로 이것이 독생자 예수 그리스도를 십자가에서 죽게 하시는 하늘 아버지의 마음이다.

"하나님이 세상을 이처럼 사랑하사 독생자를 주셨으니"(요 3:16).

사랑이 그것을 가능케 했다. 하나님은 바로 그 마음을 아브라함에게 겪게 하시는 것이다.

생각하기 전에 순종하기

아브라함이 아침에 일찍이 일어나 나귀에 안장을 지우고 두 종과 그의 아들 이삭을 데리고 번제에 쓸 나무를 쪼개어 가지고 떠나 하나님이 자기에게 일러 주신 곳으로 가더니 창 22:3

충격이다. 어떻게 아브라함은 하나님의 그 엄청난 명령 앞에 토씨한 번 안 달고 바로 다음날 아침 일찍 길 떠날 차비를 할 수 있는가.

교회 일을 하다 보면 섭섭하거나 짜증이 나거나 마음 상하는 일을 겪는 때가 많다. 가장자리에서 살짝 은혜만 받고 갈 때는 편하고 좋기만 하던 교회가 깊이 들어와서 헌신하고 봉사를 하다 보면 밖에서 볼 때와는 다르게 힘들고 어려운 일들이 많이 생긴다. 그러다 보면 인간성 좋은 분들도 짜증내고 성질부리고 부정적인 말들을 툭툭 내뱉게 된다. 하나님의 일을 해도 내 감정이 편해야 하고, 내가 상식적으로 이해가 되야 하고, 내 자존심이 지켜져야 한다. 그게 보통 우리의 모습이다.

"교회가 어떻게 이럴 수가 있는가? 하나님의 일을 하는데 왜 이런가?"

아브라함이야말로 참고 참았던 감정을 한 번 터트릴만하지 않은가.

'딴 사람도 아니고 어찌 하나님이 내게 이러실 수 있는가…'

사실 이성으로 판단해보면 독자 이삭을 제물로 드리라는 것은 약속의 씨를 통해 아브라함으로 하여금 열국의 아비가 되게 할 것이라는 하나님의 약속과 모순된다. 누구든 이의를 제기할 수밖에 없는 요구다. 아브라함은 하나님의 약속 하나만 믿고 지난 수십 년 동안 정든 고향을 떠나서 수많은 고난과 아픔들을 겪으면서 여기까지 왔다. 하나님 말씀이라면 우직할 정도로 순종했다. 그런데 어떻게 하나님이 스스로의 약속과 상반되는 이런 무리한 요구를 하실 수 있는가. 아브라함도 인간일진대 하나님 앞에 한번 대들만도 했다.

그러나 아브라함은 아무 말도 하지 않았다. 할 말이 없어서 안 한 게 아니다. 믿음의 사람은 하고 싶은 말이라고 다 해버리는 사람이 아니다. 언어란 힘이 있어서 일단 쏟아버리면 당장은 속이 시원할 것 같지만 입 밖으로 나오는 순간부터 말하는 사람과 듣는 사람들의 영혼을 옭아맨다. 그러므로 항상 믿음의 묵상을 거쳐서 말해야 한다.

믿음의 묵상이란 하늘이 땅보다 높음같이 하나님이 나와 다르시다는 것을 인정하는 것이다. 그분의 생각이 나의 생각보다 훨씬 선하고 뛰어나시다. 그분이 자세히 설명해주실 수 없는 것은 내 수준이 그것을 이해할 수 없기 때문이다. 그래서 믿음의 사람은 설명을 요구하는 것이 아니라 하나님의 약속을 붙잡는다.

교회사 2천 년에서 믿음의 선배들이 가장 강조한 영성훈련 중에 하나가 침묵훈련이다. 우리는 말로 너무나 죄를 많이 짓는다. 그래서 침묵하면서 말씀을 묵상하며 하나님을 생각한다. 여리고 성을 도는 7일 동안 이스라엘 백성에게 내린 명령도 침묵이었다. 예수님도 말 없이 십자가를 지셨다. 아브라함도 이 기막힌 명령을 받고 모리아 산으로 가는 동안 별 말을 하지 않았다. 하나님의 일을 하면서 따지고 싶어서 할 말이 솟구쳐 오를 때 예수님을 생각하며 침묵해보라.

아브라함도 인간인데 얼마나 힘들었겠는가. 밤새 고뇌하고 울었을 것이다. 그러나 다음날 새벽이 오자 간밤의 모든 고뇌에도 불구하고 하나님의 명령을 즉각 실천에 옮겼다. 나귀에 안장을 지우고, 번제에 쓸 나무를 챙기고, 아들 이삭과 종들을 준비시켜서 길을 떠난다. 침착하게 그리고 세세하게 한 치의 흐트러짐도 없이 하나님의 말씀을 순종하는 의연한 모습.

순종이란 모든 열악하고 부정적인 환경을 바라보지 않는 것이다. 내 속에선 용암처럼 끓어오르는 고뇌와 아픔이 있지만 명령하신 하나님만을 바라보며 묵묵히 행동하는 것이다. 나는 아브라함의 모습을 보면서 참 많이 회개했다. 목회한다고 하면서 아브라함에 비하면 아무것도 아닌 조그마한 희생들을 하면서 너무 말이 많았구나 싶어서다.

아브라함이 생각해보고 순종한 것이 아니라 먼저 순종하기로 결단했다는 사실이 중요하다. 마음이 괴롭고 생각이 복잡했지만 먼저 말씀대로 순종하기로 결단하니까 달라졌다. 움직이기 시작하니까 그때부터 복잡한 현실적인 문제들이 정화되고, 새로운 차원으로 풀려나가기 시작한다. 고민하고 결단하지 말고 일단 순종하기로 결단하라. 그리고 마음이 불편해도 묵묵히 몸을 움직여 하나님이 시키신 일을 해보라. 당장은 답답하고 힘들어도 하나님이 당신의 생을 신비하게 인도하실 것이다. 그리고 결국에는 놀라운 축복을 체험하게 될 것이다.

죽어도 산다

아브라함이 이에 번제 나무를 가져다가 그의 아들 이삭에게 지우고 자기는 불과 칼을 손에 들고 두 사람이 동행하더니 이삭이 그 아버지 아브라함에게 말하여 이르되 내 아버지여 하니 그가 이르되 내 아들아 내가 여기 있노라 이삭이 이르되 불과 나무는 있거니와 번제할 어린양은 어디 있나이까 아브라함이 이르되 내 아들아 번제할 어린양은 하나님이 자기를 위하여 친히 준비하시리라 하고 두 사람이 함께 나아가서 창 22:6-8

모리아산으로 가는 사흘 동안 아브라함과 이삭의 모습을 상상해보라. 생명처럼 사랑하는 아들을 번제로 드려야 하는 아버지와 아무것도 모른 채 따라가는 아들. 그 사흘은 아브라함에게 수천 년 같은 고통의 시간이었을 것이다. 아브라함은 이 시간 동안 이삭의 죽음을 묵상했을 것이다. 고난을 통과하지 않은 영광은 없다. 광야를 통과하지 않고는 약속의 땅으로 들어갈 수 없다. 십자가 없는 부활은 없다. 아브라함은 죽음 같은 고난을 통하여 전혀 새로운 차원의 영적 세계로 올라서게 된다.

"내 아버지여(My father)." 마침내 이삭이 입을 연다. 쉽게 말해서 아들이 "아빠"라고 말하면서 티 없이 맑은 눈으로 아브라함을 쳐다보는 것이다. 그 별처럼 빛나는 눈빛을 보면서 다시 한 번 아브라함의 마음은 찢어졌을 것이다. 이 아들이 어떤 아들인가. 그토록 오랜 세월을 온갖 고난을 다 겪으면서 기다렸다가 얻은 아들이 아닌가. 태어날 때부터 지금까지 한 번도 속 썩여 본 적이 없는 착하고 총명하고 잘생긴 아들이다. 이 아이는 이제 좋은 학교에 가서 공부를 하고, 좋은 음악을 듣고, 책들을 읽고, 아름다운 곳들을 여행하고, 아름다운 여자와 사랑을 하여 결혼도 하고, 자신의 적성에 맞는 직장을 찾아 신나게 인생을 살아야 할 그런 아이다. 그런데 그 모든 것들을 하나도 누려보지 못하고 여기서 끝나야 한단 말인가!

아버지 아브라함은 속에서 피눈물이 솟는 것을 참고, "내 아들아 내가 여기 있노라"라고 대답한다. 예수님께서 십자가에서 못 박혀 죽으실 때 하늘 아버지께서도 이렇게 고통스러우셨다. 십자가에서 "엘리 엘리 라마 사박다니(나의 하나님, 어찌하여 나를 버리시나이까)"라는 아들의 피맺힌 목소리에도 침묵하셔야 했다. 예수를 미워서 죽이신 것이 아니라 우리를 구원하시기 위해 죽이셔야 했다.

두 사람은 "함께" 나아갔다. 이때 아브라함의 나이는 백 살이 훨씬 넘었지만, 이삭은 번제로 쓸 나무를 지고 갈 정도의 장성한 10대 청년이었다. 마음만 먹으면 아버지 아브라함을 힘으로 누르고 도망갈 수도 있었다. 그러나 이삭은 묵묵히 자신이 죽을 것을 알고 난 뒤에도 순한 양처럼 순순히 묶임을 당했다. 아브라함의 믿음 이상으로 고마운 것은 아들 이삭의 순종이다. 그것은 예수 그리스도의 순종이기도 하다.

"그가 곤욕을 당하여 괴로울 때에도 그의 입을 열지 아니하였음이여 마치 도수장으로 끌려가는 어린양과 털 깎는 자 앞에서 잠잠한 양 같이 그의 입을 열지 아니하였도다"(사 53:7).

구원은 성부 하나님의 계획과 성자 예수님의 순종이 합쳐져 이뤄진 선물이다.

제삼 일에 아브라함이 눈을 들어 그곳을 멀리 바라본지라 이에 아브라함이 종들에게 이르되 너희는 나귀와 함께 여기서 기다리라 내가 아이와 함께 저기 가서 예배하고 우리가 너희에게로 돌아오리라 하고

창 22:4,5

모리아산이 보이는 지점에서 아브라함은 종들과 작별했다. 우리가 어떤 일들은 다른 이들과 함께할 수 있지만 어떤 일들은 혼자 감당해야 한다. 독자 이삭을 하나님께 바치는 일은 아브라함 혼자 감당해야 했다. 그러나 아브라함은 종들과 헤어지면서 놀라운 말을 한다. 내가 가서 하나님께 "예배(worship)드리고" 오겠다는 것이다. 여기서 우리는 예배의 놀라운 정의를 본다.

예배는 가서 보는 것이 아니라 드리는 것이다. 그것도 하나님이 달라고 하시는 것을 드리는 것이다. 나의 가장 귀한 것을 드리는 것이다. 그것이 너무도 귀하고 아까워서 내 간장을 도려내는 듯한 아픔이 있지만, 견뎌내면서 순종하고 드리는 것이다. 오늘날 우리의 예배는 그런 희생의 드림이 없어서 경박한 것이다. 다들 하나님께 달라고만 한다. 하나님 마음을 깊이 생각하는 믿음의 묵상이 없다. 내 이성을 초월하는 하나님 말씀에 대한 순종이 없다. 그러면 영적인 능력과 감동이 없다.

또 "우리가 너희에게로 돌아오리라"라는 말을 주목하라. 여기서 "우리가"라는 말은 아브라함과 이삭을 의미한다. 아브라함은 하나님께서 반드시 자기 아들 이삭을 돌려주실 것이라는 믿음이 있었다. 약속이 깨지는 것 같지만 결국 어떻게든 지켜지고 하나님이 승리하신다. 마지막 순간에는 하나님의 뜻이 이뤄진다. 이것을 믿는 것이 바로 부활신앙이다.

"망해도 이긴다! 죽어도 산다!"

이것이 부활신앙이다. 아브라함에게 이 신앙이 생긴 것이다.

"아브라함은 시험을 받을 때에 믿음으로 이삭을 드렸으니 그는 약속들을 받은 자로되 그 외아들을 드렸느니라 그에게 이미 말씀하시기를 네 자손이라 칭할 자는 이삭으로 말미암으리라 하셨으니 그가 하나님이 능히 이삭을 죽은 자 가운데서 다시 살리실 줄로 생각한지라 비유컨대 그를 죽은 자 가운데서 도로 받은 것이니라"(히 11:17-19).

이 부활신앙이 집을 떠나 사흘 동안 모리아 산으로 걸어오면서 아브라함의 마음에 싹이 튼 것이다. 생각해보고 순종하기로 한 것이 아니라 순종하기로 결단하고 나서 생각했다. 그러니까 새로운 차원의 믿음인 부활신앙이 생긴 것이다. 하나님이 어떤 방법으로 다시 살려주실지는 모르지만 "이삭은 다시 산다"는 믿음이 생긴 것이다. 믿음은 순종할 때 생기는 것이지 고민할 때 생기는 게 아니다. 우리는 "길을 열어주시면 전진하겠다"인데, 하나님은 "전진하면 길이 열릴 것이다"이다.

이삭이 물었다.

"불과 나무는 있거니와 번제할 어린양은 어디 있어요?"

이 아이는 아직 자기에게 닥쳐올 무서운 사건을 전혀 모르고 있다. 그것이 아브라함의 마음을 더 아프게 했다. 아브라함은 복받쳐 오르는 슬픔을 억누르며 대답했다.

"번제할 어린양은 하나님이 자기를 위하여 준비하실 거야."

아브라함은 이삭의 미래도, 자신의 미래도 그리고 이 모진 시련의 마지막도 오직 하나님께 맡겨버렸다. 우리의 미래는 고민하지 말고 오직 하나님의 손에 맡겨버려야 한다. 여호와 이레, 주님이 내 길을 예비하실 것이다.

내가 이제야 아노라

이삭을 칼로 찌르려는 순간에 하나님께서 개입하셨다.

여호와의 사자가 하늘에서부터 그를 불러 이르시되 아브라함아 아브

라함아 하시는지라 아브라함이 이르되 내가 여기 있나이다 하매 사자
가 이르시되 그 아이에게 네 손을 대지 말라 그에게 아무 일도 하지
말라 네가 네 아들 네 독자까지도 내게 아끼지 아니하였으니 내가 이
제야 네가 하나님을 경외하는 줄을 아노라 창 22:11,12

하나님께서는 결정적이고 꼭 필요한 순간에 찾아오신다. 하나님이
아직 우리에게 안 찾아오시는 이유는 아직은 괜찮기 때문이다. 그러
나 하나님이 보시기에 '더 이상 가면 안 되겠다' 싶으시면 즉시 나타
나신다.

하나님께서는 황급히 아브라함을 말리셨다. 아브라함은 진짜로 이
삭을 죽이기까지 순종하려고 했다. 사람의 중심을 읽으시는 하나님이
보시기에 이미 아브라함은 마음속으로 이삭을 죽인 것이다. 하나님이
놀라셨다. 이삭이 죽게 되면 약속의 씨를 통해 아브라함을 열방의 아
버지로 만드시려는 하나님의 놀라운 구원 계획이 다 허사가 된다. 그
래서 전격적으로 개입하셔서 아브라함을 멈추게 하신 것이다.

이렇게 하나님까지도 서둘러 개입하시게 하는 믿음. 하나님께서 원
하셨던 믿음은 바로 이런 것이었다. 최후의 순간까지 말씀에 순종한
아브라함의 믿음. 하나님은 결과적으로 아브라함이 이삭을 죽이지는
않았지만, 죽인 것이나 마찬가지로 인정하셨다.

"내가 이제야 네가 하나님을 경외하는 줄 아노라." 여기서 경외한
다는 말은 진심으로 하나님을 하나님으로 인정한다는 말이다. 하나님
을 경외하는 사람은 하나님을 함부로 대하지 않는다. 아무리 바쁘고

힘들어도 하나님께 최우선순위를 두며 어떤 상황 속에서도 말씀에 절대 순종한다. 그런 믿음은 보통 때는 잘 모른다. 죽기까지 순종해봐야 안다. 사람들이 내 믿음이 좋다고 칭찬해주는 것에 속지 말라. 하나님이 인정하시는 믿음이 진짜다. 하나님은 순종하기 전까진 그 믿음을 인정하지 않으신다. 이제까지의 믿음은 워밍업에 불과했다. 이삭을 드리는 믿음의 시련을 통해 검증되어야 한다. 그것은 완전한 내려놓음, 권리포기의 시험이다.

우리는 내 즐길 것 다 즐기면서 하나님의 일은 남은 시간과 돈과 에너지로 하려 한다. 내 자존심과 체면 안 상하는 선에서 하려고 한다. 그렇게 희생이 없는 기독교가 오늘날의 기독교를 이리도 무기력하게 만들었다. 내가 주님을 위해 포기한 것이 무엇인지 생각해보자. 주님을 섬겼기 때문에 억울하게 당하고 욕먹고 손해본 것이 무엇이 있는가? 주님의 일을 하면서도 항상 나를 드러내기 좋아하고, 인정받고 싶고, 칭찬받고 싶어 하지 않았는가? 목사인 나부터 그랬으니 얼마나 부끄러운지 모른다.

희생이 없는 순종은 능력이 없다. 참 예배에는 제물이 있어야 한다. 오늘날의 예배가 힘이 없는 것은 제물이 없기 때문이다. 하나님 믿으면서 챙길 것 다 챙기고, 가질 것 다 가지면서 믿으려고 한다. 그러나 하나님은 다 포기하라고 하신다. 그것이 진짜 믿음의 시작이다. 오늘 내게 이삭같이 귀중한 무엇인가가 있다. 그것을 내려놓을 때 비로소 우리는 새로운 영적 차원으로 도약할 수 있다.

"그 아이에게 네 손을 대지 말라 그에게 아무 일도 하지 말라"라는 아브라함에게 주어졌던 시험이 모두 끝났음을 의미한다. 100점으로 합격했다는 것이다. 이제부터는 거룩한 하나님의 시험을 통과하고 온전한 축복을 누리는 믿음의 조상이라 인정받는 것이다.

이삭을 드리는 시험을 통과하고 난 아브라함에게 하나님께서는 천하 만민을 위한 축복의 통로가 될 것이라는 인증 도장을 찍어주셨다.

이르시되 여호와께서 이르시기를 내가 나를 가리켜 맹세하노니 네가 이같이 행하여 네 아들 네 독자도 아끼지 아니하였은즉 내가 네게 큰 복을 주고 네 씨가 크게 번성하여 하늘의 별과 같고 바닷가의 모래와 같게 하리니 네 씨가 그 대적의 성문을 차지하리라 또 네 씨로 말미암아 천하 만민이 복을 받으리니 이는 네가 나의 말을 준행하였음이니라 하셨다 하니라 창 22:16-18

최고의 축복들이 다시 한 번 확인되고 확장되었다. 이제 더 이상의 시험은 없었다.

진정한 축복은 예수 그리스도의 십자가를 통과한 자만이 누릴 수 있다. 적당히 믿는 것이 아니다. 나의 옛 사람이 예수님의 십자가에 완전히 못 박혀 죽어야 한다. 내 쓸 것 다 쓰고 하고 싶은 거 다하고 남은 것을 드리는 것이 아니라, 나의 가장 귀한 것을 내려놓는 데까지 가보라. 고양이 세수하듯 살짝살짝 헌신하는 것이 아니라 가진 모든 것과 귀하게 생각하는 모든 것들을 다 주님 앞에 내려놓아 보라. 당장 그것 없이는 못 산다고 생각하는 것들이 다 우리의 이삭이다. 이삭을 포기해보

라. 그것이 십자가를 통과한 신앙이다. 그러면 기도가 달라지고, 생각이 달라지고, 언어가 달라지고, 헌신이 달라질 것이다. 죽기까지 순종하는 신앙은 상상치 못하는 새로운 축복을 끌어낸다.

중요한 것은 하나님께서 이삭을 죽이지 말라는 것으로 상황이 끝나지 않았다는 사실이다. 하나님께서는 이삭을 대신하여 숫양 한 마리가 수풀에 뿔이 걸리게 하셨고, 아브라함으로 하여금 그것을 대신 번제물로 바치게 하셨다. 이삭을 죽이지 않으려면 이삭 대신에 죽어야 할 대상이 있어야 한다. 양은 잘못이 없지만 죽어야 한다. 이것이 대속(代贖)이다.

그래도 이삭은 하나님께서 대신 죽어줄 숫양을 예비하셨지만, 오랜 세월이 흘러 갈보리 언덕에서 하나님의 아들 예수 그리스도는 대신 죽어줄 수 있는 존재도 없이 친히 죽임을 당하셨다. 오직 죄 없으신 예수 그리스도가 우리의 죄 값을 대신 치러주심으로써만 우리가 구원받을 수 있었기 때문이다.

"그가 찔림은 우리의 허물 때문이요 그가 상함은 우리의 죄악 때문이라 그가 징계를 받으므로 우리는 평화를 누리고 그가 채찍에 맞으므로 우리는 나음을 받았도다 우리는 다 양 같아서 그릇 행하여 각기 제 길로 갔거늘 여호와께서는 우리 모두의 죄악을 그에게 담당시키셨도다"(사 53:5,6).

"하나님의 사랑이 우리에게 이렇게 나타난 바 되었으니 하나님이 자기의 독생자를 세상에 보내심은 그로 말미암아 우리를 살리려 하심이라 사랑은 여기 있으니 우리가 하나님을 사랑한 것이 아니요 하나님이 우리를 사랑하사 우리 죄를 속하기 위하여 화목 제물로 그 아들을 보내셨음이라"(요일 4:9,10).

아브라함의 아들 이삭은 죽기 직전에 살아났지만 예수 그리스도는 실제로 십자가에서 처절한 고통을 받으면서 돌아가셨다. 바로 나와 당신을 사랑했기 때문이다.

믿음의 조상 아브라함은 훗날 하나님 아버지가 하나뿐인 독자인 사랑하는 아들 예수 그리스도를 십자가에서 실제로 죽게 하시면서 겪으셨던 그 쓰라린 고통의 맛을 잠깐 본 것이다. 그 사랑의 넓이와 높이와 깊이와 크기를 잠깐이나마 깨달은 것이다. 지금 바로, 우리를 위해 돌아가신 예수 그리스도의 사랑을 깊이 묵상하는 시간을 가져보자.

"그러므로 함께 하늘의 부르심을 받은 거룩한 형제들아 우리가 믿는 도리의 사도이시며 대제사장이신 예수를 깊이 생각하라"(히 3:1)

짧게 살아도, 실수와 실패를 많이 하고 온갖 역경을 겪어도, 하나님이 우리 각자에게 주신 사명을 다하고 가는 것이 축복된 인생이다. 예수님은 단 33년을 사셨지만 그 누구보다 풍성하고 축복된 인생을 사셨다. 많은 일을 하셨지만, 우리를 구원하는 십자가를 이루셨다. 거룩은 집중력이다. 이것저것 괜찮은 것을 다 해보려 하지 말고, 하나님이 주신 비전과 사명을 발견하여 거기에 올인하라. 그래서 후회없는 진짜 인생을 살라!

아브라함의 생애 한눈에 보기

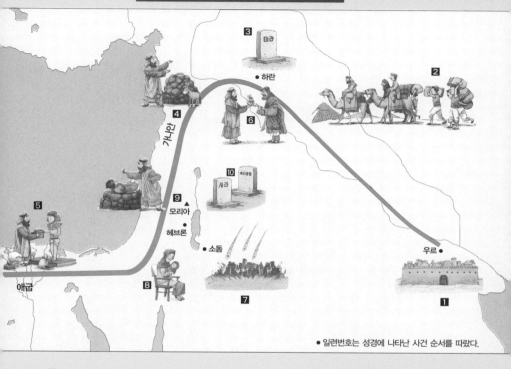

● 일련번호는 성경에 나타난 사건 순서를 따랐다.

1 아브라함이 우르에서 태어남(창 11:27-30)
2 아브라함의 가족이 하란으로 이주함(창 11:31)
3 아브라함의 아버지 데라가 하란에서 죽음(창 11:32)
4 아브라함이 마침내 가나안 땅에 도착해 하나님을 위해 단을 쌓음(창 12:5-8)
5 아브라함이 애굽으로 내려감(창 12:10)
6 아브라함이 전쟁에서 얻은 노략물의 십일조를 멜기세덱에게 바침(창 14:17-20)
7 소돔이 하늘에서 떨어진 불로 멸망함(창 19:1-29)
8 아브라함과 사라 사이에서 이삭이 태어남(창 21:1-7)
9 아브라함이 이삭을 제물로 바침(창 22:1-19)
10 아브라함과 사라가 죽어 헤브론에 장사됨(창 23:1-20, 25:7-10)

*《성경 익스프레스》(규장 간)에서 발췌.

" 후회 없는 최고의 인생을 살다 "

저녁노을이 온 세상을 붉게 불들이던 그 시각에 아브라함의 장례가 끝났다. 평생을 사랑했던 아내 사라가 묻힌 막벨라굴에 아브라함도 본인의 소원대로 나란히 묻혔다.

사람들이 다 돌아간 뒤에도 끝까지 그 자리에 남아 있던 두 사람, 이삭과 이스마엘은 약속이나 한 듯 서로를 바라보았다. 그 순간 둘은 누가 먼저랄 것도 없이 서로를 와락 끌어안았다. 그리고 같이 울기 시작했다. 흘러내리는 눈물을 닦으려고도 하지 않은 채 두 사람은 서로를 안고 울었다. 멀리서 리브가도 눈에 눈물이 글썽한 채로 이제 머리가 허옇게 센 노인이 되어버린, 두 배다른 형제의 포옹을 지켜보았다.

"왜 형님을 끌어안고 그렇게 우셨어요?"

집으로 돌아오면서 리브가는 남편 이삭에게 조심스럽게 물었다.

"글쎄, 그냥…."

이삭은 겸연쩍게 씨익 웃으면서 말했다. 어머니 사라의 몸종 하갈에게서 태어난 이복형 이스마엘, 자기보다 열네 살이나 위였던 그는 이삭이 태어나기 전까지만 해도 아버지의 사랑을 독차지했던 아들이었다.

"형의 인생은 내가 태어나면서부터 정말 힘들어졌지."

어린 이삭을 핍박했다는 이유로 사라에게서 모진 학대를 당해 집에서 쫓겨나야 했던 이스마엘과 그의 어미 하갈의 시련을 이삭은 잘 알고 있었다. 하나님의 기적 같은 보호하심으로 다시 집으로 돌아오긴 했지만 하갈과 이스마엘은 사라가 살아있는 동안 숨죽이고 조심조심 살아야 했다. 이삭은 늘 그들의 안타까운 처지가 자기 때문인 것 같아서 미안한 마음뿐이었다.

"이스마엘 형님이 아까 당신과 헤어지면서 뭐라고 했어요?"

"응, 고맙다고 하더군. 자기한테 잘해줘서 고맙다고…."

리브가는 부드럽게 웃으면서 남편의 손을 잡아주었다.

"그래요, 당신은 정말 형님한테 잘했잖아요."

사실이었다. 원래 성품이 따뜻한 이삭은 날이 시퍼렇게 서 있는 어머니 사라를 잘 달래가며 이스마엘과 하갈을 감싸주었다. 이제 구순이 가까운 나이가 된 이스마엘은 아버지의 장례를 치르고 난 뒤 새삼 고마운 마음이 들었던지 이삭에게 감사를 표시한 것이다.

"그건 그렇고, 여보, 아버님이 돌아가시기 전에 당신에게 무슨 말을 남기셨어요?"

리브가는 정말 궁금한 질문을 남편에게 던졌다. 그 말을 듣는 순간에 이삭의 뇌리에는 아버지 아브라함이 마지막 숨을 거두기 전 침상으로 자신을 불렀던 때의 장면이 떠올랐다.

"이삭아….'
"예, 아버지, 제가 여기 있습니다."
"네가 올해 몇 살이지?"
"예, 일흔 다섯입니다."
"내가 백 살 때 너를 낳았으니까 네가 올해로 일흔 다섯이 맞구나."
아브라함은 가쁜 숨을 몰아쉬며 머리가 하얀 노인이 된 아들을 바라보았다.
"백 년 전에 저 먼 갈대아 우르에서 하나님의 부르심을 받고 약속의 땅으로 길을 떠나던 때가….'
이삭이 자라면서 귀에 못이 박히도록 들었던 그 이야기를 아브라함은 죽음을 앞둔 순간에 다시금 꺼내고 있었다. 이삭은 눈물이 글썽하여 힘이 하나도 없는 아버지의 손을 움켜잡았다.
"정말 어려운 결단을 하셨지요. 갈대아 우르에서 잘사셨다면서요?"
"그럼, 잘살았지. 네 할아버님은 능력이 탁월하여 많은 부를 일구

셨단다. 거기 그대로 있었어도 우리 집안은 괜찮게 살았을 거야."

"혹시 떠나온 걸 후회하신 적 있으세요?"

"후회? 아예 안 했다면, 거짓말이겠지…."

정말 그랬다. 그때는 정말 무슨 생각으로 정든 고향 산천을 떠나왔는지 모른다. 마치 무엇에 홀린 것처럼 하나님의 말씀 하나만 붙잡고 한번도 가보지 않았던 새로운 땅으로 길을 잡아 나섰었다. 75세라는 만만치 않은 나이에.

"중간 정착지인 하란에 거할 때 까지만 해도 괜찮았지. 떠나온 땅 갈대아 우르와도 많이 비슷했고, 새로운 땅으로 간다는 흥분도 있었으니까. 그런데 이곳 가나안 땅으로 오면서부터 전혀 예상하지 못했던 일들이 꼬리를 물고 일어났지."

그랬다. 약속의 땅에 도착하자마자 무서운 기근이 아브라함을 기다리고 있었다. 견디다 못해 피난간 애굽 땅에서 아름다웠던 아내 사라로 인해 겪었던 사건들. 영악한 조카 롯이 자신을 버리고 떠나던 날의 간장이 찢어지는 듯한 아픔. 고작 300명 남짓의 사병을 거느리고 4개국 연합군을 공격하던 자신의 무모할 정도의 용기. 소돔과 고모라 땅에 내린 하나님의 불의 심판. 그토록 기다리던 아들 이삭의 탄생. 그리고 모리아산까지 이삭을 바치기 위해 올라가던 그 처절한 발걸음.

폭풍 같았던 세월들이 주마등처럼 늙은 아브라함의 눈앞을 스쳐 갔다.

"정말이지 내가 어떤 일들을 겪을지 미리 알았더라면, 갈대아 우르에서 떠나올 수 없었을 거야."

"후회하세요?"

이삭은 다시 물었다. 그러자 아브라함은 한동안 말이 없었다. 숨이 가빠왔다. 이제 영원한 나라로 갈 때가 가까이 왔음을 직감했다.

"후회라… 간간히 하긴 했었지. 너를 낳을 때까지는…. 그러나 네가 태어나면서부터 모든 게 달라졌어. 백 살에 아이를 낳다니, 사람의 힘으론 불가능한 일이었지. 너를 보면서 나는 하나님은 반드시 약속을 지키시는 분이라는 것을 확인했다…."

"…."

"갈대아 우르에서 그냥 살았더라면 어찌 되었을까 하는 생각을 가끔 해본 적이 있다. 그랬더라면 편하고 괜찮게는 살았겠지. 이곳에 왔기 때문에 겪어야 했던 그 많은 시련들은 겪지 않아도 되었겠지. 그러나, 그러나 말이다. 이삭아…."

아브라함은 마지막 힘을 다해 늙은 아들의 손을 잡았다.

"예, 아버지."

"그건 살아도 사는 게 아니었을 거야. 이제야 알겠구나. 진정 위대한 인생은 편하게, 괜찮게 사는 것이 아니란다. 진짜 축복된 인생은 하나님이 주신 약속을 붙잡고 모든 것을 내던지는 순종의 삶이란다. 그 때문에 모진 비바람도 견뎌야 하고, 믿었던 사람에게 배신당하기도 하고, 상처를 주고 또 상처받기도 하고, 사랑하는 사람도 잃어야 하고, 원수들의 공격과도 맞서 싸워야 하겠지만, 그것이 진짜 후회 없는 최고의 인생인 것이야. 하나님께서는 내 속에 있던 모든 정열과 재능을 다 불사르게끔 하루하루 인도하셨지."

아브라함의 눈에는 눈물이 가득 고여 있었다. 아버지를 바라보는 이삭의 눈시울도 촉촉이 젖어 있었다.

"이제 하나님의 품으로 돌아갈 때가 된 걸 알겠구나. 나는 정말 축복받았어. 괜찮은 인생에서 최고의 인생으로 도약했으니까…. 이제는 너의 모험을 시작할 때가 되었다. 아버지가 없어도 결코 외로워하지 말거라. 하나님이 나와 함께하셨듯이 앞으로도 영원히 너와 함께하시기를…."

감사의 말

　30대 중반에 처녀작 《거인들의 발자국》을 쓴 이후부터, 그리고 그 책이 전혀 예상치 못했던 소위 베스트셀러 반열에 떡 하니 올라서버리면서부터, 저는 거의 매년 한 권 이상의 책을 써서 세상에 내놓았습니다. 생각해보면 참으로 겁 없이, 거침없이 책을 썼던 것 같습니다.

　하루를 25시간처럼 뛰어야 하는 온누리교회의 다이나믹한 목회사역들을 감당하면서, 포항의 한동대와 서울의 숙명여대를 오가면서 젊은이들에게 강의하면서, 정재계의 리더십 강의 현장들을 뛰어다니면서 정말 열심히 살았습니다. 그렇게 바쁘게 살면서도 수많은 책과 잡지들을 읽으며 그 내용을 정리했고, 각계각층의 다양한 사람들을 인터뷰하며 얻은 지혜들을 기록했습니다. 끊임없이 사색하고 고민하고 대화하고 연구했습니다. 내용 없는 책을 써서 사람들에게 읽히기에는 제 자존심이 허락하지 않았습니다.

　"리더십이 모든 것이다. 제대로 된 리더십에 목말라하는 세상 사람들에게 하나님의 리더십을 전해야 한다"라는 신념으로 피곤한 줄 모르고 뛰었지요. 책 하나를 쓰면 끝나기도 전에 다음 책의 주제가 잡혔고, 노도(怒濤)와 같던 그 기세라면 앞으로도 수십 권은 더 쓸 수 있을 것 같았습니다.

그런데 희한하게도 교회 개척을 하면서 거침없는 집필 행진이 딱 멈춰버렸습니다(개척한 지 얼마 안 돼서 나온 《기도 하늘의 능력을 다운로드하라》는 개척하기 전에 이미 원고의 절반 이상이 준비되어 있습니다). 마치 어떤 알 수 없는 영혼의 브레이크에 걸려버린 듯 글이 써지지 않았습니다. 교회가 어느 정도 궤도에 오를 때까지는 목회에만 집중하자는 핑계도 있었지만, 저는 더 이상 이전의 제가 아니었던 것입니다. 옛날처럼 누에가 실 뽑아내듯이 마구 글을 토해내는 사람이 아니었습니다.

프롤로그에서도 썼듯이 개척을 하면서 겪었던 외로움과 부담감 그리고 그 과정에서 인생관이 완전히 새롭게 바뀌어버린 탓이 클 겁니다. 마치 고속으로 달리던 KTX에서 내려서 초록빛 자연과 푸른 하늘을 보고, 시냇물 흐르는 소리와 아이들 노니는 소리를 음미하며 걷게 되었다고나 할까요. 늘 남보다 큰 목표를 세우고, 남보다 더 빠르게 달려가는 데 몰두하던 제가 상처받은 이웃을 돌아보고, 그들로 인해 웃고 우는 법을 배우게 되었습니다. 액셀러레이터밖에 없던 제 인생에 브레이크가 보완된 느낌입니다.

이때까지 써왔던 글들이 본의 아니게 하나님을 높이는 것보다는 제 자신을 높이는 데 치중하지 않았나 하는 생각이 한동안 저를 한없이 부끄럽게 했습니다. 성공보다 중요한 것은 '의미'이고, 속도보다 중요한 것은 '방향'이며, 업적보다 중요한 것은 '사랑'이라는 것을 이제는 어렴풋이 알겠습니다. 그리고 이제 간신히 하나님의 허락을 얻어 다시 책을 쓸 용기를 갖게 됐습니다.

저의 열두 번째 책이 될 이 작품은 작가로서의 제 인생 후반전의 새로운 터닝 포인트가 될 것 같습니다. 한홍 목사의 작가 인생 "시즌 2"를 장식하는 책이라고나 할까요. 아무쪼록 이 책이 자신에게 몰려오는 모진 시련과 도전 앞에 불안해하는 이 땅의 모든 중년들에게 그리고 조금 늦었지만 제2

의 인생을 준비하는 모든 도전자들에게 작은 격려가 되었으면 하는 마음뿐입니다.

하나님의 섭리로 만나게 된 규장 출판사를 통해서 이 책이 나오게 된 것 또한 더할 나위 없는 축복이라고 생각합니다. 이때까지 10년 동안 부족하기 짝이 없는 제 책들을 정성껏 읽어주신 모든 독자 여러분께 이 책을 바칩니다. 아무것도 아닌 저의 오늘이 있게 해주신 최고의 공로자는 여러분들이십니다. 사랑합니다.

2011년 7월에

한홍

다시 가슴이 뛴다

초판 1쇄 발행   2011년 7월 15일
초판 12쇄 발행   2021년 4월 30일

지은이   한홍

펴낸이   여진구
편집   이영주 정선경 최현수 안수경 최은정 김아진 정아혜
디자인   마영애 노지현 조아라 조은혜
기획·홍보   김영하   해외저작권   기은혜
마케팅   김상순 강성민 허병용   마케팅지원   최영배 정나영
제작   조영석 정도봉   경영지원   김혜경 김경희

303비전성경암송학교 유니게과정   박정숙 최경식
이슬비전도학교 / 303비전성경암송학교 / 303비전꿈나무장학회   여운학

펴낸곳   규장

주소 06770 서울시 서초구 매헌로 16길 20(양재2동) 규장선교센터
전화 02)578-0003   팩스 02)578-7332
이메일 kyujang0691@gmail.com   홈페이지 www.kyujang.com
페이스북 facebook.com/kyujangbook   인스타그램 instagram.com/kyujang_com
카카오스토리 story.kakao.com/kyujangbook
등록일 1978.8.14. 제1-22

책값 뒤표지에 있습니다.
ISBN 978-89-6097-227-8 03230

규 | 장 | 수 | 칙

1. 기도로 기획하고 기도로 제작한다.
2. 오직 그리스도의 성품을 사모하는 독자가 원하고 필요로 하는 책만을 출판한다.
3. 한 활자 한 문장에 온 정성을 쏟는다.
4. 성실과 정확을 생명으로 삼고 일한다.
5. 긍정적이며 적극적인 신앙과 신행일치에의 안내자의 사명을 다한다.
6. 충고와 조언을 항상 감사로 경청한다.
7. 지상목표는 문서선교에 있다.

하나님을 사랑하는 자 곧 그의 뜻대로 부르심을 입은 자들에게는 모든 것이 合力하여 善을 이루느니라(롬 8:28)

Member of the
Evangelical Christian
Publishers Association

규장은 문서를 통해 복음전파와 신앙교육에 주력하는 국제적 출판사들의
협의체인 복음주의출판협회(E.C.P.A:Evangelical Christian Publishers
Association)의 출판정신에 동참하는 회원(Associate Member)입니다.